鬼脸物理课①

经典物理学

GUI LIAN WU LI KE

刘继军◎著

南京师范大学出版社

图书在版编目（CIP）数据

鬼脸物理课 . 1 / 刘继军著 . -- 南京：南京师范大学出版社，2019.2（2022.6 重印）
ISBN 978-7-5651-4000-6

Ⅰ. ①鬼… Ⅱ. ①刘… Ⅲ. ①中学物理课—课外读物
Ⅳ. ① G634.73

中国版本图书馆 CIP 数据核字（2018）第 301954 号

书　　名 / 鬼脸物理课 . 1
作　　者 / 刘继军
责任编辑 / 曹红梅
责任校对 / 张新新
出版发行 / 南京师范大学出版社
地　　址 / 江苏省南京市玄武区后宰门西村 9 号（邮编：210016）
电　　话 /（025）83598919（总编办）（0371）68698015（读者服务部）
网　　址 / http://press.njnu.edu.cn
电子信箱 / nspzbb@njnu.edu.cn
印　　刷 / 河南瑞之光印刷股份有限公司
开　　本 / 710 毫米 ×1010 毫米　1/16
印　　张 / 18
字　　数 / 275 千字
版　　次 / 2019 年 2 月第 1 版　2022 年 6 月第 4 次印刷
书　　号 / ISBN 978-7-5651-4000-6
定　　价 / 45.00 元

出 版 人　张志刚

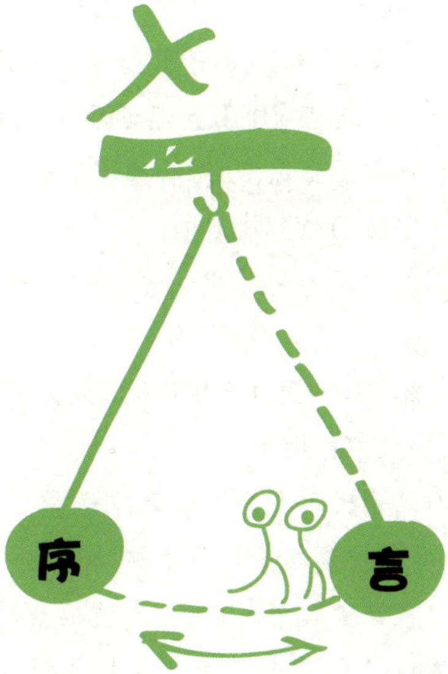

死寂。

真正的空,不是没有物质,而是没有维度——没有空间和时间。

量子涨落是一种神奇的存在。

但,更神奇的存在,是奇点。质量无穷大?密度无穷大?曲率无穷大?温度无穷大?

不。

它只是一个点。量子态的点。观测之前,它没有物理量。一切,都不确定。是的,它,就是一切。

然而,它不可避免地爆发了。

空间维获释、激展。

时间开始了。

0 秒,宇宙诞生。

10^{-43} 秒,粒子诞生。夸克,轻子,规范粒子。温度 10^{38} K,引力波凶猛而旖旎。

10^{-36}秒到10^{-32}秒，负压力的真空能量发威，宇宙暴胀了10^{78}倍以上。高度卷曲的时空被拉平，密度急剧下降。温度10^{28} K，宇宙结构显现。

10^{-6}秒，温度10^{13} K。上帝也无法阻止夸克的激情相拥。中子、质子出现。质子、反质子开始玩火拼湮没游戏。

1秒，正电子、电子开始火拼湮没。温度10^{10} K，宇宙进入核物理能量范围。

3秒，温度10^{9} K。那时温度仍然很高，是太阳表面温度的16万倍。但质子、中子已感到丝丝凉意，纷纷抱团取暖。原初核开始合成。氦、氘相继出现。

宇宙仍是一片混沌。

但它不可逆转地走向无序——熵值增高。

30万年，温度3 000 K。混沌初开。原子核们抱足需要的电子数，达到正负平衡，变成中性原子。

电子云不安分地挟裹原子核。温度继续下降。原子们相遇时，电子云交叠合并，共同挟裹相斥的原子核，合为分子，直到情绪稳定。

从宇宙诞生之初，引力波的涟漪、量子涨落效应，便已让物质分布不均。气体尘埃在引力作用下，就近聚拢成纤维状的云，织如蛛网。

每根蛛丝中，都尘云罗布，就近聚拢成团。

云团中的尘埃就近聚拢成更多的小云团。密者更密，疏者益疏。10亿年，孕育出原星系。

在引力相互作用下，原星系开始自转，云团进一步坍缩，结成无数球状星体。恒星形成。这是星云中闪光的微粒。

星系团在宇宙蛛丝中轻舞飞扬。

一个不起眼的角落，旋转着一缕闪光的微粒。这是一座四旋臂的普通星系，它叫银河系。除去散落的气体、尘埃等物，银河系只有2 000亿颗恒星。有的恒星伴有更细小的行星。

这些飘游时空的微粒相当脆弱，它们一旦相遇，必定粉身碎骨、飞散成埃。

90亿年。在银河系猎户臂内侧边缘的一个角落，一颗闪光的微粒默默地随臂运转，它叫太阳。太阳的八颗行星忠实地相随共舞，带着更细小的微粒。这个小团队叫作太阳系——一个普通的恒星系统。

第三颗行星叫作地球。

这是一颗普通的行星。它的内部，因压力导致高温，呈液态，中心是一个固态核。外部由于热量散失，凝结成一层薄薄的固态壳，分成几块，漂浮在液态球的表面。

这粒脆弱的液滴无辜地飘荡在空中,幸运地保持了体态完整。

地球虽不起眼,但它的大小、与太阳的距离、绕转轨道等,都恰好让它的表面保持着一个美妙的温度段,可以维持一件稀罕物的存在——液态水。地球表面大部分被水覆盖,外层还包裹着一层薄薄的轻纱——大气层。

高山、河流、湖泊、海洋、阳光、云层、风霜雨雪、月色潮汐,好不热闹。

100 亿年。水溶解了各种元素,奔流、混合、化合……阳光提供了足够的能量,分子们用了足够的时间。大分子越来越多。

一些分子的结构复杂起来,组成种类繁多的物质。

一个分子偶然拼出一款神奇的结构。这款设计,让它可以吸取能量,拿其他分子当原料,来复制自己。

这不是奇迹。在浩瀚的物质之海里,粒子们随机运行,无数叠加态相互侵扰,形成各种组合,从无限可能中,孕育出一种可能:

某个分子可以从外界获取能量、物质,并释放其中的一部分,让自己形成有序的结构,并保持这种耗散结构的存在。也就是说,它自发地把熵值保持在较低水平。

逆天了?! 是的。这种低熵体叫作生命。

生命可以自我复制,数量呈指数增长。它们的结构越来越复杂,个体也越来越大,越来越有序,熵值越来越低。

它们的第一目的,是延续,好把这个游戏玩儿下去。它们繁殖、进化、优胜劣汰,以维护这一目的。

渐渐地,它们可以感受环境,比如温度、光……趋利避害。

110 亿年。陆地生命出现。

130 亿年。水生动物出现,它们可以去想去的地方。用来“想”的结构,叫神经系统。

133 亿年。陆生植物出现。

134 亿年。动物走上陆地。

138 亿年。人类出现,抬眼望向星空。

约公元前 476 年,墨子出生。

公元前 384 年,亚里士多德出生。

公元前330年，欧几里得出生。

公元1473年，哥白尼出生。

公元1564年，伽利略出生。

公元1571年，开普勒出生。

公元1643年，牛顿降世。

公元1791年，法拉第出生。

公元1831年，麦克斯韦降世。

公元1858年，普朗克出生。

公元1879年，爱因斯坦降世。

公元1885年，玻尔出生。

公元1901年，海森堡出生。

……

公元2011年10月，地球人口达到七十亿。在任何一种生命群体中，七十亿分之一的个体都是完全可以忽略的。然而，他仍然被上述过程搞得心潮澎湃，乃至不忍独自回顾这伟大的创世历程。

和所有生物一样，他需要摄取能量，保持低熵状态。和大多数人一样，他喜欢名利。对大家都喜欢的东西，就会下更大的力气去追逐。而他更贪心，多了一个嗜好——自然。

这个个体便是在下，一个混迹于滚滚红尘，流连于浩浩广宇，陶醉于绵绵沉思的低熵体。

我始终认为，自然给人类的最大的恩典，是一颗会思考的大脑。

生而为人，我们凭着大脑，不仅可以支配更多资源，完成生物过程，而且还可以思考，去认识我们身在其中的自然。这是进化附加的超值福利！

凭着大脑，人类拥有了巨大的创造力。从蒙昧走向文明，政治、经济、文化、科学……每个方面，都有一个伟大、辉煌的进步历程。

但，毋庸置疑，科学探索历程，是人类谱写的最壮丽、最恢宏的史诗，没有之一。只要思考生命的意义，就不难得出这个结论。在这个领域，不是一个生物玩弄了另一个生物，也不是一群生物击败了另一群生物，而是人利用其他生物不具备的能力——思考，来克服视野狭小、感官低效的局限，不断拓展视界，突破认知极限，去探索自然，了解自己。这个历程，赋予了生命更高层次的意义。

人类一思考,上帝就发笑。可是,人类不思考,就没有人类了。上帝这个观众会不会很无聊?

作为物质存在、能量转换的一种形式,生命本身没有特别的意义。除非,你在思考。

宇宙孕育了人类,人类是宇宙的一部分。我们思考宇宙,其实是宇宙在思考自己。

宇宙有138亿岁,而人类起源至今不过200万年,智人出现不过20多万年,长成现在这个样子不到4万年。这4万年里的多数时间,我们跟野兽并无太大区别,直到文明的开始。

人类文明史不过6 000年。懂得用理性的方法去思考自然,不过2 000年左右。现代科学体系创立不过400余年。近代物理学的创立只有300多年。而现在,我们认识世界所依赖的两大支柱,只建立了不到100年,并且其中一根还在建。

算起来,在宇宙史中,人类史只有短短的一瞬,而我们似乎浪费了这一瞬的绝大部分。为什么?

我们虽有大脑,但并非天生会思考。正如硬件相同的电脑,会因软件差异而功用不同。如果没有掌握正确的思考方法,那么,我们只能在思维上耍耍小聪明,拿诡辩术当方法论,自缚于逻辑怪圈,还以为这是大智慧。随处可见的"常有理+没办法+拎不清"就是如此。

其实,真正的空,不是没有维度,而是有一颗大脑,却不会思考。

是的,我们终于有了科学认识、科学方法、科学精神。

但它们需要传播。当它们成为人类的普遍思维模式时,我们的世界会美丽、和谐许多。

从我开始在键盘上敲下这些文字,发帖子到网上时,我便知道,这是一个小众的话题。可以理解的是,大多数人更关心的,是那些触手可及的东西。

出乎意料的是,小众话题居然聚来了这么多"同好",并且从开篇起到现在的几年时间里,有的同好一直跟了下来,始终如一地支持、鼓励、帮助、呵护我,这让我受宠若惊,又倍感温暖和鼓舞。

一个人写这么长的物理学史,我不知道有多少人做过。但我知道,这是一件相当困难的事。况且,生活中还有那么多烦扰。

我很庆幸,自己能坚持到现在。只因为你们,我挚爱的同好们!

是的，只因为你们。这种支持，是纯粹的，是高尚的。几年的时间，有的人结了婚已经离了，有的人拜了把子已经掰了……经历沧海桑田，生活河东河西，文化跟风趋避，而你们，我的同好，却始终不离不弃。

谁都有工作，谁都有家庭。我们生活的这个世界，没人不忙。但我的同好们，总是能够想着来顶这个帖子。而这个帖子的作者，无权无势，你们根本没见过，他也不可能给你们带来任何世俗向往的“好处”。甚至在他长时间不更新时，这种支持也未曾间断，你们依然无怨无悔、没话找话地顶帖，近乎执着！

这一切，令我感动，令我震撼。

这本书，其实是我们大家共同的作品。这个话题，是我们共同的精神桃源。

关于这篇文章，我想，它可以不是优美的、深邃的、高远的、犀利的，但，它必须是真诚的。

生命的意义是什么？这是一个古老的哲学命题。

我不能给出一个答案。但于我而言，生命的意义在于：

我来过，我思考过。

谢谢！

2018年11月21日于阿什卡咖啡馆

Contents
目录

序　言　001

第一章　科学的滥觞　001

1. 楔子　003
2. 懵懂　005
3. 怀疑　007
4. 理性　009
5. 起步　011
6. 开路　018

第二章　常识兵器榜　035

1. 我们应该怎样认识世界　037
2. 怎样知道地球是球形　040
3. 怎样知道地球不是宇宙中心　043

第三章　物理牛人榜 055

1. 开普勒为天空立法 057
2. 苹果传奇 061
3. 爱的抛物线 067
4. 谁的万有引力定律 072

第四章　所谓科学理论 081

第五章　牛顿的宇宙 091

1. 运动 VS 力 093
2. 空间的困惑 102
3. 晕死人的时间 106

第六章　智慧之光（上）路线与战争 111

1. 光程迷踪 113
2. 波粒大战 119
3. 粒统天下 129
4. 波光再起 134
5. 波军大反攻 143
6. 元素的指纹 152

第七章　智慧之光（下）速度与激情 157

1. 光速追踪 159

2. 电和磁 165

3. 电磁大厦奠基 170

4. 电磁王 180

5. 捕捉电磁波 194

6. 电磁王国 199

第八章　相对论前传（上）暗夜传说 205

1. 一个临时工 209

2. 一个失败的实验 211

3. 一例显而易见的观测 218

4. 一个艰难的决定 223

5. 两片乌云 228

6. 牛顿的时空观 230

7. 马赫的批判 234

第九章　相对论前传（下）天际微白 247

1. 伽利略变换 249

2. 种豆得瓜 256

3. 群雄逐鹿 265

4. 鹿死谁手 271

第一章 科学的滥觞

1 楔子

很多人是这样死去的:他以为世界就是自己这辈子看到的那样。

就这一次生的机会,还被自己骗了,人世间最悲催的事莫过于此。

为了不白活一回,我们也得考量考量,这个世界究竟是个什么玩意儿。哪怕只是瞎子摸象,即使摸不出灵感,也好歹混个手感。

我们对宇宙的思考越多,会发现未知的就越多。

面对宇宙,全人类的智慧加起来,可用四个字概括:浮云而已。

时空真的可以穿越吗? 找到风华正茂的苏小小、李师师、陈圆圆,在技术上可行吗?

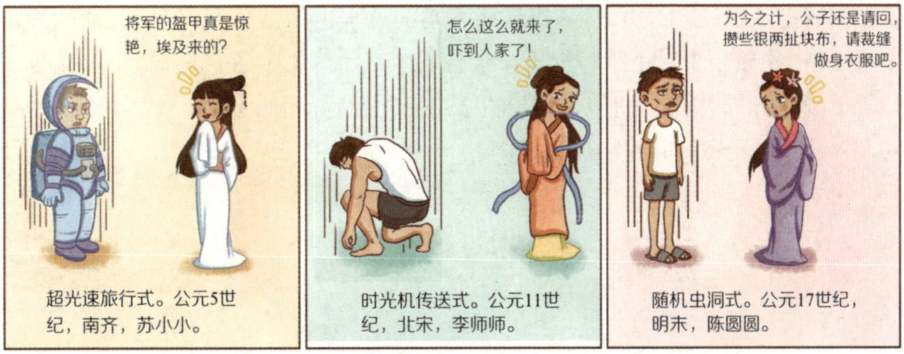

各种穿越

人类从哪儿来？世界为什么是这样？中国为何是那样？我们为啥生在这儿？

宇宙有边吗？没有边的东西会怎样存在？如果有边，边的外面又是什么？总之有边和没边都很让人纠结，我曾无数次被这个问题折磨得寝食难安、魂不守舍、为伊消得人憔悴。

问题还有很多。有多少问题这件事本身不是问题。问题是，越不知道，越想知道。这就悲催了。

你，我，还有TA，在人生的某些时刻，一定被这些很傻很天真的问题折磨过，煞有介事地冥想推理、抽丝剥茧，结果是，我们在思索中抓狂，原本清晰的思路变成一团乱麻，最终我们在无比纠结中放弃，还立下了永不犯傻的誓言。

因为，我们还要晚自习、加班、还房贷、办证、盖章、打酱油、请客、开会、交各种费……

但，仰望星空，多大的忧伤和压力也阻止不了我们胡思乱想。

天生好奇的我们，在独处时偶尔还会不由自主地回到这些问题，偷偷地张开思想的翅膀扑腾那么几下，尽管最后的结果都是一样的——绝望地收起并不丰满的羽翼跌回灰色的现实。

虽然这些问题在其他地方也能找到答案，比如佛经、《周易》、《圣经》、《西游记》、奶奶讲的故事等，但科学理论提供的答案看起来是最靠谱的，因为每个答案都是由科学观测、推理、计算、实验、实践得来的。换句话说，有证据表明它是比较靠谱的。

翻阅科学史料，不需深入研究，我们就会发现，很多问题的答案是那样的匪夷所思，完全颠覆了我们的原有认识。世界的真相，美丽、深邃、神秘、残酷……让我们震撼不已。科学家们寻找这些答案的过程也是曲折离奇、惊心动魄的。

兴奋、欢乐，如果这种感觉不拿出来分享，就不仅少了成就感和幸福感，还多了孤独感和罪恶感。所以，就让你、我，茶余饭后，相约穿越，与史上各位科学巨人一起，去探索宇宙的终极秘密吧！

出发！

2 懵懂

天苍苍,野茫茫,风吹草低见牛羊,还有虎豹和豺狼。生机勃勃而又危机四伏的大地上,我们的祖先跌跌撞撞,一路迷惘。

有空迷惘,也是一种奢望,因为我们太忙。忙什么?生存。这涉及三件大事:找点什么东西吃,防止被什么东西吃掉,繁衍后代。

我们没有锋利的爪牙和犄角,跑得不够快,下水会淹死,想飞没翅膀,不仅没有鳞甲,连护体的毛都越来越少,好像我们生来就是为了方便被别的动物吃。这个发现真令人沮丧,原来,世界上第一种方便食品,是我们自己。

想起这些就让我们头大。难道我们走上了绝路?

其实头不白大。肢体上的劣势,逼着我们学习靠头脑生存,然后越来越聪明。

我们学会了合作,开始思考和判断。

有一天,我们拿起了石头和棍棒。从此,我们不必仅靠肢体去战斗。

有一天,我们懂得了加工石头和棍棒。它们比爪牙和犄角更好用。

有一天,我们觉得彼此之间必须得说点什么了……

生产力的提高、语言的产生,让我们的思维更活跃,更广阔。终于,我们有能力迷惘了!

我们已经忘了第一个问题是什么,但可以确定的是,那时,只有问题,而没有答案。知道为什么我们总是说“不知道”吗？因为那是人类对所有问题的第一个标准答案。

我们怎么会在这里？是谁让花鸟虫鱼、山石草木、飞禽走兽长成这样的？日月星辰……天啊！这太高深了！

后来,有些问题可以解答了,凭经验。

比如,人会死吗？会的。怎么知道的？因为谁都没见过不会死的人。

比如,天会下雨吗？会的。怎么知道的？因为大家常见天下雨。

……

经验,可以帮助我们解答一部分问题。但是,这些答案不能上升到更高的层次——闹不清“为什么”,就是知其然,而不知其所以然。

人为什么会死？天为什么会下雨？不知道。

大自然是那样的丰富多彩。风雨雷电,春夏秋冬,高山深水,夜空密林,日升月落,生老病死,地震,洪水……离不开,躲不掉,看不懂,想不通。我们的记忆和思考能力越来越强,于是越来越好奇:这些为什么会存在？这一切怎么发生的？

最合理的、最容易得到的答案是:有一种神秘的力量在操纵天地万物！

神秘,引来好奇,也伴随着恐惧。我们所能做的,只有膜拜。于是,原始的信仰产生了。

那种神秘的力量被不同的人群解释为不同的事物。神仙？妖怪？那都只是一个代号,叫什么都好,总之,它是无所不能的。

虽然代号无所谓,但崇拜的对象及形态很重要,我们总不能膜拜空气吧？

于是从旧石器时代晚期开始,我们有了图腾崇拜、自然崇拜和祖先崇拜,鸟兽草木、高山大地、江河湖海、日月水火,还有死去的先人,都可以成为我们的神。我们希望通过请请客、送送礼,搞搞对神的崇拜和祭祀,来换取神的护佑和启示。这可能是最早的交换吧。

从此,我们懵懂无依、敏感脆弱的心灵有了寄托和归宿。

从此,很多问题有了答案:

天为什么下雨？是神干的,为了让万物生长。为什么雨下多了？是有人惹神仙生气了。为什么又不下了？是神仙又生气了……

洪水、火山、地震、日食、瘟疫……唉,这神仙,心眼忒小,气性忒大。所以我们只好加倍小心供奉。

3 怀疑

几十万年过去了。人,越来越聪明。

我们根据经验,学会了用火、播种、放牧,发明了弓箭、陶器、铜器、铁器,创造了绘画、文字……

传说在石器时代,中国的伏羲就创造了八卦,把自然界中相对立而又相联系的事物,如冷暖、日月、高低、软硬、雌雄、明暗等,归纳为"阴阳",用阴阳相生相克来解释万物。如果这件事发生的年代确定,这大概是史上第一个不用神力解释自然的系统理论了,它朴素、简单而优美,实在是一个伟大的创举。

但是,这个理论过于聪明了。说过于聪明,是因为这个理论是靠纯粹的聪明创造的。当然,那是在原始社会,我们不能站着说话不腰疼,苛求古人创造出既有事实依据,又有实验支持,还有观测检验的理论来。所以,它只能是靠"(经验+直觉)×智慧"来支撑的哲学。

遗憾的是,后来有些人把这种哲学技巧推高到极致。它的特点就是,结论笼统隐晦,一言多解,不能被证伪,可以解释一切已经发生的,但不能肯定、准确地预言将要发生的。只管"定性",不管"定量"。解释清了是理论精深,预言不准是你没学好。

到公元前1000多年,周文王以伏羲八卦为原理,著成《周易》,成为中国传统思想文化中自然哲学与伦理实践的根源。

语言、文字、人的思维能力,这三者是相互促进的。人类文明开始迅速发展。

公元前3000年前后,埃及人搞出了十进制数学。

公元前2000年前后,巴比伦人的数系得到充分发展,十进制和六十进制(比如计时)并存。

公元前1800年前后,数字符号开始丰富起来了。

公元前1100年前后，姬昌，也就是后来的周文王蹲监狱时写了一本书——《周易》。

公元前776年，中国史载日蚀（即日食）现象。同年，世界上的第一届奥运会在古希腊奥林匹亚召开。

公元前613年，中国《春秋》记录哈雷彗星。其后不久，古希腊哲学家阿那克西曼德的《论自然》问世。

有证据的最早的医学著作，是写于公元前2500年至公元前1200年间的埃及医学纸草文献。书云：

> 人为什么生病？是魔鬼等坏东西进到身体里了。
>
> 咋治？祈祷、念咒、斋戒或佩戴符咒，赶跑这些坏东西，至少让它们稍安勿躁。
>
> 当然，还得搞搞仪式，吃些动物、植物、矿物原料配制的药物什么的。

宗教也在迅速发展。教义和礼制越来越丰富、越来越完备了。神的形象和分工也越来越细了。

虽然神越来越具体，但由于他们从不出现，所以总是让人感到太缥缈、太虚无了。人越思考，神的形迹就越可疑。

经验再次帮了我们的忙，人们发现：你虔诚，或者不虔诚，病就在那里，不来不去；你祈祷，或者不祈祷，天气就在那里，忽阴忽晴……没人见过神，巫术也总掉链子。没人见过无处不在的神干过什么。为什么？

这是怀疑的开始。

我们依靠经验，能预言很多东西，比如：乌云密布，可能会下雨；秋天来了，树叶会落；种子埋在土里，会发芽；公羊和母羊交配后，会生小羊；石头扔进水里，会沉下去……这就是归纳，科学研究的最初手段。归纳来归纳去，我们发现，这一切，似乎与神物无关。

与神物有关的预言，往往又不灵。比如，古代世界许多人都相信，发生日食和月食，是因为太阳和月亮被天狼或者天狗吃下去了，只要我们制造大量噪声，

就能像轰走其他动物一样，轰走这些贪吃的家伙，把太阳 GG 和月亮 MM 救出来。过去几千年也没人深究：这天杀的吃得下太阳，个头一定很大，为啥它在太阳旁边时，我们看不见它？

再后来，越来越多的人发现，日食、月食、火山爆发、地震跟神仙无关，跟人也无关。

4 理性

公元前 6 世纪上半叶，古希腊出现了一批思维不正常的人，泰勒斯、毕达哥拉斯等，他们不像以前的人那样，多凭经验和直觉思考，而是更多地使用逻辑，进行理性的思辨，探求世界的本质。对，这就是哲学。

哲学家们开始琢磨，世界是由什么组成的？它的成分、结构和运作原理有没有违规添加剂？这些东西都是从哪儿来的？地震、日食、雨雪等这些千奇百怪的现象都是怎么发生的？……一时间七嘴八舌，好不热闹。

比方说，西方科学和哲学之祖泰勒斯认为，水生万物，万物复归于水，大地就漂在水面上；数学家毕达哥拉斯（勾股定理的最早发现者）认为“数”是物质的根本，于是他把数学作为探究世界的基本工具；“万物皆流变”学说的创始人赫拉克利特认为火是万物之本，他说，天体是盛满火的碗，当碗口背向我们时，就发生日食、月食等。

虽然有些观点现在看来很幼稚，但我们发现，自然的人格化消失了，在对自然现象的解释中，事必躬亲的神被请了出去，取而代之的是规律性。这一点非常重要，它说明，人对自然的思考，开始走向理性。

那时，以泰勒斯为首的米利都派已经在建立唯物论和一元论了，他们认为，世界是由唯一的一种基本实体组成。

理性，不仅为神仙们减了负，还让天上的星星清晰起来。

人类从学会思考时起，就对星空好奇不已。宗教出现后，人们不约而同地把星星与神、命运、天意等联系在一起，加上历法的需要，天文学就此产生了。

最初，人类不约而同地认为世界是神创造的，宙斯、耶和华、盘古……但这些传说并不妨碍我们对星空的实际观测。

人们很早就发现有几颗星不老实，总在乱动。公元前5世纪，古巴比伦的祭司们就锁定了金、木、水、火、土和日、月这七颗星的活动范围，我们管它叫黄道带。他们记下观测结果，积累大量数据，通过计数的方式找到规律，从而做出一些预言，比如新月出现的时间，甚至能预言月食，虽然不太准。

实际的观测和数据分析，理性的计算和规律总结，这就是先“定量”，再“定性”。我们一脚踏入了科学之门。

公元前6世纪下半叶，老子的《道德经》问世，他说：“道可道，非常道。名可名，非常名。无名天地之始，有名万物之母……”而孔子正在和礼法较劲，他见本该只欣赏32人组舞蹈的季氏，居然私自欣赏只有天子才能用的64人组的舞蹈，吼出一句名言：“是可忍，孰不可忍？”受到了领导的好评。

这时，留基伯和德谟克利特继承并发展了唯物论和一元论，他们提出：世界，是一个无限的虚空。虚空中，有无数小到看不见的固体粒子，叫作原子，这些原子随意运动、碰撞、排列，形成了万物。这个学说的重点是，任何事物，都是原子遵从规律运动的必然结果，不受神力和精神的控制。

但是，巴门尼德却认为，运动，或者叫变化，是不存在的。他的学生芝诺还搞出一个有趣的逻辑悖论，大意是运动就是物体在有限的时间内，从一点到达另一点。但是，任何距离都可以分成无穷个小间隔。在有限的时间内，穿越无穷个间隔，是不可能的。所以，运动也是不可能的。他们得出结论：虽然经验和感觉告诉我们，变化是存在的，但从理性上看，这只是很真实的幻觉。

这个悖论结构简单，体积小巧，却结实耐用，让几代哲学家大伤脑筋。由此可见，这一阶段，希腊哲学家的逻辑和论证功力提升神速。

后来，恩培多克勒用折中的办法，勉强应付了这个悖论：构成万物的基本元素既不产生也不消亡，这就满足了“不变”的要求。但它们因“爱”与“斗”而聚合、分离，这又产生了“变化”，就像我们感觉的那样。这个说法没解决悖论，只是和了一团稀泥。

公元前5世纪下半叶，一个牛人出现了：苏格拉底。西方哲学的奠基人。

他说，研究天地这些东西不实用，再说我们能力也不够，还不如研究人，可以促进社会和谐。他使希腊哲学的重心，从宇宙关怀偏向政治和伦理关怀。老苏虽然成功地转移了哲学家的注意力，但人类并没有放弃对宇宙的思考。相反，老苏精妙的思辨方法，使哲学更加成熟，辩证思维方法直逼事物的本质。

苏格拉底

老苏不仅本人很牛，他的弟子，以及弟子的弟子，也是一个更比一个牛。

柏拉图和亚里士多德，他俩与老苏并称为“古希腊三大哲学家”。

他们传承的，不只是老苏的知识，更多的是独立思考的能力。

5 起步

公元前5世纪和公元前4世纪之交。

期盼已久的时刻终于来到了——中国也出了一个牛人：墨子，墨家学派的创始人。他不仅是思想家、教育家、军事家、社会活动家，还是个哲学家、科学家。

墨子反对老子“天下万物生于有，有生于无”的说法。他认为，宇宙是一个连续的整体，时间和空间都是连续不间断的；对于整体来说，时空是无穷的，而对于部分来说，时空则是有限的。

他说，物体的运动，在时间中表现为先后的差异，在空间中表现为位置的迁移，离开时空的运动是不存在的——这个观点相当的牛。

他还讨论了物体受力运动，提出作用力和反作用力，如果没有阻力的话，物体会永远运动下去——这个太牛了！

墨子

墨子还对光学、力学进行了研究，讨论了平面镜、凹面镜、凸面镜成像的现象，阐明了光沿直线前进、光影关系和小孔成像原理，以秤杆平衡为例，阐明杠杆原理，还对斜面、重心、滚动摩擦等问题进行了研究。

墨子研究数学，给出了直线、倍、平、同长、中、圆、正方形等数学定义，比如，“圆，一中同长也”，与欧几里得几何学中圆的定义完全一致。

值得一提的还有“墨辩逻辑”，它使得中国古代逻辑，无论在理论上还是在体系上，都达到了较为完整的程度。

我多希望墨家这个中国古代的科学家集团强盛起来啊！然而并没有。

那么好吧，墨子取得了这么多的成果，在世界科学史上应该有较高的位置了吧？这个总该有吧？

还是没有。这个答案太狗血，但，这就是历史。

我们知道，由于古代信息不畅，一些科学定律、理论在不同的地区被反复发现和建立，这就涉及科学发现的优先权问题。对此，我们不仅要看发现的时间，更要看它是否公布于世，是否得到世人的承认和传播，以及产生了多大的影响。比如，公元前3世纪，古希腊天文学家、数学家阿利斯塔克就提出地球自转并绕太阳转的“日心说”，但一来他没有给出充分证明，二来没被世人接受，也没产生什么影响，所以“日心说”不归他。

虽然墨子的科学成果已经达到当时世界领先水平，有的观念还相当的领先。但可惜的是，那时中国人的注意力都在眼前利益上。而解释万物，都喜欢用含糊晦涩的表达来显示高深。儒、道二家的话，领导们爱听，便得到大力弘扬，渗入国人的灵魂，刻进了国人的血脉。劳心者治人，劳力者治于人。自然科学被划在“劳力”范畴，地位低下。于是，国人对摆布人的兴趣，远远超出研究自然的兴趣，如果能把这两种兴趣定量，将出现一个十分变态的比例。所以除了墨家，没人对这些不能当饭吃，不能换取金钱、地位、美女的东西感兴趣。于是，墨子之后，他的成就便渐渐被束之高阁，无人问津，到汉朝就淡出了历史舞台，著说多有失佚。直到2 000多年后，才被学者们从一些残篇中“发现”。可以说，墨子的科学成就所产生的影响，只是让2 000多年后的我们震惊了一把。

柏拉图，活跃在公元前5世纪和公元前4世纪之交，古希腊伟大的哲学家，也是全部西方哲学，乃至整个西方文化最伟大的哲学家和思想家之一。我们最初认识阿图，大概都很浪漫，是从“柏拉图式爱情”开始的。虽然阿图的巨大贡献与爱情无关，但“柏拉图式爱情”的概念，也反映了阿图尊崇理性、排斥感官感受的一贯思想。

阿图把理性推上至高无上的地位。他认为，我们凭感官感觉到的这个世界，只是真实世界的简单投影而已。所以，人要获得真实的知识，感觉是靠不住的，必须得靠理性才行。也就是说，我们必须把看到的、听到的、闻到的、尝到的、触摸到的这些感觉统统忘掉，只用纯理性的逻辑思辨，才可能找到世界的真相——最根本的实在。

事实是，柏拉图用他的理性，确实得到了更先进的理论。

柏拉图与亚里士多德

阿图认为,造物主按照几何原理创造了完美的世界。他接受了恩培多克勒的“水、火、土、气”四元素说,还受到了毕达哥拉斯用数学构建宇宙的思想的影响,结果是他构建了“几何原子论”。

阿图告诉我们,最根本的东西是等边三角形。三角形是二维图形,所以它是非实体的。是不是有点眼熟?对了,好像跟现在弦论所说的“膜”有点类似。虽然二维的东西是非实体的,但是,就像咱小时候玩积木那样,把它们拼拼接接,就能组成各种形状的三维粒子,每一个形状对应一种元素。

由于真实的世界是完美的,所以,出于美学考虑,这些三维粒子,必须是由完全相同的平面组成的对称几何体——正多面体。而据目前所知,只存在 5 种正多面体:

正四面体,4 个等边三角形——对应火元素。

正六面体,也就是正方体,6 个正方形——对应土元素。

正八面体,8 个等边三角形——对应气元素。

正十二面体,12 个正五边形——对应整个宇宙。

正二十面体,20 个等边三角形——对应水元素。

平面形状构成物体，反过来，物体最终可以还原成平面。

这看起来很不理性，但仔细推敲一下，我们会相当佩服这位公元前的牛人。这个理论有三个特征：元素以不同比例混合，能产生不同的物质；图形可以拆分组合，允许一种元素变成另一种元素；能用数学演算事物变化——对自然认识的数学化的重要一步。

阿图还具体描述了我们的宇宙：从美学角度考虑，他认为所有天体都是圆形的，包括脚下的大地。地球静止在中心，被圆形的天球包围着，天球每天自转一圈。在天球上，有与地球赤道对应的赤道，太阳、月亮以及其他行星的路径，在倾斜于赤道的一个圆周带上，叫“黄道”。在黄道上，太阳每年绕一圈，月球每月绕一圈，其他行星速度各有不同，有时还会逆向运动。柏拉图甚至观测出来，水星和金星是太阳的跟屁虫，总是离太阳不远。这一理论较好地解释了天体运行、日（月）食、四季变化等现象。

要知道，那是在公元前 4 世纪上半叶。强悍啊！

更强悍的是阿图的学生——亚里士多德，世界古代史上最伟大的哲学家、科学家和教育家之一，逍遥学派的创始人，亚历山大的老师。不说别的，单看人家老亚的老师和学生，就足以让所有人“鸭梨”山大。

我们来看看，老亚是怎么看这个世界的。

他说，我们处在一个有序的世界，万物都按照自己的本性运行，掌握了这些本性，我们就能预测万物的发展。

老亚认为，万物只有在纯自然状态下，才能显露本性，人为的干扰越多，只能让这些本性显露得越不充分。所以，他从不做实验，而只凭观察和理性分析。他归纳了著名的“四因说”，用来理解事物的变化。

形式因：物体所接受的形式，比如，空气就不接受石头那样的存在形式。

质料因：决定形式的质料，它始终不变，比如，用空气做质料，就没法做成石头。

动力因：引起变化的作用者，比如，水滴石穿，石“穿”的变化，动力因是水“滴”。

目的因：变化的目的，比如，用石头刻个盆，目的是用它盛东西。

亚里士多德认为，宇宙是一个巨大的球，它无始无终，是永恒的。以月球为界，宇宙球分两个区域，月球以上是天界，以下是地界。地界的万物有变化，比如生死、聚散等；天界永远不变，是由不朽的另一类元素组成。看过电影《第五元素》没？“第五元素”就是老亚创造的词。

老亚和他的老师阿图一样，认为万物可以还原成元素，或更基本的东西，但他不接受阿图的几何图形说。

老亚认为事物有 4 种基本性质，这 4 种性质两两对立：热和冷，干和湿。它们交叉作用于 4 种基本元素，从而产生万物及变化。基本公式：冷 + 干 = 土；冷 + 湿 = 水；热 + 湿 = 气；热 + 干 = 火。

根据这些基本公式，我们可以得出，水被加热，它的冷就没了，就变成了气。反之可倒推出水从气态变成液态。

冷、热、干、湿的程度不同，以及水、火、土、气四元素的混合比例不同，就产生不同的质料和物体。

大家一听，这个理论太符合实际了！你看看：泥又湿又软，进窑一烧，就能变成陶器啊砖块啊什么的；铜和锡加热会变成液体，把它们按比例熔合，就变成青铜等。人类早就朦朦胧胧地意识到一点点了，只不过从没有人解释得如此美妙和系统。所以，这个理论立即受到各界人士的普遍欢迎。然后，炼金术、炼丹术出现了。这是化学的萌芽。

人们把能想到的各种动物、植物、矿物放在一起，各种炼，企图炼出宝物，可得到的总是废物，但偶尔也会有意外收获。1 000 多年前，中国一名执着的炼丹家沐浴焚香，白袍美髯，信心满满地把新配方放进炼丹炉，照例点火……然后，一声巨响，浓烟过后，炼丹家须发焦立，浑身乌黑，青烟袅袅，小白牙亮眼睛……黑火药诞生了！这是一个奇迹。

总是炼不出宝贝，人们并不怀疑是理论出了问题，而是怀疑温度、湿度没控制好，以及元素比例搭配不当。连 2 000 年后的牛顿都相信，只要功夫深，就能炼成金。

老亚还说，不同元素、不同质料有着不同的“本性”，比如它们的轻重就不同：气和火是轻的，火比气更轻，它们的本性是上升；水和土是重的，土比水更重，它们的本性是下沉。

在无干扰、不混合的理想状态下，四元素都按照本性行动：土和水下沉，土凝聚在宇宙中心，水包在土上；火和气上升，气在下，火在上。它们逐层包裹，形成一个大球。再向上，就是前面说的天界了。但是，由于这个世界有干扰，元素又相互混合，所以世界就成了我们看到的这个样子，有山有沟有河有海有云……乱七八糟毫无规则。

根据这一原理，老亚建立了运动学。老亚的运动学有两个基本原理。

一是运动分两种：按本性运动的“自然运动”和外力引起的“受迫运动”。比如，石头的本性是向下沉，你把它搬到山顶上，这就是“外力”导致的“受迫运动”；而它从山顶滚下来，是“本性力”导致的“自然运动”，滚到山脚，到达自然位置，运动就停止了。

二是没有推动力就没有运动。就是说，必须有一个力一直推动物体，物体才会运动。

这两点好像很合理，但大家立即发现，按照这个原理，我们扔一块石头，当石头离开手的一刹那，手对它已经不产生推力了，它应该直接掉在地上才对。可石头一点面子也不给，它飞了出去，画出一道优美的弧线，落在离手很远的地方，一副欠扁的表情。

大家尴尬地看着老亚。

老亚微微一笑：是介质代替了推动者。我们扔石头，也把这个力传给了周围的介质，比如空气，这样，它们也有了相同方向的力，继续推着石头向前跑，直到这个力慢慢消失。

老亚还得出很多基础性的结论，比如我们在课本上可以见到的：所谓运动，就是物体在空间中所处位置发生变化；运动的特性包括普遍性、永恒性、多样性；当动力和阻力相等时，运动将会停止……

小链接

机械运动

一个物体相对于另一个物体的位置的改变叫作机械运动，简称运动。它包括平动、转动和振动等运动形式。研究物体的运动需要选定参照物（即假定为不动的物体），同一个物体的运动，所选择的参照物不同，对它的运动的描述就会不同，通常以地球为参照物来研究物体的运动。

我们现在评价亚里士多德，经常会拿他的一些错误理论来说事儿。其实，如果只允许用一个词来评价他，我想只有这个词最合适：博学多才。在对自然现象的分析、解释等方面，老亚的成就，是前无古人的。他创立了形式逻辑学，丰富和发展了哲学的各个分支学科，为人类科学发展做出了巨大的贡献。

哲学家玩的就是学问。马克思认为，老亚是古希腊最有学问的哲学家。逻辑学、修辞学、物理学、生物学、教育学、心理学、政治学、经济学、美学、博物学……他无一不精。他的著作据说有 400 ~ 1 000 部，比如《工具论》《形而上学》《物理学》《伦理学》《政治学》《诗学》等。

老亚的思想对人类产生了深远的影响。他活着时，人们有什么问题，就会去问问他；他死后，人们有什么问题，就去翻翻他的书，看看他是怎么说的。一直到 1 900 多年以后，伽利略的出现才终结了他的权威。

6 开路

亚里士多德的形式逻辑学，在科学兵器排行榜上赫赫有名。他最辉煌的战绩，却是借助另一位牛人的手获得的，这位牛人就是欧几里得，公元前 4 世纪与公元前 3 世纪之交的古希腊数学家，几何之父。

说到这，咱们来复习一下形式逻辑学的分析工具——著名的三段论。

三段论由大前提和小前提推出结论。下面举个例子。

大前提：正常的男人都是喜欢美女的。

小前提：你是正常的男人。

结论：你是喜欢美女的。

得出正确的结论，需要前提正确。但是，有时，大前提和小前提不是那么确定。比如下面这种。

大前提：专心工作、不搞宫心计的人得不到提拔。

小前提：你专心工作，不搞宫心计。

结论：你得不到提拔。

可事实是，专心工作、不搞宫心计的你被提拔了！你这一个例子，也能导致整个结论错误。

那么，如何能够保证前提正确呢？

欧老动了动他那颗智慧的脑瓜，找到一个绝妙的办法：用无须证明、也没法证明的最浅显的简单真理做前提。比如，整体大于部分、凡是直角都相等……这样的道理谁都没意见，我们管它叫“公理”或“公设”。

欧老摆出不证自明的五条公理和五条公设，用缜密的逻辑演绎，立柱架梁，添砖加瓦，构建了一座辉煌的数学大厦——《几何原本》（以后简称《原本》）。欧氏几何是怎么回事儿，我们到“广义相对论”（第十三章“超级武器”一节）时再说。

《原本》的研究、使用和传播之广，除《圣经》之外，没有任何其他著作能与之媲美。它集整个古希腊数学的成果和精神于一身，是数学、哲学的双料巨著。它标志着人类第一次完成了对空间的认识——空间是人类认识自然的关键之一，这一认识直到2 000多年后爱因斯坦出现，才被改变。《原本》的伟大之处，不仅在于取得了这些成果，更在于取得这些成果所使用的方法——公理演绎法。

这是从公理、定义出发，论证命题、得到定理的论证方法。这一科学手段的系统应用，是人类理性的一次革命。杨振宁认为，现代科学没有发生在中国，而是发生在西方，正是因为中西方分别受《周易》和《原本》的影响，产生了两种不同的思维方式和文化。

那是一个充满传奇的年代，那是一个神人辈出的地方。如果说，苏格拉底、柏拉图出现在古希腊，让人“羡慕”，而亚里士多德、欧几里得又出现在古希腊，让人“嫉妒”的话，那么，接下来这个神人还出现在古希腊，就不能不让人“恨”了！

杠杆

阿基米德："给我一个支点，我可以撬起地球。"这句话只有"力学之父"才说得出来。

公元前3世纪。阿德是当时智慧的象征。叙拉古国王怀疑自己的王冠被工匠掺了假，请阿德帮忙验证一下。阿德苦思冥想不得其法，决定先洗洗睡了再说。当他爬进盛满水的浴缸时，水保持了万亿年的一贯作风，毫不犹豫地溢了出去。阿德立即意识到，水溢出的体积，等于他进到水里的那部分身体的体积。那么，物体在液体中所获得的浮力，就等于它所排出液体的重量。于是他从浴缸里跳了出来，兴奋地奔跑大叫："我知道了！……"著名的阿基米德原理，也就是浮力定律也随之冲出浴缸，走向世界。

小链接

浮力

要认识浮力定律，首先要认识小强，小强的大名叫"压强"。

其实"压强"是懒人的叫法，如果你够勤快，也可以管它叫"物体单位面积上受到的压力大小"。

下面的人物关系就很复杂了。

小强有个公式，叫压强公式，公式里的出场人物：

① 帕斯卡，法国数学家和物理学家，还是哲学家和散文家。为了纪念这位牛人，压强的单位就以他的名字命名，昵称"帕"，Pa。

② 牛顿，此人牛到不用介绍了。力的单位以他的名字命名，那是给力面子。公式里的 F 是压力，压力也是力，所以压力的单位"昵称"也是"牛"，N。

③ 大 S，受力面积，翻译过来就是"受到压力的面积"，所以它的单位和房贷压力面积一样，是平方米，m^2。

$p = F/S$，这就是压强公式啦！

所以，小帕和老牛的关系就是：$1\ Pa = 1\ N/m^2$。

既然小强公式已经入手，我们就可以拿来对付下面这种问题了：

怎样让压强变大？也就是让那个 p 变大？

手持 $p = F/S$，聪明的你早已看穿了一切，因为我们懂得除法是啥意思，所以别看公式右面只有 F 和 S 两个小伙伴，但你可以找到三种办法让 p 变大：

如果大 S 不变,那就只能让 F 加大;

如果 F 不变,那就只能让大 S 变小;

如果 F 变大,而大 S 同时积极配合变小,当然更是一个好办法。

知道怎么把 p 变大,聪明的你自然也知道怎么把 p 变小了。可是,这个 p 跟浮力定律有什么关系啊?

陛下莫急,容臣慢慢禀来:

还真有关系。要搞清楚浮力,先要搞清楚液体和气体的压强 p。

液体和气体那么柔软,为啥会有 p 呢?那是因为,分子们都受到重力,都向下压,这就有了 p,又由于它们是散装的,分子们自由散漫挤来挤去,这个 p 就不止朝下了,而是各个方向都有。挤过公交的同学都知道。

所以,液体、气体压强的特点是:

① 如果装在容器里,那么,它们对能自然接触到的底、壁、盖,都有压强。

② 在它们内部,向各个方向都有压强。

③ 压强随深度(高度)h 的增加而增大,在同一深度(高度),向各个方向的压强相等。

④ 压强还跟密度 ρ 关系亲密。

当然,液体压强和气体压强也有不同之处,脑补一下就知道。

我们先来看看液体压强的计算公式:

$$p = \rho g h$$

ρ 是液体密度,单位是 kg/m^3;

g 本来是重力加速度,是 $9.8\ m/s^2$,这里写成 $9.8\ N/kg$,意思是 $1\ kg$ 的物体所受到的重力是 $9.8\ N$,可以此来变换作用力和质量;

h 就是深度了,指的是液体自由液面到液体内部某点的竖直距离,单位是 m。

你瞅瞅,液体的压强跟啥有关系呢?密度 ρ 和深度 h,跟液体本身的体积没有关系。

也就是说,密度 ρ、深度 h 的值越大,那个 p 就越大。

潜过水的同学都知道,潜水越深,耳朵被压得就越疼。

这样一来，不管啥东西泡在液体里，下面的 p 永远比上面的 p 大：液体向上举的力大于向下压的力，这两个力的差，就是浮力。这个浮力究竟有多大呢？阿德告诉我们：就是物体所排开的液体的重量。

懂得这个道理，我们就知道为啥皮球可以在水上漂了：因为相同体积下，皮球的重量比水轻，也可以说成皮球平均密度比水小。

把皮球放在水面，引力让皮球向下，于是皮球自身的重力让它排开一些水，下沉了一些，当它所排开的水的重量等于它自身的重力时，浮力与重力达到平衡，皮球就不能继续下沉了，只好浮在水面。

综上所述，阿德写出了浮力公式：

$$F = \rho g V$$

F，浮力；ρ，液体的密度；g，重力加速度；V，排开液体的体积。

浮力公式有啥用呢？用处大了去了，比如，你想造一艘船，就可以根据你需要的最大载重量，来算出这艘船的最小排水量，省时省力又省钱，如果没有浮力公式，全靠拍脑门，结果有多糟，你就想想吧。

在空气中的物体也会受到压强、浮力，只不过空气比水轻太多了，我们感觉不到而已。

空气的浮力，我们可以通过孔明灯、氢气球来体会，但空气的压强呢，就没那么容易体会了，所以，早在1654年，德国的马德堡市长就贴心地为我们准备了一场别致的实验，那就是著名的“马德堡半球实验”，不仅证明了空气也有压强，而且让当时所有围观群众都惊掉了下巴：我们时刻生活在其中的空气，竟然有这么大的压强！

还有个实验，叫“托里拆利实验”，是测定大气压强值的。测大气压的仪器叫“气压计”，水银气压计、无液气压计（金属盒气压计）这两种比较常见。

这两个实验的剧情，初中课本上有，这里就不啰唆了。下面顺便提几个小知识。

大气压强产生的原因和水产生压强的原因一样，都是重力惹的祸，所以高度越向上，压强越小。

为了认清、用好大气压，人们规定，标准大气条件下，海平面的气压是“标准大气压”，它的值为 101.325 kPa（1 标准大气压 = 760 mmHg = 10.34 m水柱 = 101.325 kPa）。

液体的沸点和大气压关系密切：气压减小时，沸点降低；气压增大时，沸点升高。所以，我们去高原地区烧的开水，就不是 100 ℃，在高原地区用普通的锅煮饭，就不容易熟。

如果气体、液体流动起来，也就是说，它们在成为“流体”时，压强会有什么不同呢？事实和我们想象的不一样，流速越大的地方，压强越小；流速越小的地方，压强越大。飞机就是利用这个原理飞上天的。

我们在做与浮力相关的题的时候，千万不要想多，物体所受到的浮力只与三个因素有关，分别是液体的密度 ρ，重力加速度 g（地球上一般取 9.8 N/kg），排开液体的体积 V，与其他的一切都没有关系。

【例 1】用 1 m^3 的钢材做成的铁箱，装上 2.2×10^3 kg 物质，有 2/3 体积露出水面，求此箱的体积和容积。钢的密度为 7.8×10^3 kg/m^3。

解析☞ 已知条件：钢的密度 $\rho=7.8\times10^3$ kg/m^3；

钢材体积 $V_1=1$ m^3；

物质质量 $m_1=2.2\times10^3$ kg；

水的密度 $\rho_0=1.0\times10^3$ kg/m^3；

设箱子的体积为 V

箱子在水中的体积 $=V-2/3V=1/3V$。

所以：$F_{浮力}=G=m_1g+\rho\times V_1\times g=\rho_0\times g\times1/3V$。

把已知条件都放入公式里面，得 $V=30$ m^3。

又因为钢材占了 1 m^3，所以箱子的容积就为 $(30-1)$ $m^3=29$ m^3。

整道题看起来，一大段，好像很复杂的样子，可是说白了，就是一个公式 $F=\rho gV$，然后把已知的条件都列出来，就一定能求出来，不需要太多的分析，对于做题来说，分析得太多就是给自己找麻烦。

【例 2】下列说法中正确的是

A. 密度大的液体对物体的浮力一定大

B. 潜水员在水面下 50 m 比在水面下 10 m 受到的浮力大

C. 将体积不同的两个物体浸入水中，体积大的物体受到的浮力一定大

D. 体积相同的铁球和木球浸没在水中，它们受到的浮力一定相等

答案☞ D

这道题是分析题，其实也不需要怎么分析啦，首先把公式写出来 $F=\rho gV$，然后看一下选项，看一下公式。

A. g 是常数，可是还有个 V 呢，没说 V，所以说“ρ 大，F 就一定大”不对。

B. 给的条件跟 ρ、g、V 都没有关系，所以不对。

C. 这是个文字游戏，是“浸入”，不是“浸没”。就是说不是全都浸入，没说浸入多少，V 指的是进入液体中的体积，V 不确定，所以不对。

D. 都是水，所以 ρ 确定；“体积相同”“浸没”，所以 V 确定；g 是常数，确定。ρgV 全确定，所以 F 确定。D 正确。

浴缸的故事誉满全球，妇孺皆知。但作为古希腊伟大的哲学家、数学家、天文学家和物理学家，阿德的贡献之大，恐怕是我们难以想象的。我们现在来看看，阿德除了史上最著名的裸奔之外，还干了哪些大事。

阿德不仅是力学之父、静力学和流体静力学的奠基人，还是物理学之父。他通过大量实验发现了杠杆原理。这不算牛，因为别人也发现了。但是用几何演泽法推出诸多杠杆命题，并给出严格证明和公式的，就只有阿德。这才叫牛！

你要是说，阿德的长处是科学理论，那没错。他的理论成果丰硕，每一个命题都有严密、精确的逻辑证明。但你要是说，他的长处只有科学理论，那就大错特错了。阿德不仅善于动脑，还善于动手，是理论与实验“两手抓、两手硬”的完美天才。他的科学成果和科学方法，对推动人类科学发展起到了巨大的作用。

他一生设计、制造了大量机械、机器设备，有的用于实验，有的用于观测，有的用于生产生活，还有的用于军事。他利用杠杆原理，制造杠杆系统设备，解决了大量的问题。此外，举重滑轮以及被称作“阿基米德螺旋”的扬水机等发明，至今仍在使用。

可以说，阿德是用科学理论指导技术实践的第一人。这可不是浪得虚名。他科学地实现了自己匪夷所思的想象，还写下了用知识 PK 罗马大军的不朽传奇。公元前 3 世纪末，强悍的罗马大军进攻叙拉古，阿基米德为保卫国土，发明了各种武器，低碳高效。比较著名的有：大起重机，可将敌舰吊到空中，然后扔到水面上摔碎；用凹面镜原理，让无数百姓用镜子聚焦阳光，烧毁敌舰，首开人类利用太阳能的先河；利用杠杆原理造出投石机，威力惊人……虽然有的战例可能只是传说，但阿基米德在战争中确实发挥了巨大的作用，罗马大将军马塞拉斯苦笑着承认，“这是一场罗马舰队与阿基米德一人的战争”，“阿基米德是神话中的百手巨人”。

阿德用实际行动证明:知识就是力量! 可惜人们反应太慢,直到 1 800 多年以后才由培根总结出来。

很强很辉煌是吧? 其实,阿德在物理和机械方面的研究和发明还是次要的,他更灿烂的成就在天文学和数学方面。

阿德曾制作一座水力天象仪,日月星辰运行精确,并且,居然能预测月食、日食! 晚年时,他开始怀疑地球不是宇宙的中心,并推测地球有可能是绕着太阳转的。这个观点直到 1 700 多年后才由哥白尼正式提出。

有一种境界,叫至善至美。欧几里得严谨的推理方法,柏拉图丰富的想象力,被阿德和谐地融为一体,古希腊数学被阿德的妙手推向巅峰。抛物线弓形、螺线、圆形的面积,以及椭球体、抛物面体……这些复杂几何体的表面积和体积,一直让数学家们大伤脑筋。阿德改进了“穷竭法”,即“逐步近似求极限”的方法,给出了对付这些奇形怪状的东西的算法,这是微积分计算的鼻祖。今天,不管是什么形状的东西,我们都能计算出它的体积、面积,这是阿德的功劳。

美国著名数学史家 E. T. 贝尔这样评价阿德:任何一张“史上最伟大的三个数学家”的名单,一定包括阿基米德,而另外两个,通常是牛顿和高斯。把数学成就、时代背景、对人类所产生的影响等因素综合起来看,首推阿基米德。

“除了伟大的牛顿和伟大的爱因斯坦,再没有一个人像阿基米德那样为人类的进步做出过这样大的贡献。”这个评价,阿德当之无愧。

阿基米德时代,代表着古代人类科学发展的顶峰。

阿德之后,一千多年无人超越。这是一种什么感觉? 我想,阿德一定很寂寞。

小链接

杠杆

阿德说,啥叫杠杆呢? 在力的作用下,一根能绕着固定点转动的硬棒,就叫杠杆。

通俗地讲,集齐“支点、动力、阻力、动力臂、阻力臂”五颗“龙珠”,就可以召唤一根杠杆。

当你读懂了这五颗“龙珠”的含义,就知道了杠杆平衡的秘密:

$$动力 \times 动力臂 = 阻力 \times 阻力臂。$$

根据对这些硬棒各种不同的用法，人们给它们起了不同的名字：省力杠杆、费力杠杆、等臂杠杆。根据上面提到的公式“动力×动力臂=阻力×阻力臂”，我们可以解释它们。

① **省力杠杆**：动力臂>阻力臂，平衡时，动力<阻力。特点是省力，但费距离。举几个例子：剪刀、铡刀、起子。如果这些你都没有听说过，那么，再比如撬棍、扳手、钳子。当你力气不够的时候，从理论上来说，只要你能找到形状合适、足够坚固的棒棒，那时候你的力量将超乎你的想象。

② **费力杠杆**：动力臂<阻力臂，平衡时，动力>阻力。特点是费力，但省距离。比如钓鱼杠，一般情况下我们钓到的小鱼并没有那么大的拉力，可是为什么它们在水里的时候我们要费那么大的力气才能把它们拽上来呢？因为你的鱼竿。对，没错，就是你钓鱼必须用到的工具阻止了你顺利地将鱼拉到水面上，听起来很荒唐，但是这就是事实，鱼竿的阻力臂远远大于它的动力臂，想象下你抓着鱼竿的根部将它远远甩向湖中心的样子吧，两只手之间的距离就是它的动力臂，而你的手够不到的距离就是阻力臂。可以想象那根鱼竿给你造成了多大的阻力了吧。可是为什么我们还要使用它呢？原因也是显而易见的，我们没有办法飞到湖面上去钓鱼，只好让鱼钩飞过去了，毕竟为了钓鱼搞一个飞行器什么的也太奢侈了。

③ **等臂杠杆**：动力臂=阻力臂，平衡时，动力=阻力。特点是既不省力，也不费力。看起来没什么用，其实不然，我们在生活中常常能看到等臂杠杆，如天平。

一根硬棒就有这么多妙用，看来并不只有孙悟空会用棒子，阿基米德在使用棒子方面才是鼻祖呢。

当然，杠杆虽然很简洁，但它并不愿意过一根硬棒的单调生活，它会变形，比如圆润的滑轮、炫酷的齿轮、千姿百态的连杆等。想想这些东西在机械中的作用，想想机械设计对杠杆原理的应用程度，就知道杠杆原理的重要意义了。

定滑轮特点：不省力，但能改变动力的方向。实质是等臂杠杆。

动滑轮特点：省一半力，但不能改变动力方向，要费距离。实质是动力臂为阻力臂的两倍的杠杆。

【例1】使用滑轮时，________的滑轮称为定滑轮，特点是________；使用滑轮时，________的滑轮称为动滑轮，特点是________；滑轮组是定滑轮和动滑轮的组合，它的特点是既能________，又能________。

答案☞ 滑轮的轴不随物体一起移动　可以改变力的方向，但不能省力　滑轮的轴和物体一起移动　可以省一半的力，但不能改变力的方向　省力　改变力的方向

【例2】将两个滑轮装配成如图所示的样子，用力 F 拉动绳端时，物体会向________移动。其中 A 是________滑轮，B 是________滑轮。如果物体做匀速直线运动，而且所受到的摩擦力为 2 N，那么 $F=$________。如果力 F 的方向改变，那么 F 的大小将会________（填变大/变小/不变）。

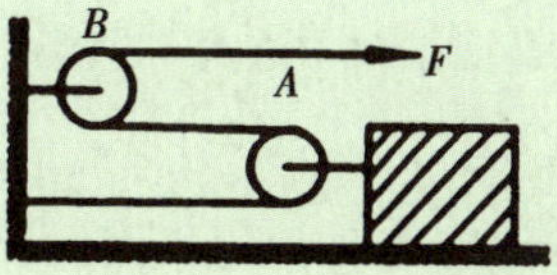

答案☞ 左　动　定　1 N　不变

【例3】题中图是利用电子秤显示水库水位装置的示意图。该装置主要由不计重力的滑轮 C、D，长方体物块 A、B 以及轻质杠杆 MN 组成。物块 A 通过细绳与滑轮 C 相连，物块 B 通过细绳与轻质杠杆相连。杠杆可以绕支点 O 在竖直平面内转动，杠杆始终在水平位置保持平衡，且 $L_{MO}:L_{ON}=1:2$。已知物块 A 的密度为 $1.5\times10^3\ \text{kg/m}^3$，底面积为 $0.04\ \text{m}^2$，高 1 m，物块 B 的重力为 100 N。滑轮与转轴的摩擦、杠杆与轴的摩擦均忽略不计，g 取 10 N/kg。求：

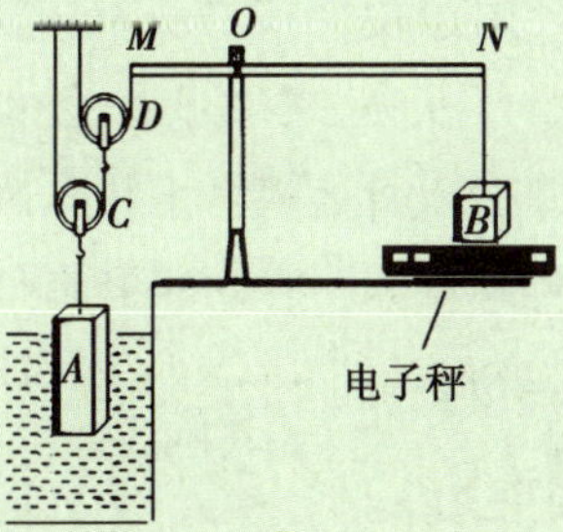

① 当物块 A 的顶部刚没入水面时，底部受到水的压强大小；

② 当物块 A 的顶部刚没入水面时，物块 A 所受的拉力大小；

③ 若水位发生变化，当电子秤的示数为55 N时，求物块 A 浸入水中的深度。

解析☞ 这道题考的是：杠杆的动态平衡分析，滑轮组绳子拉力的计算，液体压强的计算，浮力大小的计算。

下面让我们一起来理清楚思路：先粗略地看一遍题，然后我们发现，从“题中图是利用电子秤……”一直到“杠杆始终在水平位置保持平衡”，都是在描述图里面的内容，我们看一句话，看一眼图，然后发现：嗯，这个图的意思跟我想的一样。然后拿笔，把这些东西划掉，于是我们的已知条件就变成了这个样子：“$L_{MO}:L_{ON}=1:2$，物块 A 的密度为 $1.5\times10^3\ \text{kg/m}^3$，底面积为 $0.04\ \text{m}^2$，高1 m，物块 B 的重力为100 N，滑轮与转轴的摩擦、杠杆与轴的摩擦均忽略不计，g 取10 N/kg”。

这中间还有一句话“滑轮与转轴的摩擦、杠杆与轴的摩擦均忽略不计”，就是说摩擦力不用考虑了，那么同上，划掉。于是已知条件就变得更简单：“$L_{MO}:L_{ON}=1:2$，物块 A 的密度为 $1.5\times10^3\ \text{kg/m}^3$，底面积为 $0.04\ \text{m}^2$，高1 m，物块 B 的重力为100 N，g 取10 N/kg”。

我们来看①②两问：当物块 A 的顶部刚没入水面时，底部受到水的压强大小与物块 A 所受的拉力大小。

“当物块 A 的顶部刚没入水面时，底部受到水的压强大小”是什么意思呢？我们学过的求压强大小的公式是 $p=F/S$。底面积 S 我们知道，那么水对物块底面的作用力 F 是多少呢？别忘了问题的前一句话“当物块 A 的顶部刚没入水面时”，那么就涉及了一个问题：浮力是什么？浮力是水对物体向上的作用力和向下的作用力的差，“物块刚刚没入水面”的意思，就是表面既有水又没有水的一种临界状态，这种状态意味着什么呢？意味着水对物块向下的作用力为零。那么水对物块向上的作用力就等于物块所受到的浮力。F 就等于物块所受到的浮力。所以第①问：

因为 $F=V\times\rho_{水}\times g=Shg\times\rho_{水}$，

又因为 $p = F/S$，

所以 $p = \rho_{水} gh = 1 \times 10^3\ kg/m^3 \times 10\ N/kg \times 1\ m = 1 \times 10^4\ Pa$。

下面来看第②问：物块 A 所受的拉力大小。物块 A 都受到了哪些力呢？它在水里，所以有浮力，有绳子拉着它，所以有拉力，剩下的就是永恒存在的重力。这里我们要说一下，如果题里没特意强调不考虑重力，那么只要这东西有质量就一定有重力。

那么也就是说，物块 A 只受三个力。

$F_{浮} = Sp = 400\ N$　竖直向上；

$G_A = mg = Sh\rho_A g = 600\ N$　竖直向下；

由于只受到三个力，而且三个力在同一条直线上，所以 $F_{拉} = G_A - F_{浮} = 200\ N$。

最后，第③问：若水位发生变化，当电子秤的示数为 55 N 时，求物块 A 浸入水中的深度。

物块 B 的重力是 100 N，电子秤向上托物块 B 的力是 55 N，也就是说绳子的拉力是 $100\ N - 55\ N = 45\ N$。

因为杠杆平衡，$L_{MO}:L_{ON} = 1:2$，

所以 $F_M L_{OM} = F_N L_{ON}$，

所以杠杆 M 端受到的拉力 $F_M = 90\ N$。

$F_D = 2F_M = 2 \times 90\ N = 180\ N$，

滑轮 C 受到向下的拉力 $F_C = 2F_D = 2 \times 180\ N = 360\ N$，

所以滑轮组对 A 的拉力 $F_{拉A} = F_C = 360\ N$。

因为 $F_{拉A} + F_{浮} = G_A$，

所以 $F_{浮} = G_A - F_{拉A} = 240\ N$。

因为 $F_{浮} = \rho_{水} V_{排} g$，

$V_{排} = Sh_{浸}$，

所以 $h_{浸} = 0.6\ m$。

罗马帝国灭亡后，欧洲进入“黑暗时代”——中世纪。就像“四书五经”统治中国人一样，《圣经》统治着欧洲人，科学和哲学沦为神学的婢女，在漫长的1 000 多年里，整个西欧在科学方面没有原创性的贡献。不仅如此，教会只接受符合《圣经》需要的学说，导致了科学的退步，一些先进的科学探索被终止。直到伟大的文艺复兴，世间降临一位绝世全才——列奥纳多·达·芬奇。

一提起达·芬奇，我们首先想到的是《蒙娜丽莎》，这是人类绘画艺术的巅峰，其艺术成就是空前的。500 年来，阿奇一直被模仿，从未被超越。所以，我们习惯地认为，阿奇是史上最牛画家。这个没错，但是，不全面。

实际上，阿奇不仅是艺术大师，他还是科学巨匠、文艺理论家、大哲学家、诗人、音乐家、工程师和发明家。三百六十行，他行行是状元，在几乎每个领域都做出了令人膜拜的贡献。人们绞尽脑汁，想用一个词来评价他，但都觉得不够劲，于是，“文艺复兴时代最完美的代表”“第一流的学者”“旷世奇才”……各种巨型帽子被纷纷戴在阿奇的头上。恩格斯称他为“巨人中的巨人”。

阿奇的成就太多，涉猎的领域也太多。在这里，我们只能在他的科学成就中走马观花地看一下。

天文学：认识到地球只是一颗绕太阳运转的行星；月亮靠反射太阳光照亮夜空；阿奇还由此幻想利用太阳能。

物理学：重新发现了液压概念，提出了连通器原理；最早开始摩擦学理论的研究；发现了惯性原理，后来被伽利略的实验证明。

医学：从解剖学入手，研究了人体各部分的构造；发现了血液的功能，认为血液在人体内起着新陈代谢的作用，成为近代生理解剖学的始祖。

建筑学：解决了中央圆屋顶建筑物设计问题；解决了理想城市的规划问题，在城市街道设计中，他把车马道和人行道分开，还具体规定了房屋的高度和街道的宽度。

水利：做了疏通亚诺河的施工计划；设计并亲自主持修建了米兰至帕维亚的运河灌溉工程。有些水利设施至今仍在发挥作用。

地质：根据化石、洪水痕迹等推断出地壳变动、海陆变迁等；计算出地球的直径为 1 万多千米。

此外，阿奇还有诸多发明，涉及军事、工业、生活等方方面面，欣赏他琳琅满目的发明成果之前，让我们深吸一口气。

簧轮枪、子母弹、三管大炮、降落伞、机关枪、手榴弹、坦克车、浮动雪鞋、潜水服及潜水艇、双层船壳战舰、滑翔机、扑翼飞机、直升机、旋转浮桥、拉动装置、发条传动装置、滚珠装置、反向螺旋、差动螺旋、风速计、陀螺仪、纺织机、起重机、挖掘机、自毁式密码筒、初级机器人、乐器、闹钟、自行车、照相机、温度计、烤肉机……

可惜的是，阿奇的多数成果都只是记在他的手稿里，未公开发表，500年来损毁大半。看过《达·芬奇密码》的同学们都晓得，虽然影片纯属虚构，但阿奇的确是个喜欢设迷局的家伙，他的这些手稿，都是以独特的“左手反书”写的，解读起来十分的费力。但是一经解读，人们都惊奇地发现，阿奇简直就是现代世界的预言家！他现存的6 000多页手稿至今仍在影响科学研究。欧美各国、以色列等亚洲国家设立了研究达·芬奇的专门机构。科学史家丹皮尔说，如果阿奇的著作在当时发表，科学会一下子跳到100年以后的局面！这种遗憾，也许只有墨子才能感同身受。

不过，遗憾归遗憾，虽然阿奇的很多成果没能及时发挥作用，但他的科学主张却为后世所继承并发扬光大，那就是“知识起源于实践、实践应以好的理论为基础、在实践中探索科学的奥秘”的科学方法。这种求真务实、勇于挑战的探索精神，对后代产生了重大而深远的影响。

看，我们从史前说到文艺复兴，时空跨越数十万年，用了一万多字，说的最多的是什么？对，科学方法！只有好的科学方法，才能够得到好的科学成果。

直觉、经验、归纳、理性、逻辑、公理演绎，然后是，公理演绎+观测+实践（实验）。

小链接

提起温度计，课本里也有介绍。

常见的温度计有：实验室用温度计、体温计、寒暑表。

由于人是恒温动物，体温的差距不是很大，所以，体温计的测量范围是35 ℃至42 ℃，每一小格是0.1 ℃。

温度计现在已经是个日常用品了，但你真的会用吗？我们对照一下温度计使用的标准流程就知道了。

伽利略温度计

首先，你得看看它的量程是多少，“量程”就是最大、最小刻度值的差，了解它的测量极限，可避免做出把体温计伸进开水里这种危险的傻事；另外，还要看看最小刻度值是多少，掌握它的精度。

其次，测液体温度时，温度计的玻璃泡要全部浸入被测液体中，不要碰到容器底、壁，不管手有多酸。

再次，你得等温度计的示数稳定后再读数，别眼睁睁看着示数还在变就急着读。

最后，读数时，玻璃泡要继续留在被测液体中，因为你一拿出来，示数就会变，还要注意视线与温度计中液柱的上表面相平，如果观察角度不平，玻璃会折射光，让我们读不准。

既然提到了温度计，那么就不得不说说关于温度的那点事儿。关于温度我们需要知道什么呢？首先就是一些常识性的知识：固体、液体、气体，熔化、凝固、汽化、液化、升华、凝华，熔点、凝固点，蒸发、沸腾，晶体、非晶体都是啥。

固体、液体、气体：物质存在的三种状态。

熔化：物质从固态变成液态的过程，要吸热。

凝固：物质从液态变成固态的过程，要放热。

汽化：物质从液态变为气态的过程，汽化的方式有蒸发和沸腾，都要吸热。

液化：物质从气态变成液态的过程，要放热。使气体液化的方法有降低温度和压缩体积。液化现象如“白气”、雾等。

升华和凝华：物质从固态直接变成气态叫升华，要吸热；而物质从气态直接变成固态叫凝华，要放热。

熔点和凝固点：晶体熔化时保持不变的温度叫熔点，晶体凝固时保持不变的温度叫凝固点。晶体的熔点和凝固点相同。

晶体和非晶体的重要区别：晶体都有一定的熔化温度（即熔点），而非晶体没有熔点。

蒸发：在任何温度下，且只在液体表面发生的缓慢的汽化现象。

沸腾：在一定温度（沸点）下，在液体内部和表面同时发生的剧烈的汽化现象。液体沸腾时要吸热，但温度保持不变，这个温度叫沸点。

自然界中的水不停地运动、变化着，构成了一个巨大的水循环系统。水的循环伴随着能量的转移。

为方便大家记忆，画个图：

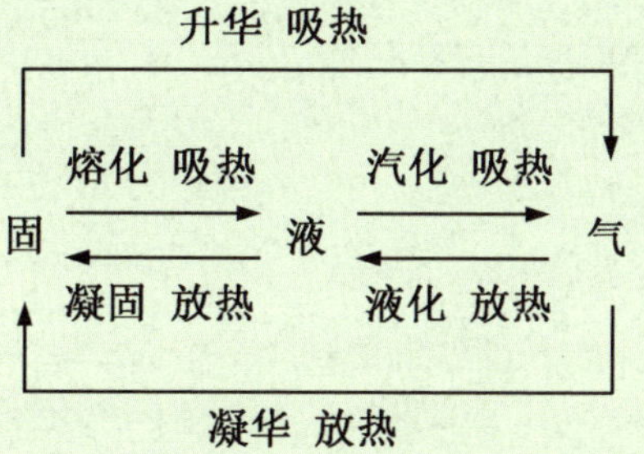

【例1】液化的方法有两种：________和________。气体液化后________缩小，便于________和________。

答案☞ 降低温度　压缩体积　体积　储存　运输

【例2】人工降雨是用飞机在高空喷撒干冰（固态二氧化碳）形成降雨。干冰在空中迅速吸热变为干冰蒸气，这是________过程；使云层温度急剧下降，同时空气中的水蒸气变为小冰粒，这是________过程；冰粒逐渐变大而下落，在下落过程中冰粒变成水滴，就形成了雨，这是________过程。（填物态变化的名称）

答案☞ 升华　凝华　熔化

【例 3】医用温度计(体温计)的使用与一般的温度计有所不同,比如,一支没有甩过的医用温度计指示的读数是 38.2 ℃,用它先后来测两位病人的体温时,都没有先用力往下甩,如果两人的实际体温分别是 37.3 ℃和 39.1 ℃,那么这支温度计上先后显示的读数分别是

A. 37.3 ℃和 39.1 ℃　　B. 38.2 ℃和 39.1 ℃

C. 38.2 ℃和 38.2 ℃　　D. 37.3 ℃和 38.2 ℃

答案☞ B

这道题唯一需要知道的知识点就是:医用温度计在使用的时候,显示的度数只能向上升不能往下降。原读数是 38.2 ℃,要测的温度是 37.3 ℃和 39.1 ℃,这是已知条件。当 $37.3 < 38.2$ 时,读数不变,是 38.2 ℃;当 $39.1 > 38.2$ 时,读数上升,是 39.1 ℃。所以选 B。

第二章

常识兵器榜

重温常识是如何诞生的，有助于我们进一步了解这几个问题：一是转变固有观念的艰难程度；二是应该怎样对待新思想、新事物；三是如何正确对待不一致的意见。

1 我们应该怎样认识世界

我们前面说过，柏拉图不相信“感觉”，因为感觉有很大的局限性。为了说明我们感觉到的世界，他讲了一个相当悲惨的故事，就是著名的“洞喻说”：

有一群倒霉的人，他们一出生，就被囚在一个深洞中，他们身体各部位都被固定，彼此也看不见，每个人只能看见面前的一堵墙。

他们身后有些人畜的雕像，再远一点有一个光源（自身能发光的物体）。就像放电影那样，光源一亮，囚徒面前的墙上，就华丽丽地出现各种雕像的投影。

小链接

我们能看到不发光的物体，是因为这些物体反射的光射入了我们的眼睛。老师会问你，我们能看见石头，那么它能发光吗？它是光源吗？那我们为什么能看见它呀？

然后你回答，它不能发光，也不是光源，我们能看见它是因为别的光源发出的光照到了它，然后它将这些光又反射进了我们的眼睛。这样就可以了。

囚徒们从小到大只看见这些投影，其余一无所知。所以，他们必然认为，这些影子就是真实的东西，而不知道还有实实在在的雕像，更不知道有雕像的原型——活生生的动物和人。

终于有一天，一个囚徒挣脱束缚，向身后看去，还走出了洞口……然后发生的事情你一定猜得到。他回去把自己的见闻告诉其他囚徒：我们原来看见的不是真实的东西，只是雕像的投影，那是由雕像挡住了射向墙面的光造成的，而这些雕像也不过是复制品，真正的人畜是活生生的……但是你知道，其余囚徒肯定打死也不信，因为他们脑海中没有光、影子、雕像、人、畜的概念。他们很自信：除了那些影子，不会有别的东西。

柏拉图告诉我们：人的感觉是有限的，我们被有限的感觉束缚，就相当于那些囚徒，以为感觉到的事物就是真实的存在。

所以他建议我们，抛却感觉，完全凭理性去认知世界。这无疑走得太远，因为我们的理性也来自感觉，凭借感觉认识客观事物，才有了思维能力，才有了理性。所以，我们应该充分利用感觉，借助更广泛更细致的观测，与理性充分结合起来，认知世界，才能更接近"根本性的实在"。但柏拉图的建议很好地为我们提了个醒：只凭感觉认识事物，可能会离真相很远。

人类通过视觉、听觉、味觉、嗅觉、触觉来感知事物，并用大脑对其进行综合处理，做出分析判断。凭这五种感觉，我们知道：阳光是明媚的；鸟儿是叽叽喳喳叫的；蜂蜜是甜的，陈醋是酸的；刺刀是冰冷锋利的；婴儿的皮肤是温暖柔嫩的……

这五种直观的、具体的感觉，是人类生存发展必备之技，它们能让人感受到世界上的很多事物，但远远不是全部。

视觉：人眼能看到的光的波长（两个相邻的、在振动过程中对平衡位置的位移总是相等的质点间的距离）大约在紫光的 390 nm 到红光的 770 nm 之间，我们称之为"可见光"，波长大于 770 nm 的红外线和低于 390 nm 的紫外线，我们都看不到，它们属于不可见光，但响尾蛇能看到红外线，蜜蜂则可以看到紫外线。

听觉：人耳能感知的声波频率（波的频率由波源决定）在 20～20 000 Hz 之间。低于 20 Hz 的次声波和高于 20 000 Hz 的超声波我们听不到，但是大象能听到次声波，蝙蝠和蛾子则能听到超声波。

嗅觉：老鼠、狗等动物的嗅觉比人灵敏成千上万倍，它们能嗅出其他动物留

对比人和蜜蜂眼里的世界

注：当然，虽然紫外线与紫色的波长相近，但紫外线是不是图片中显示的这样，还真不好说。

下的气味痕迹，就像我们人类看脚印和指纹一样自然。

还有味觉、触觉，虽然同样具有这些感官，但有很多事物，我们感觉不到，而有的动物能感觉到。

除了视、听、嗅、味、触五种感官以外，许多昆虫、鱼类、两栖类、爬行类、鸟类和哺乳类动物能感觉地球的磁场（磁场是存在于磁体、电流和运动电荷周围的一种物质，虽然看不见摸不着，但它能对其中的磁体产生磁力的作用，磁体、电流、运动电荷这些东东跑到磁场里，就会感受到力的作用。在磁场中的某一点，小磁针静止时北极所指的方向就是该点的磁场方向），用它来导航，牛吧？告诉你，牛没有这类感官，和人一样。

设想，如果对红外线、紫外线、次声波、超声波、地球磁场、无线电波、宇宙射线、暗物质、暗能量等，我们都能通过自身感官觉察到，那么，我们印象中的世界绝不是现在这个样子。

换句话说，我们能感知的，只是这个世界极有限的一部分，就像瞎子摸象。

对不完整的信息，我们用惯性思维进行分析处理，很难做出全面准确的判断。

与此同时，对感觉不到的事物，理解起来也是相当困难。比如，蚯蚓没有视觉及听觉器官，只能感受光线及震动，你要想对蚯蚓描述音乐的美妙，还不如去对牛弹琴。同样，你对一个天生眼盲的人描述色彩，他就难以理解，因为他无从体会红色是怎么回事、什么叫色差、怎样才算艳丽，就像一只鸽子对你描述在地球磁场中穿行很爽，你也难以理解一样。

因此，咱应该这样看待世界：

① 我们感知的只是世界的残片，世界的全貌一定不仅仅是我们感知到的这样。

② 即使是感官起作用的事物，由于接触范围所限，我们感知到的东西也是九牛一毛。比如，摸一下金星是什么感觉，在冥王星上跺一下脚是什么声音，目前还没人知道。

③ 对于无法理解的东西，除非有可靠证据证明它错误，否则，我们不能因为它听起来是新奇的、离奇的，甚至是怪诞的，就断然拒绝接受。当然，对没有证据表明一定是正确的东西，我们要持怀疑态度。

④ 一切皆有可能。要转变观念，抛开经验束缚。你想啊，地球这么小，都会产生像我们这样到处游荡、“胡作非为”的奇怪生物，宇宙那么大，还有什么事情不能发生？

⑤ 虽然，对超出人类感知功能的东西，我们不能直接认知，但与地球上其他生物相比，我们还是有优势的，因为我们拥有地球上最先进的仪器、最牛的信息系统以及最丰富的想象力。所以，对一些不能感知、难以理解的东西，我们可以根据现有信息，展开想象，实在想象不到也没关系，并不影响我们饮食男女打嗝放屁。

了解上面这些，对于我们进行下面尤其是后面的阅读至关重要。

2 怎样知道地球是球形

地球是圆的，地球和它的 7 个哥们儿围着太阳转，这对现在的我们来说是常识，一点也不稀奇。但人们是怎样知道这些的？是谁第一个发现的？又是怎样证明的？

这个事实是古人发现和证明的，那时没有飞机、没有火箭、没有卫星、没有

天文望远镜……他们有的，只是好奇的眼睛，和不安分的、爱瞎琢磨的脑袋。

人类几何学先驱——古希腊人从美学的角度推测，大地是圆的，理由是：球体是几何图形中最完美的形状。这是感性的推测，或者说，这只是一种美好的主观愿望，即使说对了，也算不得数的。

我们低头向下看看，再向四周看看，脚下的大地虽然不十分平整，但目光所及，没有证据表明我们站在一个圆球上，它更像一块平板，这就是"天圆地方"的由来，这种非常直观的看法深受当时广大人民群众的欢迎。

站在大地上，能凭感官感觉到大地是一个球的，不是人，是神。

思来想去你会发现，不离开地球，能够凭借对万物的观察，理性分析，然后意识到大地是球形，并找出证据证明的这个人，真是太伟大了！伟大到你不为他做点什么都觉得问心有愧，反正我都想请他吃火锅了——不加口水油的那种。

人类在地球上直立行走了100多万年，成为智人20万年，创造文明6 000余年，但直到2 350多年前，人类才开始逐步认识到地球是圆的。

那是在公元前340年，古希腊哲学家亚里士多德在他的《论天》一书中，论证了我们生存在一个圆球上，而不是一块平板上。他提出了两个强有力的论证。

论证一：他意识到，月食是由于地球挡住了太阳照到月亮上的光引起的。地球在月亮上的影子总是圆的，这只有在地球是球形的前提下才成立。你可能会说：圆板也能投射圆形的影子。你说的没错，但亚里士多德和你一样聪明，他说，除非那个圆板的圆面总是正对着光源，否则只要偏一点，影子就会变成椭圆。观测表明，不管月食在什么位置发生，人们从未发现过椭圆形的影子。

论证二：喜欢旅行和四处乱看的古希腊人发现，分别在南方和北方观测北极星，北极星的位置在南方看起来较低，在北方看起来较高。还不明白？那就用极端的观测位置来说明：由于北极星的位置在地球北极的正上方，所以，站在北极看北极星，它在我们的头顶、天的正中，须仰视才可见；站在赤道上看北极星，它刚好在地平线上，平视就能看见；而站在南极，你只有做梦才能看见北极星。只有大地是球形才可以解释这种观测结果。

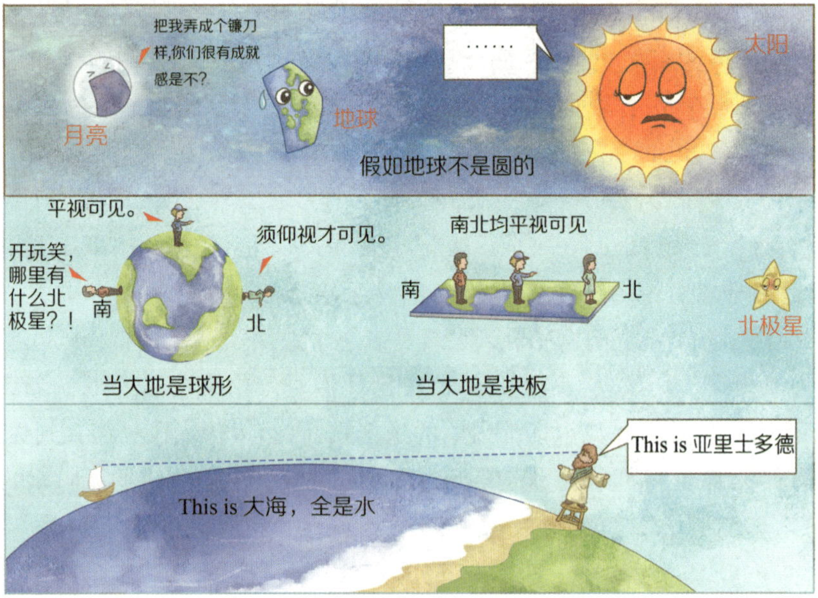

怎么知道地球是球形

古希腊人还为地球是球形的提供了第三个论证:从地平线(海平面)驶来的船总是先露出船帆,然后才露出船身。

当然,上面的结论只是逻辑推理的结果,证实地球是球形,是一次伟大的“西游”完成的。

1519 年 9 月,葡萄牙贵族麦哲伦率领由 265 人和 5 艘船组成的远航船队,从西班牙出发,一直向西航行,于 1522 年 9 月回到西班牙,完成了人类历史上第一次环球航行。地圆论也因此得到了证实。

那么,地球是不是一个正球体呢?

牛顿在研究地球旋转的离心力时计算出,两极的扁平度约为地球的1/230。所以有人就说,地球像一个橘子。

后来人们用卫星测得的地球赤道半径为 6 378 140 m,极半径为 6 356 755 m,两者相差 21 385 m,它的扁率为 1/298.2,接近 1/300,这可比橘子圆多了。

此外,人们又从测量中发现:地球赤道最大半径与最小半径相差 200 多米;北半球要比南半球细长一些;北极地区的平均海平面比参考扁球体要高出 10 m 左右,南极地区则要凹进去 30 m 左右。因此,又有人兴奋地宣称地球看起来不是正球体,而应该是像梨一样的“梨状体”。

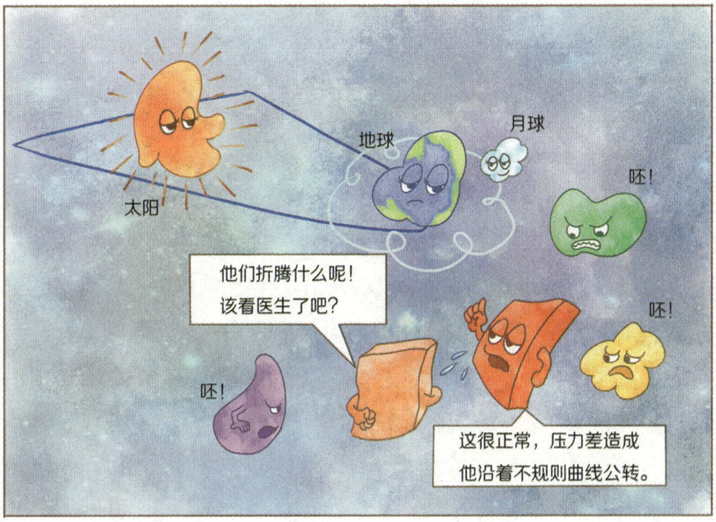

假如星球的形状和轨道不是圆的

本人认为,对于一个直径 12 700 余千米的大球来说,别说半径有几百米、几十米的偏差,就算差个十几、二十几千米,在视觉上也不影响地球的完美球形。说地球像橘子、像梨的人,纯属比例感缺失。你看一眼不带阴影的地球卫星图片,有这么圆的橘子和梨吗? 桂圆也没这么圆啊。

实际上,如果我们把地球按比例缩小到直径 1 m,赤道半径只比极半径长 1 mm多。所以要是再有人告诉你,地球是梨形的,你就让他去买一只像地球那么圆的梨回来看看先。

对脚下的地球,解决形状问题很艰难,解决位置问题更艰难。

3 怎样知道地球不是宇宙中心

天旋? 地转?

环顾四周,山河壮丽,地大物博,万类霜天竞自由;仰望苍穹,日月星辰东起西沉,你方唱罢我登场……眼前这一切,让人很难相信我们地球不是中心。

人的视野决定见识。

由于条件有限，连亚里士多德那样聪明的家伙都认为，地球是不动的，其他星体都以圆为轨道围着地球转。大家跑出来朝天上一看，果然是这样的，于是一致认为这个结论是英明的、伟大的、无比正确的，纷纷表示要坚持这个思想一万年不动摇。

约500年后，古希腊的天文学家、数学家托勒密把这一思想发扬光大，他系统地研究了日月星辰的构成以及运动方式，最重要的是，他把天体运行数学化，写了《天文学大成》一书，创立了“地心说”，还根据这个理论，制成一个精致的宇宙模型（几乎是同时，我国东汉天文学家张衡创制了漏水转浑天仪）。

这个模型告诉我们：天旋，地不转。在模型里，地球理所当然地处于正中心，8个天球包围着它，这8个天球依次一个比一个大，大的套小的，分别负载着月亮、太阳、5颗当时已知的行星（水、金、火、木、土）和其他恒星，恒星们在最外面的天球上。旋转这些天球，基本和人们平时观察的日升月落、斗转星移情况差不多。

为什么说了“基本”，还要说“差不多”呢？当然是因为模型上的天体运转轨迹，有很多与现实不符。

我们现在知道，由于地球自西向东自转，因此在地球上看起来，日月星辰基本上是东升西落，这种“东升西落”的规律，用地心模型表现起来问题不大。但是，太阳系中肉眼可见的5颗行星，因为它们围绕着太阳在公转（当时人们并不知道这一点），所以在地球上看起来，它们有时跑得快，有时跑得慢，有时会离开自东向西的规则轨道逆行，然后原路倒退，来回折腾，周而复始，千百年不变。

托勒密模型是怎样解决这个问题的呢？他先把地球放在行星天球的偏心位置上，这就解释了行星运转快慢的问题，还顺便解决了地球四季的问题；然后让行星和月亮在沿着天球转动（均轮）的同时，各自沿着一个小圆圈（本轮）做穿透天球面的圆周运动（想象一下：月亮围绕地球转，并随地球绕太阳转，这时地球突然消失，而月球轨迹不变），托勒密笑了：这样就可以解释行星轨道的复杂性。他通过计算，校正行星运转的速度和方向，努力让行星转动的轨迹与实际相符。数学功力深厚的他做到了，模型上的行星运转真的越来越接近观测了！

但是这样做也有漏洞，太阳、月亮、彗星等，不像行星那样老老实实地沿着固定的轨道运转，它们总是在变换轨道！一个十分明显的漏洞是，在这个模型里，月亮离地球最远时的距离是最近时的距离的两倍，月亮本来就离地球很近，如果距离上再有明显调整，其大小一定会有明显变化——为什么月亮的大小看起来没有随距离变化而成倍变化呢？不和谐呀！难道，它远离地球时会慢慢变大，而接近地球时又会慢慢变小？

托勒密也承认这个 bug，但没有提出解决办法。他挠头道："是啊，这是为什么呢？我只能说，它就是发生了。"闻者摇摇头离开："关我屁事，我是出来打酱油的。"于是这个模型就这样被糊里糊涂地沿用了 1 000 多年。

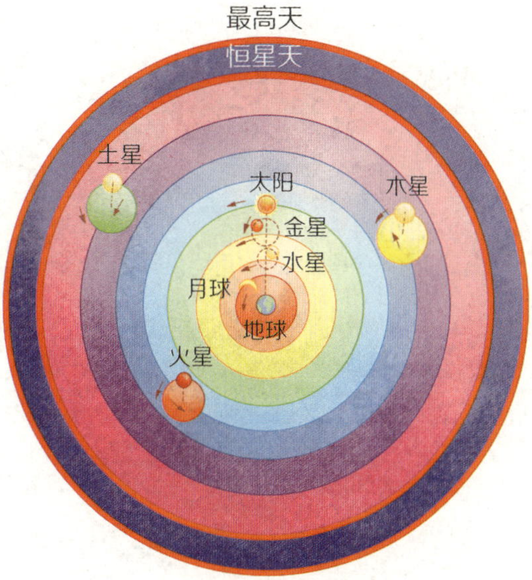

托勒密宇宙模型

基督教会对这个模型推崇备至，因为它不仅与实际观测基本差不多，还在固定的恒星球之外，为天堂和地狱留下了大量的空间，这与《圣经》相契合，所以教会极力维护它的权威性。

达·芬奇反对把过去的东西作为金科玉律，他倡导人们到自然界中去寻求知识和真理。指出"理论脱离实践是最大的不幸"，抨击教会是"一个贩卖欺骗与谎言的店铺"，他说："真理只有一个，它不在宗教中，而在科学中。"他认为，地球不是太阳系的中心，更不是宇宙的中心，它只是绕着太阳转的一颗行星。

当然，教会是不肯承认这些结论的。在事实面前，他们有一种本能，那就是歪曲和遮掩。

科学事实虽然不那么显而易见，但遮掩起来也不是件容易的事，因为它就在那儿摆着。

波兰天文学家尼古拉·哥白尼发现，以地球为中心，难以解释行星、月球甚至太阳的运行轨道。并且，托勒密理论周转圆数量居然有 77 个，这和自然规律的简洁美十分不符。它们干吗把自己的路绕得如此复杂？难道是为了参加全民健身运动锻炼身体？按照托勒密对月球运行的解释，一定会得出一个荒谬的结论：月亮的体积时大时小。一颗星球怎么会周期性、大幅度地膨胀和收缩呢？

即便如此，托勒密的体系，还是那时最精密、最符合观测的理论。

猪八戒吹月亮

那个年代，信息极不发达，各种学说真伪难辨，连月圆月缺，也没个统一说法。甚至很多人相信，月亮的圆缺，是由于它本身膨胀了或收缩了。要知道，在那个年代，既没有膨大剂，也没有瘦肉精。就算是只气球，也要定期充气、放气才行。哪个妖怪会吃饱了撑的，去做这种无聊而又费力的事？太不和谐了！

当然，无论推理如何有理，也只是逻辑推测。科学理论还要依据实际观测。

所以，我们不得不回到那著名的一夜。

下弦月。

夷地微寒。

夜空晴朗，繁星闪闪。

这样的日子本不适合杀人。事实上哥白尼和玛利亚也没打算杀人。

但你绝不能低估哥白尼的能力。圣约瑟夫教堂塔楼上的每个人都不能低估。

事实上，塔楼上只有两个人。

一个是哥白尼，一个是玛利亚。

教会，近年来江湖上最令人胆战心惊的一个组织。自从给月亮吹气放气之后，便声名鹊起。

哥白尼和玛利亚要向教会说不，替受气的月亮，也替天下讨回公道。

现在，那弯月牙浮游太空，缓缓向金牛座最亮的那颗星“毕宿五”移近。

哥白尼皱了皱眉头，而玛利亚却睁大了眼睛。他们密切关注着这一切。

果然，当毕宿五和月牙相接却还有一些缝隙的时候，毕宿五忽地从视线里消失了，就像从来没存在过一样。

这说明什么呢？这证明，月亮还是圆的，而不是缩小成了月牙，挡住毕宿五的是月亮本身。

也就是说，月球的体积并没有缩小。我们只看见一弯月牙，是因为只有那个部位反射了太阳的光，而其余部分是黑色。

那一天是 1497 年 3 月 9 日。

经过长期的观测和研究，哥白尼发现，以太阳为中心，地球公转和自转，日月星辰的运转才与观测更相符，而且，周转圆的数量可以减少到 34 个。他说，是地转，而不是天旋。为了解释天体东升西落是地球自转和公转导致的人类错觉，哥白尼把地球比作船，把日月星辰比作两岸的景物，船稳稳地航行时，船上的人会感觉不是船在走，而是两岸在走。

下弦月挡住毕宿五

1513年，哥白尼提出了日心说，创造了以太阳为中心的宇宙模型，论述了地球绕其轴心自转、月亮绕地球运转、地球和其他所有行星都绕太阳运转的事实。

哥白尼的日心说使真相走向大众，却使危险迫近自己。

历史证明：越是狭隘自私的统治者，越是害怕真相；越是愚昧黑暗的年代，真理诞生付出的代价越是惨重。例证俯拾皆是：1327年，意大利天文学家切科·达斯科利被活活烧死，而罪状居然是他论证地球呈球状，在另一个半球上也有人类存在。

日心说奠定了哥白尼作为现代天文学创始人的地位，但是，这一科学的学说并没有立即被人们普遍接受，他遭到了教会的威胁和迫害，甚至亲戚朋友也受到了牵连。意大利天文学家伽利略说："我一想起我们的老师哥白尼的命运，就感到心惊胆战。"

坐拥极权的统治者为何会敏感至此？当然是因为他们极力宣扬、维护的体系太虚假、太脆弱，经不起哪怕一点点推敲和质疑。

如果现在有人宣扬，地球其实像根黄瓜，我们不会为此感到震惊和恐惧，更不可能去迫害他，甚至都不用理他，因为事实就在那儿摆着，我们心里太有底了，不怕质疑。所以，树立权威最好的办法不是嘴硬，而是主动和事实站在一起。

在极其险恶的环境下，哥白尼的著作《天体运行论》历尽磨难，终于出版（一些关键内容被教会篡改）。1543年5月24日，这部印好的巨著被送到弥留之际的哥白尼手里，一小时后，哥白尼与世长辞。直到这时，他身边还有上司布置的密探和奸细。

意大利伟大的哲学家布鲁诺信奉哥白尼的学说，在欧洲十几座著名的城市宣传哥白尼的理论，而且发展了哥白尼的学说。他进一步指出，运动是永恒的，太阳只是无数恒星中的一颗，它不是宇宙的中心，宇宙没有中心，是无限的。

后来，布鲁诺被宗教裁判所跨市诱捕下狱，惨遭酷刑，监禁达8年之久。

1600年2月17日，在罗马的鲜花广场上，布鲁诺被教会活活烧死。

这就是满口宽容、仁慈的教会的所作所为。可见不论是谁，说什么都不足信，得看他做什么。

遍体鳞伤的《天体运行论》在人世间流传了400多年，直到1953年，《天体运行论》出第四版时，才补足原著。

1609 年——一个非凡的年份，人类近代科学史翻开了灿烂的第一页。意大利物理学家、天文学家伽利略发明了天文望远镜（望远镜的原理，简单说就是利用凸、凹透镜的光学特性，使远处的物体在近处成像。伽利略望远镜的目镜是凹透镜，物镜是凸透镜；开普勒望远镜的目镜、物镜都是凸透镜，其中物镜的焦距长，目镜的焦距短）。望远镜刚研制成功，伽利略就迫不及待地把它瞄向令人遐想无限的夜空。

人类历史从此加快了前进的脚步，一切开始变得不同了。

距离真的决定认识！

伽利略发现，皎洁的月亮姐姐其实皮肤不好，她的表面居然是坑坑点点、凹凸不平的。

1610 年 1 月 7 日，伽利略发现了木星的 4 颗卫星。这个意义可是非同一般，因为这一发现为哥白尼学说找到了确凿的证据——并不是所有天体都是围着地球转的，这标志着哥白尼学说要沉冤得雪、走向胜利。

伽利略还先后发现了土星光环、太阳黑子、太阳自转，以及银河是由无数恒星组成的，等等。上帝啊，望远镜真是个好东西！这些发现开辟了天文学的新时代，为牛顿第一、第二定律提供了启示。人们说："哥伦布发现了新大陆，伽利略发现了新宇宙。"

伽利略和他的望远镜

这些成绩的代价是，又一次触怒了罗马教廷（为什么要说“又”呢?），他们先是对伽利略发出措辞严厉的警告，随后，两名捕快来到伽利略家门前，说是统计小区人数，结果伽利略一开门，就被带到罗马，由教会进行审讯。

为了让教会当局也相信科学的学说，伽利略献上他的望远镜：麻烦你们自己看看吧。

教会派了几个心腹观摩了一遍，又一遍，再一遍……他们把看到的情况汇报给领导，开了 n 次会，分别是听证会、座谈会、研讨会、茶话会、团拜会、调研会、碰头会、鹊桥会、收心会、故事会……会议一致认为，不能相信自己的眼睛！他们创造性地宣称：望远镜会产生种种幻象，看到的东西都不存在，不管你信不信，我反正是信了。

愚昧和无理至此，可真让人无语。

伟大的伽利略当场被雷焦。

有的人盗铃，捂自己的耳朵。有的人盗铃，捂自己耳朵不说，还堵别人嘴，并且蒙上自己的眼睛！

构建一个和谐理论，要做的是，勘误求真，使之趋向和谐，而不是遮羞盖丑，使之看起来和谐。可惜教会不这么想。发现观念与事实不符，他们不去修正自己以求发展，却不择手段拼命掩盖和扭曲真相。可见强权不仅伴生无耻，更伴生愚蠢。

当时教会有个条例传了下来，不知道是不是山寨版，全文如下。

一定得选最蠢的理由，
雇本门精神病，
反就得反最尖端的科学。
眼睛直接闭上，
不行直接不让人说话，
什么事实呀、数据呀、逻辑呀，
能给他灭的全给他灭了！
书上写用笔改，嘴上硬用火烧。
台上站一教会法官，
戴一假表，特绅士的那种。
论敌一进门甭管有事没事都得跟人家说：

"Submit or die?"
一口地道的罗马流氓腔,
倍儿有面子。
社区里再建一所贵族学校,
教材讲地心说,
一年光用纸就得几万吨,
再建一所文字狱,
二十四小时监审,
就是一个字:累!
审个帖子就得花个十天半月的。
前几任不是烧布鲁诺就是烧达斯科利,
本朝要是就抓一伽利略,
你都不好意思跟人家打招呼。
你说这样的行为一次得阻碍发展多少年?
我觉得怎么着也得十年八年的吧,
十年八年? 那是副作用,
一百年起!
你别嫌多,还不打折。
你得研究教主的作孽心理,
舍得让社会倒退十年八年的主,
根本不在乎再多退九十年。
什么叫"恬不知耻",你知道吗?
"恬不知耻"就是不管说什么玩意儿,
都说最虚的,不说最实的。
所以,我们搞事的口号就是:
不求心服,但求口服!

根据这一条例,1616 年 2 月,宗教裁判所宣布,不许伽利略再宣传哥白尼的学说。他们还把伽利略软禁起来。

与世隔绝的伽利略用了差不多 5 年时间,写了《关于两种世界体系的对话》,以三个人对话的形式,客观地讨论地心说与日心说,对谁是谁非进行没有偏见的探讨。这本书历尽千难万险,终于在 1632 年 2 月出版(环境还没糟透,

审判伽利略

居然能出版)。从字里行间流露出来的大胆结论,使神学家们感到极大恐慌,毫不意外,疯狂的迫害又开始了。

1632 年 8 月,罗马宗教裁判所下令禁止这本书出售,同年 10 月,69 岁的伽利略被宗教裁判所审讯,接着被投进大牢,教会法官用火刑威胁伽利略:要么认错,要么领死。

那时伽利略身患重病、精神颓丧,实在懒得再面对这帮蛮横的蠢货了,被迫向宗教裁判官宣读他的供状:“我以严重的邪教嫌疑罪被捕,这种邪教就是……认为地球在动……”

当他念到最后几个字的时候,他在地上跺着脚,自言自语地说:“可是地球的确是在动啊!”

他被判处终身监禁。

1642 年,伽利略去世。1643 年,牛顿出生。虽然人类对同类不善,但上帝对人类真好。

野蛮、残暴和无耻的破坏力再强大,也抹杀不了真理的光芒。

雷人的是,300 多年后,1979 年 11 月,在世界主教会议上,罗马教皇提出重新审理“伽利略案件”。全球人民瞬间被这个提议雷焦了。这时,宇宙飞船在太空翱翔，人类已踏上月球，人造卫星源源不断地把更多真相传回地球，宇宙探测器飞出太阳系发回崭新的信息……孰是孰非，还用审理吗？

伽利略，伟大的天文学家、力学家、哲学家、物理学家、数学家，近代实验物理学的开拓者。他以系统的实验和观察，推翻了亚里士多德的诸多观点，撼动了神学的理论根基。恩格斯称之为“不管有何障碍，都能不顾一切而打破旧说，创立新说的巨人之一”。他的工作，为现代科学理论体系的建立奠定了基础。他被称为“现代观测天文学之父”“现代物理学之父”“现代科学之父”，甚至“科学之父”。

霍金说：“自然科学的诞生要归功于伽利略，他这方面的功劳大概无人能及。”

那么，地球为什么要围着太阳转，它怎样围着太阳转呢？这就得请开普勒和牛顿登场了。

第三章

物理牛人榜

1 开普勒为天空立法

这应该是天文学史上最奇妙的一次合作。

第谷,丹麦人,在天文界以观测著称,观测资料严谨、精确、翔实,时称“星学之王”。

开普勒,德国人,著名天体物理学家、数学家、哲学家。他视力不太好,因此不擅观测,但这家伙聪明而又执着。

信奉地心说的第谷先生眼光独到。1600 年,他邀请信奉日心说的开普勒任自己的助手。这俩人没有像其他宇宙观不同的人那样,按照惯例打起来,相反,他们工作和感情都十分融洽,合作在亲切友好的气氛中进行。可惜好景不长,一年后,第谷逝世。

开普勒继承了第谷精确、翔实的观测记录,宝剑配英雄,威力惊人。开普勒发现,自己的宇宙模型、哥白尼体系、托勒密体系、第谷体系,没有一个能与第谷的精确观测相符合——搞了几百年,居然没有一个是正确的。“就让我来揭开谜底吧!”开普勒对自己说。

开普勒找火星帮忙,用三角测量法,巧妙地测量了地球轨道。其原理是:火星在每个火星年的同一时刻,都会出现在自己轨道的同一位置,每个火星年的这一时刻,同时观测火星和太阳,可确定地球的不同位置,把每次观测到的地球位置点连成线，就是地球轨道。

地球轨道搞定了，地球及其向径在任何时刻的位置和距离变化，也就成为已知条件。反过来，以地球向径作为基线，从观测数据中推求其他行星的轨道和运动，对开普勒来说就是小菜一碟了。

行星轨道算出来了，下一步要弄清楚的问题是，行星运动遵循什么样的数学定律。

开普勒的目光首先盯住的还是火星。

怎么老是它？

是因为火星色泽鲜艳、选材考究、诚实守信，用了都说好，我们大家都喜欢？

当然不是，这是因为第谷的数据中对火星的观测记录最多、最翔实。

幸运的是，恰好，就是这个行星的运行与哥白尼理论出入最大，火星轨道与哥白尼日心说预言相差8弧分！还有更巧的，火星轨道是太阳系行星中偏心率比较明显的。我们马上就会知道这些巧合很重要。

按照传统的偏心圆来探求火星轨道失败后，开普勒断定火星运动的线速度是变化的，而这种变化应当与火星跟太阳的距离有关：距离越近时，速度越快。他还认识到，火星在轨道上，其向径围绕太阳在一天内所扫过的面积是相等的。

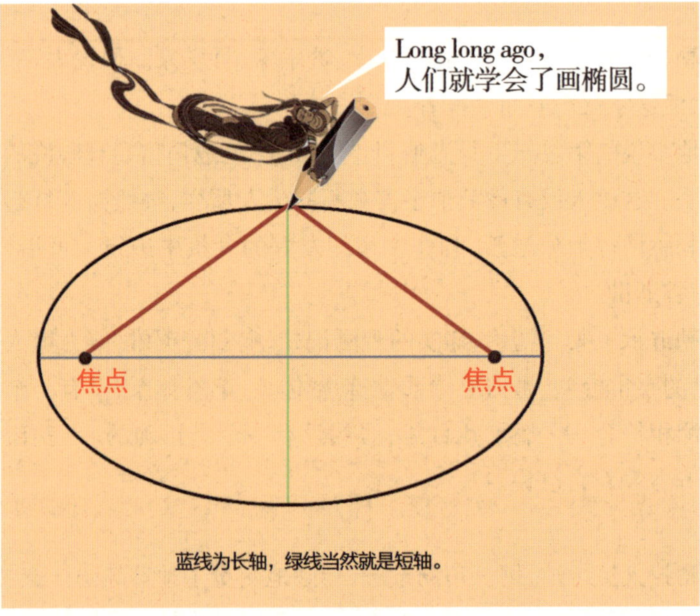

椭圆

随后，开普勒看出火星的轨道有点像卵形，连接极大与极小速度点的直径似乎更长些，由此他确定了火星是在椭圆的轨道上运动。现在我们知道，为什么那些巧合很重要：如果是一颗偏心率不明显的行星，在轨道测绘不十分精密的情况下，很难确定椭圆轨道这一事实。也就是说，幸亏火星轨道“椭”得比较厉害！

说到这儿，我们先干点体力活，休息休息大脑，顺便复习一下椭圆是怎么回事儿。

在木板上钉一颗钉子，拿一根线，一头系在钉子上，一头系在笔上，保持线绷直，用笔在木板上画一圈，哇，原来是个圆！那个钉子钉的位置就是圆心，线长就是半径。

然后我们在另一块木板上钉两颗钉子，拿一根线，两头分别系在两颗钉子上，系好后线的长度要大于两颗钉子的距离才行，拿一支笔靠在线上，保持线绷紧，在木板上画线，绕两颗钉子一圈，哇，原来是个椭圆！两颗钉子的位置就是椭圆的“焦点”，它俩的距离当然就叫“焦距”了，过两个焦点与椭圆相交的线段，叫“长轴”。

在线长不变的情况下，两颗钉子距离越远，画出的椭圆就越扁；两颗钉子距离越近，画出的椭圆就越接近圆；两颗钉子钉在一处，画出来的当然就是圆了。嗯，圆是一种特殊的椭圆，就像正方形是一种特殊的长方形一样。

1609 年，开普勒公布了两个定律。

① 所有行星分别在大小不同的椭圆轨道上运动。太阳的位置不在轨道中心，而在轨道的两个焦点之一。这是行星运动第一定律，也叫轨道定律。

② 在同样的时间里，行星向径在其轨道平面上所扫过的面积相等。这是行星运动第二定律，也叫面积定律。

有了这两个定律，可以计算任何时刻行星在轨道上的位置。爽！

取得了好成绩的开普勒同学没有骄傲自满，他还要解决下一个问题：行星离太阳越近，在轨道上跑得越快，那么，它们之间存在什么数量关系呢？

开普勒又一头扎进一堆乱七八糟的数字里，整理、归纳、分析数量关系，过程十分枯燥（此处删去 10 万字）……9 年后（如果当时有对数运算的话，或许 9 天就能搞定，可见数学之于科学多么重要），他终于发现一条奇妙的规律：行星公转周期的平方与它同太阳距离的立方成正比。这是行星运动第三定律，也称调和定律。

它不仅美丽，更是一条十分重要的定律。它表明，行星们不是一群随便围着太阳乱转的马屁精，而是以太阳为中心，共同构成一个纪律严明、组织严密的天体社团——太阳系。不仅行星遵循着这条定律，连同行星的卫星，以及太阳、太阳系、银河系等天体概无例外。从此，行星在夜空中复杂的运动，立刻就失去了全部神秘性。

上述行星运动三大定律，被称为"开普勒定律"，它把看似杂乱、令人头痛的行星运动，与精确的数学完美地结合在一起，成为天界的"法律"。开普勒因此被称为"天空立法者"。

可是，星星们为什么要遵循这样的定律呢？是谁让星星们这样乖巧服帖？

要回答这个问题，我们不得不请出一位超级牛人——牛顿。

立法也不是件容易的事

2 苹果传奇

如果有人问，世界上最牛的水果是什么，我一定毫不犹豫地告诉他：苹果！

它撮合了亚当和夏娃，放倒了白雪公主，引发了特洛伊战争，成就了乔布斯，更重要的是，它还砸醒了牛顿！

1665 年，没错，就是那一年，一只苹果从树上掉了下来。

那一掉，就画出了一道美丽的弧线（我们慢慢就会知道为什么不是直线而是弧线）。

牛顿这次注定要创造历史，哪怕他并不是刻意去创造。这就是科学家的可怕之处，他们总是在不经意之间创造。

事实上牛顿这次只想找个休息的地方。最好的休息处，最宜人的景致自然只有花园里才有。

苹果树当然也在花园，苹果在枝上。惬意已在心中荡漾。

再过几分钟，睡意便可在心中荡漾。

忽然，牛顿皱了一下眉头。树上掉下来一个东西。树上曾掉过很多东西，却都不是牛顿心中的那个。

牛顿动了动。

然而，苹果义无反顾地砸了下来。画出那道弧线，飞出几米的距离。

牛顿的头毫无疑问地成为弧线的转折点。

牛顿心中依然在想着自己想要的那个东西，突然，眼前一亮……

感谢 TV、LV、MV，那不是一棵椰子树；感谢领导、编导和向导，掉下来的不是榴莲、电锯或伐木工。

牛顿摸摸脑袋：是什么让苹果总是向下掉，而不是向其他方向飞出去？它为什么不掉到月亮姐姐那里

苹果砸到牛顿

去？月亮姐姐为什么不掉到这里来？

于是，像所有经典的故事一样，牛顿经过多年努力，苦苦追寻，终于发现了万有引力，从此过上幸福的生活，鲜花掌声不断。

其实，像我们听到的许多美丽故事一样，苹果砸醒牛顿，也只是一个浪漫的传说。牛顿在日记中回忆道，苹果并没有砸到他，他只是由苹果落地想到，它可能是被地球引力拉下来的。

有史学家认为，苹果的故事纯属子虚乌有，因为牛顿完成万有引力定律的阐述、数学证明和公式推导，是 1687 年的事，相隔 22 年。而 1665 年，22 岁的有志青年牛顿对天体的运动规律问题还没有完全搞清楚。

先把苹果的问题留给史学家好了。我们还是回到那个问题：是什么让行星俯首帖耳、循规蹈矩地运转？下面，我们跟随一批牛人、大牛人、巨牛人，温习一下他们创造的壮丽的时间表。

开普勒认识到，要维持行星沿椭圆轨道运动，必定有某种力在起作用，他认为这种力类似磁力，距离越远，这种力的强度越小。开普勒曾企图用磁力机制解释椭圆轨道的产生。他还以月球与海水间的磁性吸引解释潮汐现象。老天爷，这真是一颗让人羡慕嫉妒恨的脑袋！他是怎么想到的！

勒奈·笛卡尔，法国伟大的哲学家、物理学家、数学家、生理学家，解析几何的创始人，17 世纪的欧洲哲学界和科学界最有影响的巨匠之一，被誉为“近代科学的始祖”。就算你和他不熟，他的“我思故我在”你也应该很熟。1634 年，他在《论世界》中提出物体运动的三条法则：一是如果不与其他物体发生“碰撞”，物体将保持运动的起始状态；二是宇宙间运动量总和是常数，冲撞的物体运动总量是守恒的（This is 大名鼎鼎的动量守恒定律）；三是物体若不受外力作用，将沿直线匀速运动。笛卡尔还认为太阳的周围有巨大的旋涡，带动着行星不断运转——我总感觉这和后来爱因斯坦的弯曲时空有点相像。

小链接

前面提到"碰撞",还打了个双引号,是为了提醒我们注意,"碰撞"不是看上去那么简单。

那么啥叫"碰撞"呢?"碰撞"是物体间相互作用的一种,只是这个作用持续时间很短,作用力又比较大,这个过程,系统的动量是守恒的。

碰撞分为两种:弹性碰撞、非弹性碰撞。

先通俗地讲一下:两个桌球碰撞后弹开,是弹性碰撞;而两个橡皮泥球碰撞后合体,就是非弹性碰撞。

在理想状况下,完全弹性碰撞是指:物体碰撞后,形变能恢复,不发热,动能没损失。这种情况,就算是钢球之类的也做不到,所以,真正的弹性碰撞,只在原子之类的微粒之间才会发生。当然,桌球、钢球之间碰撞时,动能损失小到可以忽略不计,所以我们也凑合叫它弹性碰撞。弹性碰撞时,动量守恒。比如打桌球时,两个质量相同的物体,碰撞后会互换速度。

想想刚才说的橡皮泥球,我们会发现,生活中的非弹性碰撞随处可见。比如你看见鸟随地大便,你就见证了鸟屎与地面的一次非弹性碰撞。两辆汽车撞在一起,也是非弹性碰撞,因为产生了形变,还发热,耗散了动能。

OK,懂得了上面这些,下面的事也就好记多了:当物体之间发生弹性碰撞时碰撞过程中系统的动能损失很小;当物体之间发生非弹性碰撞时碰撞过程中需要计算损失的动能。像橡皮泥、鸟屎之类的玩意儿,碰撞后合体,这种碰撞损失的动能最多,叫作"完全非弹性碰撞"。

讲了半天动量,还没介绍它是谁,它是质量与速度的乘积:$p = mv$。它是一个矢量,单位是 kg ·m/s,表示物体的状态。

1645 年,法国天文学家布里阿德提出一个假设:开普勒力的减少,和离太阳的距离的平方成反比。这是第一次提出平方反比关系的思想。

惠更斯,荷兰天文学家、数学家,史上最著名的物理学家之一,介于伽利略与牛顿之间的一位重要的物理学先驱,在力学、光学、数学、天文学方面都有卓越成就。1659 年,他从研究摆的运动中发现,保持物体沿圆轨道运动需要一种"向心力"。胡克等人认为那是引力,并且试图推导引力和距离的关系。

小链接

所谓向心力，就是物体沿着圆周或者曲线轨道运动时，它受到的指向圆心（曲率中心）的合力。

向心力只改变物体运动的速度方向，不改变速度大小。

显然，胡克是对的，地球绕太阳转的向心力确实来自太阳的引力。如果这个向心力减小了，或者消失了会怎么样呢？

那就悲催了，地球会做离心运动。所谓离心运动，就是逐渐远离圆心的运动，如果太阳的引力减小，地球转着转着，离太阳就越来越远。那么，如果太阳引力消失，地球就直接做匀速直线运动飞出去了。

说到圆周运动，还有两个家伙要认识：线速度、角速度。

线速度：在圆弧上运动的物体的速度。

我们知道，$v=s/t$。物体做圆周运动的距离 s，不是两点之间的直线距离，而是它通过的弧长，这个弧长除以走这段弧长用的时间，就是线速度，单位 m/s。线速度属于瞬时速度，既有大小，也有方向，方向就是圆周各点的切线方向。匀速圆周运动实际是一种匀速率圆周运动，不是匀速运动，因为线速度的大小不变，但方向在时刻改变。

角速度：物体只要转动，就会有转动方向和角度。所谓角速度，就是在单位时间内，物体转动的方向以及转过多少角度的一个矢量。角速度虽是矢量，不过中学物理不讨论它的方向。

$\omega=\varphi/t$（φ 指转过的角度），单位 rad/s 或 $rad \cdot s^{-1}$。

所以，匀速圆周运动，就是指角速度不变的圆周运动。在一定时间 T 内，转动一周是一个周期；在单位时间有多少周期，就是频率。频率 $f=1/T$。

1661 年，英国皇家学会成立了一个专门委员会研究重力问题。成员都是些牛人。

胡克：天才，英国博物学家、发明家、科学家、建筑学家，后来人们发现他还可以做个画家。他首次用显微镜观察到并命名细胞，发现双星，首次测量恒星的视差。他发明的诸多东西现在还在用，如车辆传动轴的万向节、钟表的游丝、相机的可变光圈等。

小链接

胡克定律

这是关于弹性的定律。所谓弹性，就是物体受力变形后，还能恢复原状的性质。撤去外力后，物体能完全恢复原状的形变，叫作“弹性形变”。如果外力过大，超过了物体的弹性限度，那么撤去外力后，物体的形状不能完全恢复，这种形变叫“塑性形变”。胡克定律的表达式为：

$$F = kx$$

F，弹力；k，劲度系数；x，弹簧伸长或缩短的长度。

① 弹力产生的原因：发生弹性形变的物体有恢复形变的趋势。

② 弹力产生的条件：物体必须直接接触，且有弹性形变。

③ 弹力的受力物体是引起形变的物体，施力物体是发生形变的物体。弹力的方向与物体形变的方向相反，在点面接触的情况下，垂直于面；在两个曲面接触（相当于点接触）的情况下，垂直于过接触点的公切面。

④ 弹力的大小：弹簧弹力可由胡克定律来计算。

其实绳的拉力的实质就是弹力，只不过绳子的劲度系数非常大，形变过于微小，不容易观察到，绳的拉力方向总是沿着绳且指向绳收缩的方向，且一根轻绳上的张力大小处处相等。杆产生的力的实质也是弹力，轻杆既可产生压力，又可产生拉力，且方向不一定沿杆。

中学实验室最常用的弹簧测力计就是根据这个公式制成的。弹簧测力计的原理：在弹性限度内，弹簧的伸长量与受到的拉力成正比。

雷恩：数学家、天文学家、英国著名建筑师，伦敦标志性建筑圣保罗大教堂出自他手。

哈雷：著名天文学家、数学家，哈雷彗星以他的名字命名。

他们都曾对引力问题的研究做出过贡献。据说早在1661年，胡克就觉察到，引力和地球上物体的重力应该是有着同样的本质。

1664年，胡克发现彗星靠近太阳时轨道弯曲是太阳引力作用的结果。

1673年，惠更斯推导出向心力定律。

1674年，胡克在题为《证明地球周年运动的尝试》的演讲中提出，要在一致的力学原则的基础上建立一个宇宙学说，为此提出了以下三个假设。

第一，据观察，一切天体都具有倾向其中心的吸引力，它不仅吸引其本身各部分，还吸引其作用范围内的其他天体。太阳、月亮、地球以及其他行星都在互相影响。

第二，凡是正在做简单直线运动的任何天体，在没有受到其他作用力使其改变运动轨迹之前，它将继续保持直线运动不变。

第三，受到吸引力作用的物体，越靠近吸引中心，其吸引力就越大。一旦知道了为什么会这样，就很容易解决天体运动的规律了。

1679 年，胡克和哈雷根据向心力定律和开普勒第三定律，推导出维持行星运动的万有引力和距离的平方成反比。后来科学史家发现，胡克距离发现万有引力定律只有一步之遥，只是在数学计算上没取得成功——他不会微积分。当时他和牛顿还进行了万有引力定律发明权的持久争夺战。

我们发现，万有引力到这里已初现雏形，如果它是苹果引发的，那至少需要一筐苹果，纷纷砸向这些可爱的天才。

那片群星璀璨的夜空

万有引力不是牛顿一个人的独立发现，而是历史上若干人研究、逐步探索、积累的结果。

牛顿的高明之处，在于他解决了胡克等人没有能够解决的数学论证问题。

我们知道，牛顿不仅是世界上影响力最大的科学家，还是史上最伟大的数学家之一。他创立的微积分，是最伟大的数学成就之一，它实在是太重要太好用了，以至于一出世，科学、工程学甚至经济学等各个领域，都争先恐后地患上了“微积分依赖症”。提篮小卖拾煤渣，挑水担柴都靠它，里里外外一把手，哼哈哼哈哼哼哈。微积分说起来十分枯燥，但它实在是一项重磅成果，如果不窥视一下，简直太对不起它的万丈光芒了！现在，让我们来看一下，微积分是怎么回事。

微积分学是一门研究变化的科学，为函数、速度、加速度、曲线的斜率、各种面积、体积等这些看着都头疼的劳什子，提供了一套通用的计算方法。直观点说，变幻莫测、捉摸不定的东西，就用微积分来测、来捉摸，比如卫星轨道、炮弹轨迹、经济形势、气象变化等。

小链接

加速度

加速度是描述速度“变化”快慢的一个物理量。公式：$a=\frac{\Delta v}{\Delta t}$。

重点是“变化”，而不是“快慢”，所以速度与加速度没有必然的关系（这句话非常重要）。根据公式，加速度是由一定时间内物体速度的变化和时间决定的。物体所受到的外力的合力是物体产生加速度的原因。

加速度也是矢量，其方向与速度的变化量的方向相同（注意与速度的方向没有关系），大小由速度的变化量和时间两个因素决定。

3 爱的抛物线

在16—17世纪时，哪国军队要是没火炮，战场上都不敢跟人打招呼。两军交战，开炮不是问题，问题是打不准！打不准不会算算再打？想得美！炮弹边走边转向，怎么算？

还好有伽利略在。他说，假如没有重力，大炮朝斜上方发射的炮弹，必定沿着发射方向直线前进，冲出地球，走向宇宙。但是在地球上，大家都受重力的作用，所以炮弹出膛后，除了惯性让它继续向前飞以外，还有重力不断把它往下拉。

在这种情况下，假如不考虑空气阻力，炮弹向前飞的速度应该是不变的，而向下落呢，又有重力加速度，于是炮弹将划出一道优美的彩虹状曲线——抛物线。

物体在空气中运动时，速度越快，受到的空气阻力也越大。

炮弹速度太快，所以研究炮弹的运动时，空气阻力就无法忽略了。炮弹向前飞的速度将会逐渐下降，导致它画出的那道曲线不完美——升弧较长而直伸，降弧较短而弯曲，这就是弹道曲线。

掌握了每种炮弹在不同发射角时飞行的弹道曲线，就可以通过调整大炮的发射角度来控制炮弹的落点。炮弹打不准的问题得到基本解决。

为什么要说“基本解决”呢？因为不够完美，炮弹轨迹不能用数学公式表达，不方便计算。

笛卡尔坐标系诞生后，图和数可以相互转换了，从此现实现象变成了数学问题，弹道曲线可以通过坐标系和数学公式来表达了！

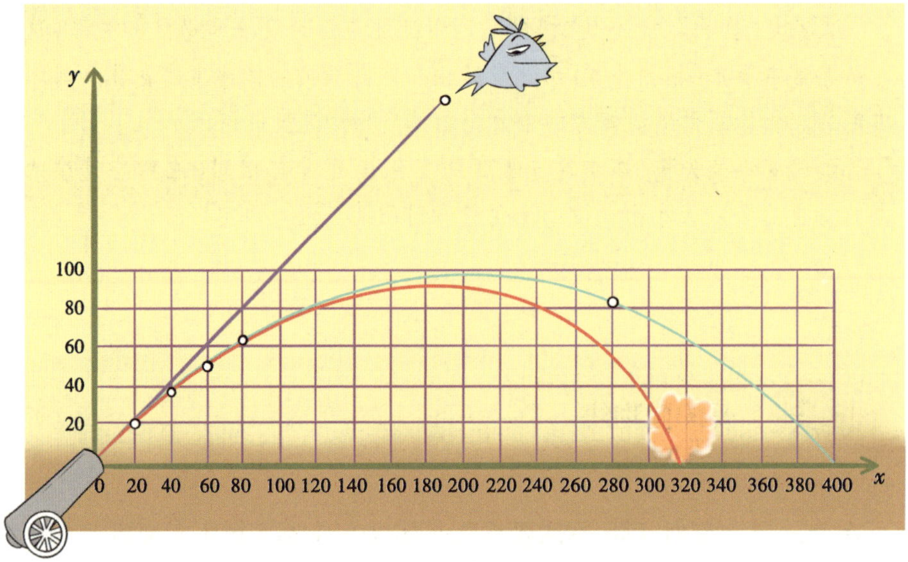

炮弹轨迹坐标

大家正准备雀跃一下以表庆祝，却发现一个要命的问题：

弹道曲线是个弧，每一个时间点炮弹的飞行方向都有所变化。虽然这种变化是连续的，有规律的，但是公式里没体现出这种变化。因此，炮弹在某个时间点的飞行方向，大家干瞪眼算不出来！随后，聪明的数学家意识到，炮弹沿着弧线飞行，它在某点的前进方向，就是弧线在这个点的切线方向。

就这么简单吗？当然不简单。我们知道，过圆弧上的某点作切线，只需画一条圆心到该点的连线的垂线就 OK。但弹道曲线是弧，不是圆弧，想准确找到过弧上这个点的切线，谈何容易?!

关键时刻，业余数学家之王、法国贵族、公务员费马出马了。费马在弧上取了另一点，该点无限逼近切点，求出过两点的连线的斜率，也就大致确定了切线的走向。

这样的方法足以解决一些实际问题，但是以数学思维来看，它缺乏普遍性、简洁性、精确性，不完美，甚至不完整。

1664 年，剑桥大学的尖子生牛顿同学也开始研究“切线难题”，他提出一个简洁的思路：把“曲线”看成“点”随时间移动的轨迹。这样，每个点都会有个瞬间行进的方向，这个方向就是我们要找的那条切线的方向。

牛顿先读出切点的坐标值，然后假设切点在无限接近 0 的时间里，沿曲线走了一段无限接近 0 的距离。这样，就得到了数学家们梦寐以求的东西。一方面，曲线上无限接近 0 的一段弧可视为直线，这样相当于直接把切线画出来了。

另一方面，无限接近 0 的值可忽略不计，但它有着实在的数学意义：

首先，切线的斜率是对边比邻边，也就是 $\tan\theta$ 的值。

其次，曲线可以用函数 $y=f(x)$ 表达出来。

最后，有了曲线的函数表达式，对边、邻边在任何一点处的对应关系也就确定了。

于是，我们就可以得到这条曲线上任意一点的斜率公式，这也是一个函数，叫作导函数，还有个昵称叫导数。

这样，用一个无限接近 0 的思想，就能得到实实在在的导数值，斜率也自然地出现在我们面前。这真是个聪明的办法。还记得“三十六计”里的第十四计吧？借尸还魂。牛顿管这种方法叫“流数术”，现在大家都管它叫“微分法”。

从此，不论是炮弹还是蚊子，所有运动物体的瞬间行进方向，都在我们的掌握之中。这就是我们梦寐以求的那个方法，够普遍，够精确。

当然，求导数并不是牛顿同学发明的，他在这里面的贡献是解决切线问题。所以牛顿同学没有满足，他主动给自己加压，奋力拼搏，为构建和谐社会作出了更大的贡献。

我们知道，用曲线围起来的图形的面积很不好算。在古代，数学家们像拼图那样，用三角形、长方形等简单的直边图形把曲线图形大致填满。这些简单直边图形的面积相加，就是曲线图形的面积的近似值。

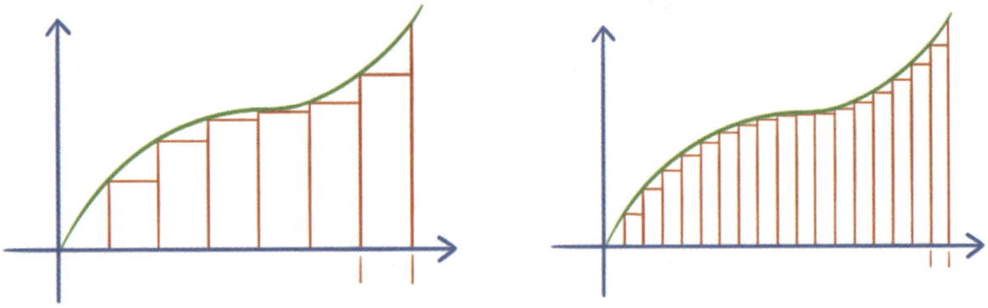

很显然，填空的图形越小，空就填得越满，值就越逼近准确的面积值。具体有多近似，那要看拼图的精细度。这种算法不仅麻烦，而且从数学角度来讲，它不够严密。

17 世纪，伽利略的弟子卡瓦列利提出一个思想：线由无数个点构成，面由无数条线构成，立体由无数个平面构成。

那么，点、线、面分别就是线、面、体的“不可分量”。

卡瓦列利通过比较两个平面（或者立方体）的不可分量之间的关系，来获得两者面积（或体积）之间的关系。有点绕了是吧？没关系，我们还可以举例、画图来说明。

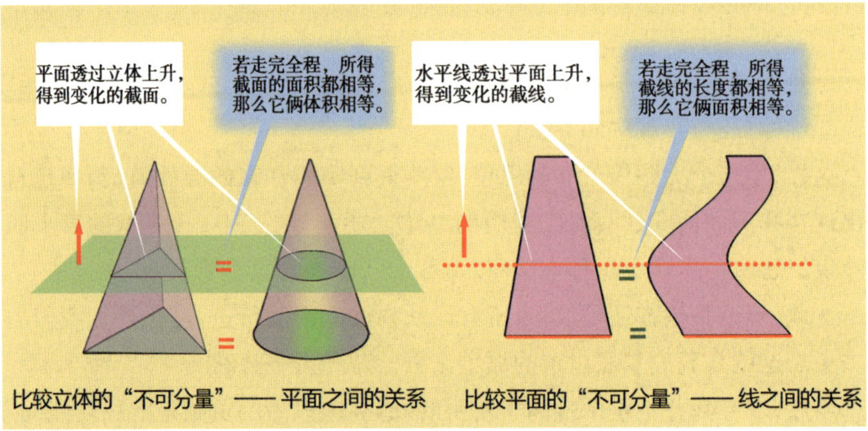

卡瓦列利原理（祖暅原理）

在一个平面上，我们放一个四面体（四个三角形围成的那个），在它旁边，放个体形圆润点的圆锥体。圆锥体的体形虽好，但算起体积来，远不如四面体好算。

这时，让平面穿透它俩向上移动，在平面上，我们就会不断得到它俩的截面：一个是变化的三角形，一个是变化的圆形。如果从始至终，在每个时间点，我们得到的这俩截面的面积都相等，那么，这个四面体和圆锥体的体积也相等。我们只要算出四面体的体积，就得到了圆锥体的体积。

上面说的是一对立体，我们比较它们的不可分量：平面。同理，对平面，我们可以比较它们的不可分量：线。

这就是著名的卡瓦列利原理。

其实，这个原理在我国叫“祖暅（gèng）原理”，在魏晋时数学家刘徽提出“牟合方盖”概念的200年后，由南北朝时代大数学家祖冲之的儿子祖暅发展而成。可惜遭遇和墨子一样，这个原理既没引起重视，也没得到发展，自然就没产生什么值得一提的影响。

卡瓦列利原理提出后，伽利略的另一名弟子把它用坐标系来表示，这一方法很快得到了发展应用。这种算法，比拼图先进了些，但是，还是那句话：从数学角度来说，这些方法依然欠严密，并且太烦琐。

数学家当然不会对“近似值”满意，所以，他们提出无穷的概念，简单讲，就是用无穷个图形去填满曲线面积，采取无穷级数求和的办法，得出准确值。这就是积分思想。

在“速度—时间”图像中，位移就是面积。有了面积，我们就可以反过来求速度。

不过，这样的搞法仍然有不足：一方面，无穷的概念不够严密；另一方面，积分解法复杂，不好操作。

前面说过曲线切线的问题，对曲线表达式这个函数进行微分，可以得到导数。这就是说，导数，是从一个函数求出来的。

1666年，牛顿同学发现，不同图形的面积，可以用不同的导数形式来表示，这样，就可以把它“还原”成原来的函数。算出这个原函数，面积也就出来了。这个过程是微分的逆运算，逆运算后就是积分的结果。

这就是说，从积分可以求微分，从微分也可以求积分——微分、积分是一对互逆运算！这就是微积分的思想。

微积分就这样在不经意间，伴随着一个思想火花轻微的噼啪声，悄悄诞生了。

德国的莱布尼茨也独立发明了微积分。发明微积分的优先权问题，成了牛顿、莱布尼茨互掐的导火索，两位伟人因此结了仇。然而微积分基本定理——牛顿－莱布尼茨公式，把这哥俩儿永远捆绑在了一起。

不过如果他们知道后来发生的事，恐怕会后悔：这场大架掐得太没品位。

2005年，美国斯坦福大学同步辐射实验室的科学家们，用高能X射线还原了阿基米德羊皮卷上被洗掉之后又被祷文覆盖的原始内容。其中有20多页内容是关于球体体积公式的推导。在这个推导过程中,阿基米德就使用了微积分工具。那可是公元前两百多年前的事啊!

如果阿基米德没有被那位愚蠢的士兵杀死,这本羊皮卷被流传开来的话,人类文明发展的进程不知要加快多少!可惜,历史没有如果。我们的文明,在被野蛮反复践踏的过程中,艰难前行,总算走到了今天。不管是阿基米德,还是牛顿和莱布尼茨,微积分在他们手上都只是起步,柯西、魏尔斯特拉斯等数学家把极限等概念引入微积分,让微积分在数学上、逻辑上更加严密,赋予了微积分越来越旺盛的生命力。

微积分是一门研究变化的科学,那些变幻莫测、捉摸不定的东西,就用微积分来治服它们。比如在研究卫星轨道、炮弹轨迹、经济形势、气象变化等问题时,微积分是相当好用,以至于物理学、工程学、经济学等多个领域,都争先恐后地患上了“微积分依赖症”。

4 谁的万有引力定律

1679年,胡克写信问牛顿,能否根据向心力定律、引力同距离的平方成反比的定律,来证明行星沿椭圆轨道运动。牛顿对此保持沉默。

1685年,哈雷登门拜访牛顿时,牛顿已经发现了万有引力定律:两个物体之间有引力,引力和距离的平方成反比,和两个物体质量的乘积成正比。下面让我们来欣赏一下万有引力公式:

$$F = GMm/r^2$$

M、m 分别表示两个物体的质量,r 是两个物体之间的距离,G 是常量,取值为 $6.67 \times 10^{-11} N \cdot m^2/kg^2$。

这就是凝聚了无数天才智慧、千呼万唤始出来的万有引力公式?它竟如此简洁!

越简单、越明了、越直接的,才是越接近自然、接近真理的。

自然不需矫饰,真理总是朴直。

从此,我们只要知道两个物体的质量和距离,就能算出它们之间的引力有多大。

小链接

说起“与距离的平方成反比”，在物理中，似乎总是能遇到，大家刚遇到这个问题时，都很惊奇：哇，大自然太神奇了，物理量的变化，竟然和人类规定的“平方”这种概念有密切的关系！怎么会这么巧！

好，下面我们就以引力为例，一起来做个脑保健操，揭开平方反比的神秘面纱。

想象地球是个完美的蛋黄，那么，它外面当然就有个完美的蛋壳。好吧，蛋壳外面爬了一只蜗牛。

蛋黄的中心向外均匀地、不断地传递“引力子”，也就是说，在每一个瞬间，它朝四面八方扔的“引力子”的总量都是一样的。我们假设这个总量是1。

那么问题来了：任选某个时刻，通过蛋壳整个球面的“引力子”总量是多少呢？

当然是1。因为蛋壳把蛋黄都包在里面了，蛋黄抛出的所有“引力子”必须经过蛋壳这个球面。

好，现在，我们把蛋壳的半径扩大1倍，这个蛋壳变大了，在任一时刻，通过蛋壳整个球面的“引力子”总量是多少呢？

当然还是1。

现在关键问题来了，球面积 $=4\pi r^2$，注意，在这个公式里，4 和 π 是不变的，能变的就只有半径 r，是 r 在决定球面积的大小，而这个 r 在公式里必须被平方，才算得出球面积，于是：

半径 r 扩大1倍，球面积就扩大到原来的4倍。而所通过的“引力子”总量不变，还是1。这就是说，距离增加1倍，相同面积内传递的“引力子”就只有原来的1/4。

这就是“与距离的平方成反比”的由来。

摆脱引力，距离很重要，然而更重要的是速度。

三种“宇宙速度”，就是物体对抗引力的速度。

第一宇宙速度(环绕速度)：$v_1 = 7.9$ km/s。这是卫星绕地球做圆周运动的最大速度，也是卫星的最小发射速度。你的发射速度如果满足 7.9 km/s$\leqslant v <11.2$ km/s，就可以冲出地球，绕地球运行了。

第二宇宙速度(脱离速度)：$v_2 = 11.2$ km/s。这是物体挣脱地球引力束缚的最小发射速度。你的发射速度如果满足 11.2 km/s$\leqslant v <16.7$ km/s，就可以摆脱地球，绕太阳运行了。

第三宇宙速度(逃逸速度)：$v_3 = 16.7$ km/s。这是物体挣脱太阳引力束缚的最小发射速度。你的发射速度如果满足 $v \geqslant 16.7$ km/s，就可以摆脱太阳系，飞向宇宙空间了。

【典例】咱们练习一下：

关于万有引力的说法，正确的是

A. 万有引力只是宇宙中各天体之间的相互作用力

B. 万有引力是宇宙中具有质量的物体间普遍存在的相互作用力

C. 地球上的物体以及地球附近的物体除受到地球对它们的万有引力外还受到重力作用

D. 太阳对地球的万有引力大于地球对太阳的万有引力

答案☞ B

咱们一个个地来看选项：

A. 万有引力是天体之间的作用力，“万有”，肯定不止是天体啊，A不对。

B. 这是万有引力概念的原文，肯定对啦。

C. 地球上和周围的物体除受到万有引力外还受到重力的作用，其实，“重力”这个词，咱们可以理解为是人们对星球的引力的一种俗称，总之重力是万有引力的一个分力。

D. 对这个选项可以有两种思路：第一种思路是根据公式 $F = GMm/r^2$，两个质量是直接乘在一起变成一个数字的，还记得乘法交换律吗？两个质量换下位置对引力是没有影响的。所以地球和太阳受到的引力是相等的；第二种思路利用牛顿第三定律。

在计算万有引力的时候，我们一定要知道一种运动，叫作“曲线运动”。下面来讲讲曲线运动。

物体做曲线运动的条件是运动质点所受的合外力(或加速度)的方向跟它的速度方向不在同一直线上。曲线运动的特点是质点在某一点的速度方向是曲线在这一点的切线方向。质点的速度方向时刻在改变，所以曲线运动一定是变速运动。做曲线运动的物体，其运动轨迹向合外力所指方向弯曲，若已知物体的运动轨迹，可判断出物体所受合外力的大致方向，如平抛运动的轨迹向下弯曲，圆周运动的轨迹总向圆心弯曲，等等。

当时已经有了地球半径、日地距离等精确的数据可以供计算使用。牛顿向哈雷证明，地球的引力是使月亮围绕地球运动的向心力，也证明了在太阳引力作用下，行星运动符合开普勒运动三定律。

1687 年，是一个伟大的年份。在哈雷的敦促下，牛顿写成划时代的伟大著作《自然哲学的数学原理》(以后简称《原理》)。

值得一提的是，虽然用微积分推导和证明力学问题既方便又好用，但是，牛顿在《原理》中，似乎是赌气一样避免使用微积分，甚至连坐标也不用，而是采用几何学方法证明问题。他用微积分得出结论，而在写《原理》时改用几何学证明，有人猜测他之所以这样，是因为他崇尚几何学，认为那才是“武林正宗”，而使用坐标解决问题的“解析”数学多少有点“旁门左道”。微积分发明权大战期间，牛顿曾声称，他一直不发表微积分学，是因为怕被人嘲笑。即使如此，《原理》的论证过程也流露出了使用微积分的痕迹。

牛顿在《原理》中，从力学的基本概念(质量、动量、惯性、力)和基本定律(运动三定律)出发，运用他所发明的微积分，不但从数学上论证了万有引力定律，而且把经典力学确立为完整而严密的体系，并把天体力学和地面上的物体力学统一起来，实现了物理学史上第一次大的综合。

牛顿力学在科学史上的地位，以及它对人类文明进步的贡献，都是不可替代的，所以，力的单位必须叫牛顿(N)，昵称“牛”。

小链接

力有三要素：大小、方向、作用点。

说起来太抽象，好像很高深的样子，其实用示意图画出来后相当简洁：一条带箭头的线段。

怎么画呢？记住三点就 OK 了：

第一，用线段的起点表示力的作用点；

第二，线段要沿着力的方向画，箭头所指，就是力的方向；

第三，同一个图中有几个力怎么办？力越大，线段越长。当然，也可以在力的示意图中标出力的大小。

《原理》拉开了现代物理学的序幕。

可是……可是……我们无比熟悉的一幕出现了，皇家学会居然经费不足，出不了这本书！

1687 年，在哈雷的资助下，这部科学史上最伟大的著作之一才得以出版。

我很是替地球人捏了一把冷汗：幸亏我们可爱的哈雷先生比较富裕，幸亏比较富裕的哈雷是个科学家，幸亏这个科学家有着高度的科学精神，为了出版别人写的科学巨著而不遗余力。

哈雷很快学会了微积分和牛顿定律。经过计算，他发现 1531 年、1607 年、1682 年这三年，造访地球夜空的三颗彗星轨迹十分相似。他断定这是同一个家伙的三次来访，并预言它将于 1758 年再次来访。1758 年，这家伙果然如约而至，于是，人送绰号“哈雷彗星”。

1968 年，美国宇宙飞船在第一次绕月航行返回途中，一位宇航员说道：“我想，现在主要是牛顿在驾驶飞船了。”

我在想一个问题，如果这部书早一年出版，世界会是什么样？如果这部书没能出版，世界又会是什么样？

让我们看看，可爱的天才们围绕牛顿力学体系都做了什么：

静力学、动力学、流体力学、分析力学、运动学、固体力学、材料力学、复合材

牛顿驾驶宇宙飞船

料力学、流变学、结构力学、弹性力学、塑性力学、爆炸力学、空气动力学、理性力学、物理力学、天体力学、生物力学、计算力学……离开这些，我们的所用、所见、所知、所闻，就跟中世纪一样。

举个例子：分析力学。基本原理由牛顿运动三定律推出。基本内容是阐述力学的普遍原理，运用数学分析方法研究宏观现象中的力学问题。分析力学广泛用于结构分析、机器动力学与振动、航天力学、多刚体系统和机器人动力学以及各种工程技术领域，也可推广应用于连续介质力学和相对论力学。

小链接

咱们发现，在分析力学里，那么多高大上的名词，竟然混着一个不伦不类的“振动”，打错字了吧？这玩意儿和现代工业有啥关系呢？

其实，机械专业的人都懂：振动分析也是机械设计中的一种重要工具。最简单的例子：如果机器一运转，它的部件就产生共振，那这个机器基本就废了，如果这个机器是飞机，那就要了命了。当然，共振条件分析只是振动分析的一部分。

在机械振动中，最简单、最理想化的振动，叫作简谐振动。

比如你做俯卧撑，半秒俯卧，半秒撑，保持时间、动作幅度都一样，周而复始，这就是简谐振动。当然，这种振动更好的例子是钟摆。

简谐振动虽然简单，但定义起来还是挺费劲的：

① 物体的运动参量随时间按正弦或余弦规律变化的振动，叫作简谐振动。这个定义适合刚才你做俯卧撑的那种振动。

② 物体在受到大小跟位移成正比，并且总是指向平衡位置的恢复力作用下的振动，叫作简谐振动。这个定义适合弹簧之类的振动。

有一种振动是被迫的，比如你拍皮球，皮球本来是不想动的，现在它在你手下很有规律地上蹿下跳，这都是拜你很有规律地拍它所赐，这种在周期性外力作用下的振动，就叫受迫振动。

既然皮球是受迫才振动的，那么，这个振动频率当然由拍皮球者来决定。

所以受迫振动的规律是：物体做受迫振动时，振动稳定后的频率等于驱动力的频率，而跟物体固有频率无关。

当驱动力的频率跟物体固有频率相等时，受迫振动的振幅最大，这种现象就是前面提到的共振。共振是受迫振动的一种特殊情况。

时至今日，关于牛顿"科学霸权"的三大公案仍不时被人提起：

一是胡克要求牛顿在《原理》中提一下自己的名字和贡献，牛顿拒绝了这一合理要求。有人说，牛顿故意把他发现万有引力的时间改在他与胡克通信之前，而且造出苹果神话，就是为了独吞万有引力这项成果。胡克死后，连张画像也没留下来。据说是在皇家学会搬迁新址时，胡克的许多收藏、仪器，连同他的画像一起遗失了。而搬迁前，牛顿刚刚当选为皇家学会会长。据说胡克相貌丑陋，不愿被画像，以至于保留在皇家学会的画像成为孤品，它一丢，后人就再也没法知道胡克长啥样了。

二是对弗拉姆斯蒂德（英国首任皇家天文学家，格林尼治天文台的创始人，现代精密天文观测的开拓者）观测数据的剽窃和盗版。

三是在与莱布尼茨关于微积分创建人之争中，表现出小人行径，莱布尼茨死后，牛顿为"伤透了莱布尼茨的心"而扬扬得意。

有人从牛顿的经历来论证这一切都不是偶然的：牛顿是一个遗腹子，出生不久，母亲改嫁，由外祖母抚养，从小没爹也没娘，所以，某些事一定曾无情地伤害了他幼小的心灵，导致他心理扭曲、孤寂、好斗……

即使牛顿的某些言行令人难以容忍，也难以掩盖他伟大成就的灿烂光辉。

即使万有引力不是牛顿一个人发现的，他也是经典力学理论的集大成者。

他系统地总结了伽利略、开普勒和惠更斯等人的成果，得到了万有引力定律和牛顿运动三定律；他发现了二项式定理，创建了微积分，所著的《广义算术》大大推动了方程论；他还发明了反射望远镜，精确地说明了色散现象，揭开了物质的颜色之谜，等等。随便哪项成果都足以名垂千古，不论牛顿三大公案的史实如何，我们都无法否认牛顿的伟大。

所以，评价某某，还是功过分明比较好，掩过饰非的伎俩，往往适得其反。因为，不太傻的我们都明白：高大全的另一面，是假大空。

艾萨克·牛顿，这个可怜的英国孩子，好好学习，天天向上，坚韧不拔地成长为万人景仰的数学家、物理学家、天文学家和自然哲学家。他以无与伦比的科学贡献，成为人类历史上最伟大、最有影响力的科学家。

第四章 所谓科学理论

这个问题似乎不应该出现在这一部分，因为我们已经知道地球是个球，还知道地球乃至太阳都不是宇宙的中心，甚至温习了一些定律，围观了以牛顿为首的一批牛人开启现代物理新篇章……这个时候，再回过头探讨啥叫科学理论，是不是晚了点？

霍金同志说，不晚。不仅不晚，还刚刚好。

这个时侯弄清楚什么是科学理论，是为下一步探讨宇宙的本性打基础。如果把科学理论的本性搞错了，我们就无法继续下面的话题。

伟大的霍金同志说，理论只不过是宇宙或者它受限制的一部分的一个模型，以及一组规则，这组规则把这个模型中的量和我们进行的观测相联系。它只存在于我们的头脑中，而不具有任何其他真实性（不管其含义如何）。

这段话可能不太好理解，也不太容易接受，所以我翻译一下，给大家加深印象。

他说，所谓科学理论，只是我们针对部分（注意这个词：部分）事物进行描述和预测的一种规律性总结，它对这些事物本身没有任何意义，它只是现阶段与观测相符、我们还能用得着的一种工具，千万别把它当真。

疑惑了是不？老说坚持真理捍卫真理，这下好了，连科学理论都当不得真了。这样会不会太儿戏了？

霍金同志说，在一个只包含一些任意要素的模型基础上，如果一个理论满足如下两个要求，就是一个好理论：能精确描述大量的观测，能明确预言未来的观测结果。所以在他的《时间简史》一书中，霍金同志说，为了能够应对更复杂的问题，他们在探讨时必须暂时这样看待科学理论：

任何物理理论都只是假设,在这个意义上,它只能是暂时的,你永远不能证明它。不管实验结果多少次和某种理论相符,你永远不能断定下一次的结果不和该理论相冲突。另外,你只要找到一次和理论预言不一致的观测,就足以将该理论证伪。正如哲学家卡尔·波普尔强调过的,一个好的理论应该是这样的:它能做出一些可能被观测证伪的预言。每一次新实验结果与理论相一致,我们就增加对它的信赖;但是一旦发现和预言不一致的新观测,我们就必须抛弃或者修正该理论。

我们发现,新理论往往是原先理论的一个扩展。在理论使用上,只要不影响想要的效果,哪个方便好用,我们就用哪个。

比如,我们明知地心说是错误的,但在日常生活中,还是按照习惯运用地心说理论。我们说,太阳升起来了(地心说),而不说地球上我们住的这一面转向太阳了(日心说)。

来看一个有趣的例子。

我们对水星进行非常精确的观测,会发现,它的运动与牛顿理论预言不符,但与爱因斯坦的广义相对论预言十分相符。这就是说,牛顿理论被证伪,广义相对论更准确。

那么,为什么在大部分情况下,我们仍然使用牛顿理论?这是因为两者计算结果差别非常微小,在处理一般问题时,我们不需要那么精确,而用牛顿理论来计算,也能算出行星轨道之类的,更重要的是,牛顿理论用起来比广义相对论要简单、容易得多。

这就是科学理论。

那么,最终,我们需要一个什么样的理论?

霍金同志教导我们:科学的终极目的,是提供一个能描述整个宇宙的统一理论。

为什么要用统一的理论?一个理论描述一块,难道会误了2路汽车?

答案是:会。

我们知道,万物虽千奇百怪,但越是构成物质的基础部分,其本质越是相近,到最后,应该基本相同。这不难理解,人和蚂蚁差别很大,但从基础上看,都是由细胞组成的,细胞虽有差别,但细胞都以碳水化合物为主,到这里已经没啥区别了,如果再往更基础处看,把鲜花和牛粪也抓过来(嘿嘿,"抓"字用得形象吧)和我们比一比,大家都是由分子构成的,分子是由原子构成的……这时我们发现，原来是一样一样的啊。所以，一个理论可描述的范围越广，它就越接近根本，也就越接近真实。

所以，找到描述整个宇宙的统一理论，就是真正看到了宇宙的本质，而科学就是这样，越接近真相，掌控事物的能力就越强。

况且，人类都有真相癖，从某种意义上说，这就是人类社会发展进步的主动力。不是吗？如果人们对宇宙万物一点都不好奇，那我们现在一定不如猩猩。

OK，闲言碎语不要讲，咱看一看，科学家们怎么想，当里个当……多数科学家现在把问题分开来看。

第一，一定存在这样的定律：它能够描述宇宙如何随时间变化。这样，我们只要知道宇宙在任一时刻的状态，就能用这些定律预知宇宙将来任何时刻的状态。比如，您看这篇文章不爽，朝我扔一块板砖，在板砖扔出的任意时刻，我只要得到板砖在那个时刻的质量、速度、角度等数据，就能利用牛顿力学定律算出板砖的运动轨迹，最终以多大力度砸在哪儿。

第二，宇宙初始状态是个大问题。就是说，宇宙是怎样产生的？这一切是如何开端的？再问具体一点，它是遵循什么样的规律开始的？

有些人认为，科学只应该关心第一部分，宇宙起始是上帝的事，他老人家想怎么样就怎么样。果真如此，上帝完全可以放任宇宙随意演化，但是现在看来，他似乎更喜欢让宇宙乖乖地按照严谨的规则来演化。所以可以这样说，一定存在制约初始状态的定律，根据这个定律，宇宙的产生是必然的，宇宙以这种形式诞生、成长为现在的样子也是必然的。

设计一种能描述整个宇宙的理论，太难。所以，我们目前力所能及的是，把问题分成许多小块，针对各块搞理论，来描述和预言一定范围的观测。

于是，就必然出现这样的情况：我们形成了某一块的理论，但有时候，受这一范围之外的效应影响，我们会发现实际观测和理论预言略有不同。

这是因为，宇宙万物并不是真的像我们划分的那样，一块块互不干涉。万物万象实际上是相互关联的。比如，原来电力、磁力是两个学科，人们针对这两块分别创立了两个独立的理论，后来发现，电和磁关系密不可分，如果只考虑其中一块，就会出现很多问题。后来人们将二者合二为一，创立了电磁学……

有时候，某个区域的理论出现问题，又没有合适的补丁可以下载来修补，那么，如果这些问题不影响大局，大家通常就把它忽略掉，或者干脆用一组数来代表它，使理论看起来更贴近实际。

比如,爱因斯坦开始认为宇宙是静态的,但如果这样,根据他的广义相对论,宇宙就会因物质间的引力而坍缩,最后变成一个点。可是据观测,宇宙又没有坍缩的迹象,也没发现有什么东西可以抗拒引力,于是他在方程中引进一个“宇宙常数”,这个数刚好对抗引力,使宇宙乖乖地保持静态。

对于宇宙为什么要搞这样一个常数来约束自己,大家都很茫然。后来发现,宇宙是膨胀的,星系间相互飞离的惯性大于引力,所以宇宙不会坍缩,这样,宇宙常数就成了一个尴尬的存在。于是,爱因斯坦就把宇宙常数从他的方程中“咔嚓”掉了,并惭愧地说宇宙常数是他“一生中最大的错误”。

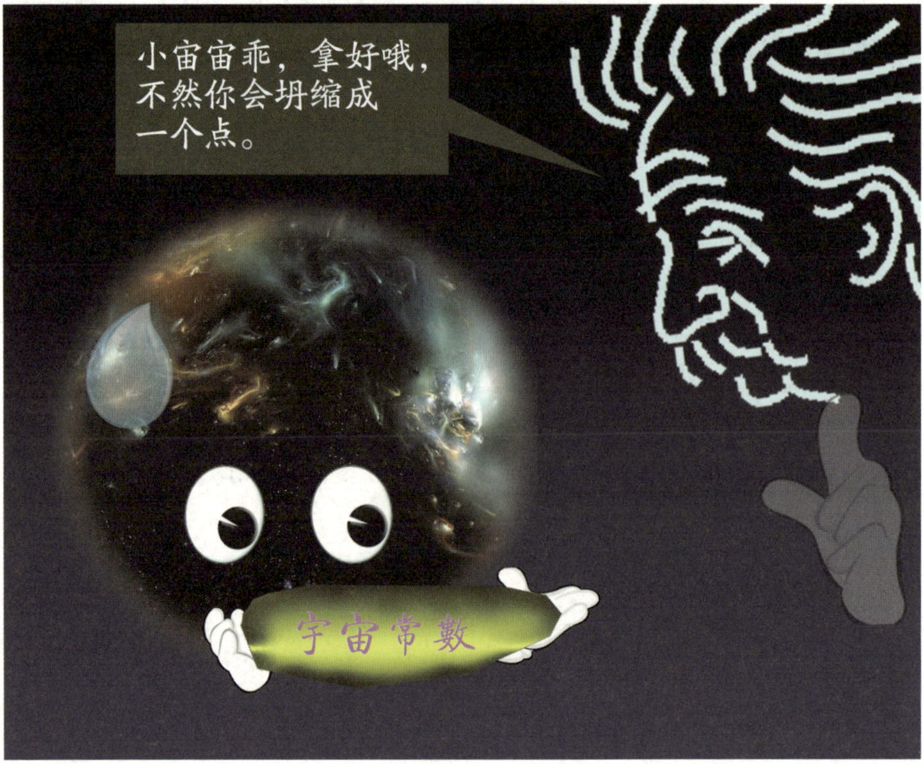

宇宙常数

然而,造化弄人,1998 年,两个天文学家小组通过研究超新星,发现各个星系正在加速远离地球而去。目前的解释,是暗能量导致宇宙加速膨胀。这个暗能量就是当年没发现的可以抗拒引力的东西,它导致负压,所产生的反引力,是一个常数……恭喜你猜对了,把宇宙常数请回爱因斯坦方程,可以完美地解释宇宙加速膨胀。这说明,已经告别历史几十年的宇宙常数要复活！三人因此获得2011年的诺贝尔物理学奖,他们是美国人索尔·佩尔马特、美澳双重国籍的布莱恩·施密特、美国人亚当·里斯。宇宙常数的曲折故事,是观测区域逐渐变宽的结果。

宇宙就是这样,原本我们以为,两个不在一处的物体基本不存在什么关系,后来发现,万物都有引力、光、电、磁等远程联系方式。说不定,情况比这还要复杂得多,所有物质之间,还有更隐秘、更基础的联系方式没被我们发现。如果是这样,那么,我们用上面说的隔离法研究问题,就不太容易接近那个最终的、完备的答案了。

但很久以来,我们就是用这种方法"从胜利走向胜利"。牛顿引力论就是一个经典的例子,它告诉我们,两个物体之间的引力只决定于它们的质量,与它是啥东西无关。这样,不需要知道星球的结构、成分、思想状况,我们就可以计算它们的轨道。所以,在没有新的发现之前,我们只能靠目前的办法来理解宇宙。

今天,我们按照两个基本的"部分"理论——广义相对论和量子力学来描述宇宙。它们是20世纪最伟大的智慧成果。

广义相对论:用来描述引力和宇宙的大尺度结构,从只有几千米到几百亿光年。据美国费城科学大学的物理学家们表示,目前我们可以观测到的宇宙半径是453.4亿光年,这是我们人类目前目光所及的最远距离。

量子力学:用来处理极小尺度的现象,例如万亿分之一毫米。

可惜的是,这两个理论不协调,所以它们不可能都对。或者说,它们都离真相还有一定距离,但究竟这个距离有多远,尚未可知。当代物理学的一个主要努力方向,就是寻求一个能把它俩合并在一起的理论——量子引力论。

目前来看,要搞定它,还早着呢。现在是万里长征刚开始系鞋带。

我们都清楚,要找一个人,事先掌握他的特性越多,找到的机会和准确率也就越高。目前,我们已经知道了这个理论所应具备的许多性质——它应该是什么样,应该能解释什么、预测什么等——这是值得欣慰的。

现在,我们相信宇宙不是任性的,而是守规矩的,这个规矩就是我们要找的统一理论。不过,霍金发现,寻求完整的统一理论,有一个基本的自相矛盾之处,讨论起来也有点意思:

作为有理性的生物,我们地球人可以随意观测宇宙,还可以从中得出逻辑推论,这样,就应该能越来越接近那个最终答案。然而,如果真有统一理论,那么它也决定我们的行动。这样,理论本身就决定了我们对它探索的过程和结果，原来一切都是注定的！问题来了：

为什么它必须注定让我们得到正确的结论？

难道它不会注定让我们得出错误的结论吗？

或者根本没有结论？

对此，霍金用达尔文的自然选择原理来解答。

即使我们在电脑里复制、粘贴，也不能保证每次都能得到一模一样的结果。不信你在网页上按 Ctrl + C，再到 Word 等文档里按 Ctrl + V，一定会看到变化。

生物繁殖还不如电脑复制、粘贴精确。即使是同一对夫妻，他们生出的孩子也总有不一样的地方，性别、智力、外貌、体力、个性，还有血型和 DNA 也不一样，加上生存期间的经历等，个体间的差异会越来越大，这是遗传、发育、成长上的变异。看看我们周围的人，看看同一窝小狗，要是还不服气，那就再看看同一根藤上的瓜……所以莱布尼茨说："世界上没有两片完全相同的树叶。"

由于相互有差异，因此不同个体对世界的认识和适应能力也存在差异。在大自然里，适应能力强的更易存活和繁殖，物竞天择，如此往复，就叫进化。

智慧的进化，使我们人类在地球生物界趾高气扬，不可一世。

如果宇宙是遵循某种规则发展到现在这样的，我们就可以这样推测：既然宇宙发展导致进化的必然，而进化又给了我们推理能力，那么，在探索统一理论时，我们推理能力的进化也是必然的。

那个终极答案就在那儿摆着，它不会发生变化，而我们的推理能力却在不断进化，这说明，我们将离它越来越近，最终，我们会把它拿在手里。"子子孙孙无穷匮也，而山不加增，何苦而不平？"就是这个道理。

这是乐观的看法。因为，没人知道我们还能存在多久，也没人知道，得到那个答案需要多久。放弃吗？但或许就在明天呢？

也许有人说，目前，除了最极端的情况以外，我们现有的部分理论，已经可以对所有一切给出精确的预言了，没必要去探索宇宙的终极理论了。然而，我们回过头想一想，当初探索相对论和量子力学时，我们也可以用这个论点来说没有必要，但实际上，这些理论已经引发了核能和微电子学的革命！

小链接

获得核能，有两个办法：核裂变与核聚变。核裂变的内容后面量子论中会讲到，我们现在重点讲一下核聚变。所谓核聚变，就是让轻原子核合体。氢弹就是利用轻核的聚变释放能量的。利用高温高压，让轻原子核（一般是氢的同位素：氘、氚）合体，变成较重的原子核，释放出能量和射线。这个过程目前人类还掌控不了，所以只有氢弹进入了实用阶段。不过，宇宙中的核聚变倒是随处可见，比如太阳等恒星发出的能量，就来自核聚变。

所以，一套完整的统一理论，可能无关种族存亡，甚至不影响我们的日常生活，但这并不能成为我们停止探索脚步的理由！

自从我们学会思考，就不甘心不明真相，不甘心对事物保持迷惘状，我们大声疾呼：被蒙在鼓里的感觉很不爽！

对预知未来的渴求，引无数英雄竞折腰。折腰也搞不定，就花钱找丘道长算一卦。可见我们是多么渴求理解世界的根本秩序！

我们从何而来？我们为何在此？我们必将何往？

难道你不想知道吗？

我们的目标：对我们生存其中的宇宙做完整的描述！

那么，我们目前已知的宇宙是个啥样？

酒要一口一口喝，路要一步一步走。

咱慢慢来。

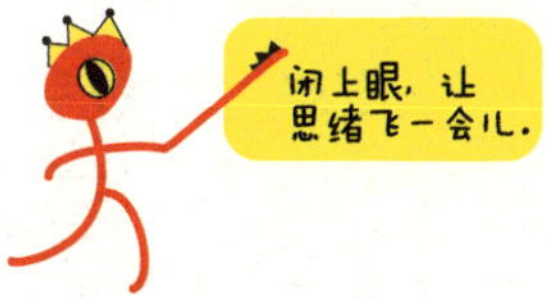

第五章

牛顿的宇宙

1 运动 VS 力

描述宇宙，离开了运动和力，就好比描述美女，却无视“美”和“女”这两个基本特质一样。

运动、力，同为宇宙的根本性质，二者的关系密不可分。如果上帝让你和你的恋人关系好得像运动和力一样，那么恭喜你，你们生生世世、时时刻刻都甭想甩开对方了。

根据自己居住地球多年的经验，亚里士多德认为，物体的自然状态是静止的，只在受到力或冲击作用时才运动。这很直观也很好理解，茶杯放在桌子上，没有外力作用，它不会跑到地上摔碎自己。

聪明的亚里士多德还认为，人们不用观测呀、检验呀那么麻烦，只用脑袋想，就可以找出制约宇宙的定律。就比如刚才这条。所以他根据自己的理论得出一个预测：重的物体比轻的物体下落得更快，因为它受到更大的将其拉向地球的力。

听起来很有道理，大家都信了，除了一个人。

伽利略这个死心眼的家伙，他非要亲眼看看才相信，物体重量不同，是不是真的下落速度就不同。

小链接

从初中开始,物理老师就迫不及待地告诉我们啥叫"运动"了。(体育老师表示不服:我们教你运动是从小学就开始了好吗?)

可是我们翻开课本,会发现一件奇怪的事:不仅体育老师和物理老师教的运动不一样,就连初中物理和高中物理说的运动也不一样!难道不该"同一个物理,同一种运动"吗?

初中老师告诉我们:所谓速度,就是路程和时间的比值。而高中老师嗤之以鼻:路程和时间的比值?那叫"速率"好不好?位移和时间的比值才叫作速度!我来告诉你区别是什么:速率是标量,没有方向;速度是矢量,有方向。

描述一个物体运动,可以用一个带箭头的线段来表示:从起点指向终点的有向线段,称为位移。所以,一个质点,只有在做单向直线运动时,它的位移的大小才等于路程。现实生活中,物体做直线运动的很少,方向一直在变,那么,方向怎么看呢?就看它在运动轨迹上过该点的切线方向。

好吧,速率没方向,速度有方向,那它俩啥关系?这是个好问题。

速率是描述运动的,而运动是有方向的,想让它没方向,就取它的瞬时值,也就是在无穷小的时间里,它走了无穷小的距离,于是有了个瞬时速度的大小,它可以视为没有方向,这就是速率。所以,瞬时速率(简称速率)即瞬时速度的大小。

质点在某段时间内的位移与发生这段位移所用时间的比值叫作这段时间(或位移)的平均速度 v,即 $v=s/t$,平均速度是对变速运动的粗略描述。

我们熟悉的版本是,伽利略在比萨斜塔上同时扔下两个球,一大一小两球同时落地,一阵惊叹和掌声之后,大家都高高兴兴地回家吃饭去了。曾经有许多人甚至是通过这件事才知道比萨斜塔的,还记得课本上那幅插图吧?但,让我们伤心的是,这又是个美丽的传说。

别忘了,伽利略是个聪明得让人羡慕嫉妒恨都解不了心中块垒、仰慕崇拜爱也止不住牙根痒痒的家伙,连爱因斯坦都对他佩服得不得了。

伽利略在比萨斜塔做实验

面对老亚的这个预测，伽利略哪都没去，只是饭后坐在家里，跷着二郎腿闭目养神顺便剔剔牙时做了个思想实验：如果真的像老亚同志说的那样，重的下落比轻的快，那我把重的和轻的绑在一起，会怎么样呢？奇妙的事情发生了，从逻辑上讲会出现两种截然不同的结论。

结论一：重的和轻的绑在一起，当然更重，它们的结合体下降得一定比那个重的更快。

结论二：重的被轻的拖了后腿，它俩加起来应该比轻的快点，比重的慢点。

这个思想实验以老亚的预测为前提，逻辑推理过程毫无问题，却同时产生了两种不同的结论，所以，一定是前提错误，也就是老亚的预测错误！伽利略遗憾地一拍大腿，怎么我又对了！

但思想实验终究是看不见摸不着的，逻辑再正确，也得拿出大家都看得见摸得着的证据来，广大人民群众才会信服，毕竟大家都是正常人，哪有几个像你伽利略那样，聪明得令人眼红的？

伽利略懒得去爬比萨斜塔。同时也为安全考虑，要是砸到小朋友怎么办？但重物落地速度太快，如果高度不够，很难分清落地先后。

这家伙有办法，他让不同重量的球从光滑的斜面上滚下。掉下来和滚下来（听起来像骂人）性质类似，都是由于重力加速度，但是滚下来速度慢，更容易观察，大家围观起来比较舒服，球缓缓而行，逐渐加快，清晰易辨，回去描述起来也方便。聪明吧？

实验表明，不同重量的物体，其速度增加的速率是一样的。

在一个沿水平方向每走 10 m 即下降 1 m 的斜面上，你释放一个球，则 1 s 后球的速度约为 1 m/s，2 s 后为 2 m/s……不管球多重。

小链接

重力：地面附近的物体由于地球吸引而受到的力叫重力。重力的方向总是竖直向下（不一定指向地心），重垂线就是根据重力的方向总是竖直向下的原理制成的。**注意**：重力是由于地球的吸引而产生的，但不能说重力就是地球的吸引力（万有引力），重力是万有引力的一个分力（由于地球还在不停地自转，所以地球的引力还分出一部分力，为在地球附近跟着地球转的物体提供向心力。但在地球表面附近，可以认为重力近似等于万有引力。

重力的大小：在地球表面，重力 $G=mg$，g 是重力与质量的比值，在地球上为 9.8 N/kg，粗略计算时也可取 10 N/kg。重力跟质量成正比。

重心：物体的各部分所受重力的合力的作用点，物体的重心不一定在物体上。

1971 年，阿波罗 15 号登月时，宇航员通过电视直播，当众做了一个验证自由落体定律的实验：一手拿锤子，一手拿羽毛，从同一高度同时松手，锤子和羽毛同时落地。牛顿把伽利略的测量作为运动定律的基础。他考虑到，当物体从斜坡上滚下时，它一直受到不变的外力（它的重量），产生的效应是，它被恒定地加速。这表明，力的作用是改变物体的速度和方向，而不仅仅是使之运动。只要一个物体没有受到外力,它的运动速度和方向就不会变。

这个思想可以这样表述:任何物体在不受任何外力的作用下,总保持匀速直线运动状态,直到有外力迫使它改变这种状态为止。这是牛顿第一定律,也叫惯性定律。

小链接

① 自由落体运动,是一种初速度为 0 的匀变速直线运动,重力加速度 g 为常量。不同星球上的 g 值不同,地球上 $g=9.8\ m/s^2$。自由落体运动的条件是初速度为零,只受重力作用。

② 重力加速度 g 的方向总是竖直向下的。其大小随着纬度的增加而增加,随着高度的增加而减小。

③ **牛顿第一定律**:一切物体总保持匀速直线运动状态或静止状态,直到有外力迫使它改变这种运动状态为止。

④ **惯性**:物体保持匀速直线运动状态或静止状态的性质。

【典例】关于惯性的理解和现象解释,以下说法正确的是

A. 高速飞行的子弹具有惯性,穿入木头静止后惯性消失

B. 汽车驾驶员和前排乘客系安全带,是为了减小汽车行驶中人的惯性

C. 行驶中的公交车紧急刹车时,乘客会向前倾,是由于惯性力的作用

D. 百米赛跑运动员到达终点不能马上停下来,是由于运动员具有惯性

答案☞ D

一切物体都有惯性,与运动状态无关,故高速飞行的子弹穿入木头静止后仍有惯性,简单来说,惯性不可能消失,A 错;惯性大小与物体的质量有关,汽车驾驶员和前排乘客系安全带,不能减小汽车行驶中人的惯性,而是为了防止惯性造成的危害,B 错;惯性是物体本身的一种性质,不是一种力,故不能说“由于惯性力的作用”,C 错;百米赛跑运动员到达终点不能马上停下来,是由于运动员具有惯性,仍要保持原来的运动状态,D 正确。

还记得笛卡尔提出的物体运动的三条法则吗?何其相似!但接下来我们会发现,两者认识的高度不同。那么谁的认识更高呢?当然是站在肩膀上的

那位！

好的，接下来又出现一个问题，是不是无论物体质量多少，随便加一个力，都产生同样的效果呢？力、质量、运动之间是什么关系？

实验表明，它们是有比例关系的。

① 质量一定时，力加倍，则加速度也将加倍。

实验：让林黛玉玩命地推你一下，然后让姚明玩命地推你一下，比较一下自己被他俩推出去的速度，就明白了。

② 力一定时，物体的质量越大，则加速度越小。

实验：如果刚才你没被姚明推吐血，以及林黛玉推你时她自己没吐血，那么现在你可以报仇了。你先玩命地推姚明一下，然后再玩命地推林黛玉一下，比较一下你把他俩推出去的速度，就明白了。

质量一定时，力加倍，加速度也加倍。　　力一定时，物体的质量越大，加速度越小。

结论：物体的加速度跟物体所受的合外力成正比，跟物体的质量成反比，加速度的方向跟合外力的方向相同。这是牛顿第二定律。

质量的标准定义：质量是物体的一种性质，通常指该物体所含物质的量，是度量物体惯性大小的物理量。后面这句跟牛顿第二定律息息相关。根据这一定律，我们可以这样理解：质量就是改变物体运动状态的难度，质量越大，这个难度就越大。

小链接

教材上牛顿第二定律的定义：物体加速度的大小跟它所受到的作用力成正比、跟它的质量成反比，加速度的方向跟作用力的方向相同，表达式为 $F=ma$。不要看这个公式很简单，一共才三个字母，它可是将力与运动连接起来的关键公式。

【典例】如图所示，在前进的车厢的竖直后壁上放一个物体，物体与壁间的静摩擦因数 $\mu=0.8$，要使物体不致下滑，车厢至少应以多大的加速度前进？（$g=10\ \text{m/s}^2$）

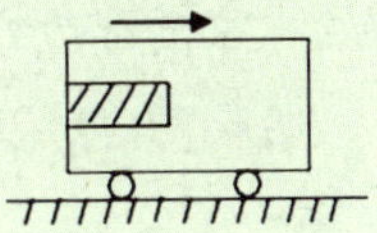

解析☞ 设物体的质量为 m，

在竖直方向上有：$mg=F$，F 为摩擦力。

在临界情况下，$F=\mu F_N$，F_N 为物体所受水平弹力。

又由牛顿第二定律得：$F_N=ma$。

由以上各式得：加速度 $a=F_N/m=mg/(\mu m)=12.5\ \text{m/s}^2$。

现在我们知道，要改变一个物体的运动状态，必须有其他物体和它相互作用（包括非接触性的引力等）。那么，物体之间相互作用时，它们之间的作用力会有何表现呢？牛顿说，力的作用是相互的，有作用力必有反作用力。

表述：两个物体之间的作用力和反作用力，在同一直线上，大小相等，方向相反。这是牛顿第三定律。

说到作用力和反作用力相当，我想起不论哪一代莘莘学子，在学到这一定律时，都经历过这样的事：一个同学推了或打了另一个同学，狡辩“力的作用是相互的”，一般情况下被推或打的同学大都一时想不起如何反驳。

我们不妨来研究一下：作用力、反作用力，它们大小相等，方向相反，那么，施力者和受力者受的伤害是否对等？责任是否也对等？

其实，不论是拳打、脚踢、掌扇，还是推搡所产生的作用力，主动的一方都是用身体中比较坚硬、耐受的部位，去作用在对方身体比较柔软、不耐受的部位，这就在身体上产生了一个耐受的不对等。

如果主动方是用脸磕碰被动方的脚后跟，或者用舌头攻击对方脚趾，被动方一般是不会申诉受屈的。

即使在身体上对等，你用自己的头去撞对方头部相同的部位，双方都头破血流，这也会产生精神上的不对等。因为你实现了两头相撞的愿望，而对方不想陪你一起受伤，所以，对方在精神上一定比你痛苦。

因此，这种攻击的作用力、反作用力虽然相当，但双方受到的伤害绝不对等。跳出物理，从道德和法律上讲，即使主动方受的伤害更大，责任也在主动方，比如你主动用一指禅点对方无影脚，对方脚破皮，你手指骨折，那你也得出钱给人家消毒包扎。

哈哈，好像跑题了。

小链接

牛顿第三定律

两个物体之间的作用力与反作用力总是大小相等，方向相反，作用在同一直线上。牛顿第三定律指出了两物体之间的作用是相互的，因而力总是成对出现的，它们总是同时产生，同时消失。作用力和反作用力总是同种性质的力。作用力和反作用力分别作用在两个不同的物体上，各产生其效果，不可叠加。

【典例】“以卵击石”的结果是鸡蛋破碎了，以下说法正确的是

A. 鸡蛋对石头的力小于石头对鸡蛋的力

B. 鸡蛋对石头的力与石头对鸡蛋的力大小相等

C. 鸡蛋对石头的力大于石头对鸡蛋的力

D. 鸡蛋对石头的力就是石头对鸡蛋的力

答案☞ B

这个题重在考查作用力与反作用力的关系，根据牛顿第三定律，鸡蛋对石头的力的大小与石头对鸡蛋的力的大小相等，所以 B 正确。

牛顿还搞定了描述引力的定律：任何两个物体都相互吸引，其引力大小与每个物体的质量成正比。我们根据这个定律来推导一下：

两个物体，A 和 B。A 的质量加倍，则两个物体之间的引力加倍。这很好理解，因为增肥到原先的 2 倍的 A，可以看成两个原先的 A，每一个 A 都用原先的力来吸引 B，所以 A 和 B 之间的总力加倍。如果 A 增肥到原先的 2 倍，B 增肥到 3 倍，则引力就增大到 6 倍。当然，我经过多年悉心研究发现，引力定律也有例外，比方说，你 GF(girlfriend) 的体重增加到原先的 2 倍，她对你的引力就减半；增加到 3 倍，引力为零；再增加下去，就产生斥力。（为了防止不谙世事的小朋友看了这段产生误会，特此声明这个关于 GF 的引力理论是个玩笑）

质量、距离、引力的“杯具”

现在我们终于明白了，为什么重量不一样的物体总以同样的速度落下来：按照牛顿引力定律，引力大小与每个物体的质量成正比；按照牛顿第二定律，加速度跟物体质量成反比。这两个效应刚好互相抵消。所以在相同的引力环境下，无论物体多重，加速度都是同样的。

牛顿引力定律还告诉我们，物体之间的距离越远，则引力越小。

牛顿不仅知道是这么回事，还能算出来究竟是多少，算出来数学关系，这就是高度，回望历史，无人能及的高度！

这个定律极其精确地预言了地球、月亮和其他行星的轨道。如果把这个定律改变一下，距离增加时，引力下降的比例比实际上稍多点或少点，那么，行星轨道就不会是椭圆，而是螺旋线：要么旋进，撞上太阳；要么旋出，飞离太阳。这样看来，星球、星系间的平衡，是不是脆弱得让人胆战心惊？

小链接

我们学物理，总会被力的各种分析搞得头很大，不过，记住和理解下面这些经典力学最基础的研究方法，对我们提高物理内功是多有裨益的哦！

① 如果一个力的作用效果与另外几个力的共同作用效果相同，那么这个力与另外几个力可以相互替代，这个力称为另外几个力的合力，另外几个力称为这个力的分力。根据具体情况进行力的替代，称为力的合成与分解。求几个力的合力叫力的合成，求一个力的分力叫力的分解。合力和分力具有等效替代的关系。

② 如果几个力作用在物体的同一点，或者它们的作用线相交于同一点（该点不一定在物体上），这几个力叫作共点力。

③ 力的平行四边形定则：如果以表示两个共点力的线段为邻边作一个平行四边形，则这两个邻边的对角线表示合力的大小和方向。一切矢量的运算都遵循平行四边形定则。

④ 物体的平衡状态：

a. 物体保持静止或者保持匀速直线运动的状态叫平衡状态。

b. 物体如果受到共点力的作用且处于平衡状态，就叫作共点力的平衡。二力平衡是指物体在两个共点力的作用下处于平衡状态，其平衡条件是这两个力的大小相等、方向相反。多力亦是如此。

2 空间的困惑

我的地盘我做主，说起来和听起来都很 high，不过，哪儿才是我们的地盘？

现在，你自己待在屋里，认为这间屋子所囊括的区域是属于你的空间。真的是这样吗？

别忘了，我们是在地球表面生活——地球以 465 m/s 的平均速度自转，以大约 30 km/s 的速度绕太阳公转(不是绕太阳公公转),并跟随太阳一起以 220 km/s的速度绕银河转,又在银河系的领导下以 600 km/s 的速度向仙女座星系方向狂奔……

现在,假如,除了你,所有物质都透明,有个相对“静止”的宇航员站在银河系外(不跟着银河系走)观察你,他会发现你沿着一条非常复杂的、奇怪的、类螺旋形的轨迹瞎折腾,以大约 900 km/s 的速度飘忽而去。

如果你看完这段话用了 1 分钟,那么,刚才属于你自己的那个“空间”已经离你 5.4 万千米了(不要跟我说“直线”距离,你没有参照物。初中物理告诉我们,参照物是衡量物体运动和静止的标准,而物体的静止和运动是相对的)。其实我们每天都至少“被旅行”7 776 万千米。为什么要说“至少”呢? 因为我们还没算银河系所在的星系群共同飞行的距离! “坐地日行八万里,巡天遥看一千河。”毛主席他老人家指的仅是地球自转速度,算得还蛮准(地球自转的赤道速度为 466 m/s,也就是每天 80 524.8 华里,1 华里 =0.5 km)。

我们每时每刻都在以这样的速度旅行,并且永远不能回头,也没法知道怎样才算回头。在宇宙里,所有事物都是真正的流浪者。我们都没有故乡。

宇航员看着你以一种奇怪的轨迹飘忽而去。

幸亏,地球有固体区块存在,这些区块在地球表面相对“固定”,我们可以在其中活动,辨别“位置”和“方向”,这才有了归属感。

亚里士多德是幸福的,因为他相信静止状态,特别是相信地球静止。

根据牛顿定律,不存在关于静止的唯一标准。

寒蝉凄切，对长亭晚，骤雨初歇……你我正执手相看泪眼，还没等凝噎呢，我一狠心放开你的手，退后 10 步——这是假定你不动，以你为参照物的说法。如果以我为参照物，那就是你相对我退后了 10 步，两种说法是等价的，也就是说都对。你还别不服气。

别扭是吧？和我们习惯的看法不一样，有点不爽是吧？那就研究一下：

我们暂时忘掉地球的自转、公转，现在跟我坐高铁，去马尔代夫。火车以 100 km/h 的速度向北前进，或火车是静止的，而地球以 100 km/h 的速度向南运动，随便你怎么说好了。咱俩在火车上搞搞健康向上的、群众喜闻乐见的文化娱乐活动——打乒乓球，这时发现，无论是在火车上，还是在铁轨旁边的地面上放一张球桌打乒乓球，球都不会改变运动方式，该怎么飞就怎么飞，该怎么跳就怎么跳，一样服从牛顿定律。那么，相对于跳来跳去的乒乓球来说，是火车在动还是地球在动？

现在，我用手把乒乓球拿到球桌上方，松手。会发生什么事呢？

乒乓球从手里落到桌面上，跳起来，落下去，又跳起来，又落下去……

球第一次落在桌面上，是一次事件，第二次落在桌面上，是另一次事件。我们来看看，这两次事件发生的时间和空间。

咱俩在火车上，会看见乒乓球直上直下地弹跳，在 1 s 前后，两次撞到桌面上的同一处。也就是说，在相隔约 1 s 的时间里，这两次事件是在同一位置，也就是同一空间发生的。

现在麻烦你下车，我再做一次，你看看会发生什么。（乖，别噘嘴，去马尔代夫哦！）

你会发现，球在一个点上弹起来时，随着火车前进的方向，画出一道抛物线，落在 30 m 外的另一个点上。因为火车在这 1 s 走了这么远。也就是说，同样在相隔 1 s 的时间里，两次事件发生的空间不同（相隔 30 m）！

完全相同的一个实验，两个不同的观测结果，只因为观测者的两次观测位置不同。从观测结论的准确度来看，我们没法说哪个更准，车上车下都是对的！

这还是在假定地球不公转也不自转的情况下得出的结论。不然，就不是 30 m的事了！

可见，我们的世界没有什么是绝对静止的。所以，我们不能确定某件事发生在某个空间，也不能判断在不同时间发生的两个事件是否发生在同一空间。你看上句话和看这句话时，所处的空间已经相距至少 2 000 km 了。

车上观察乒乓球在火车上的运动

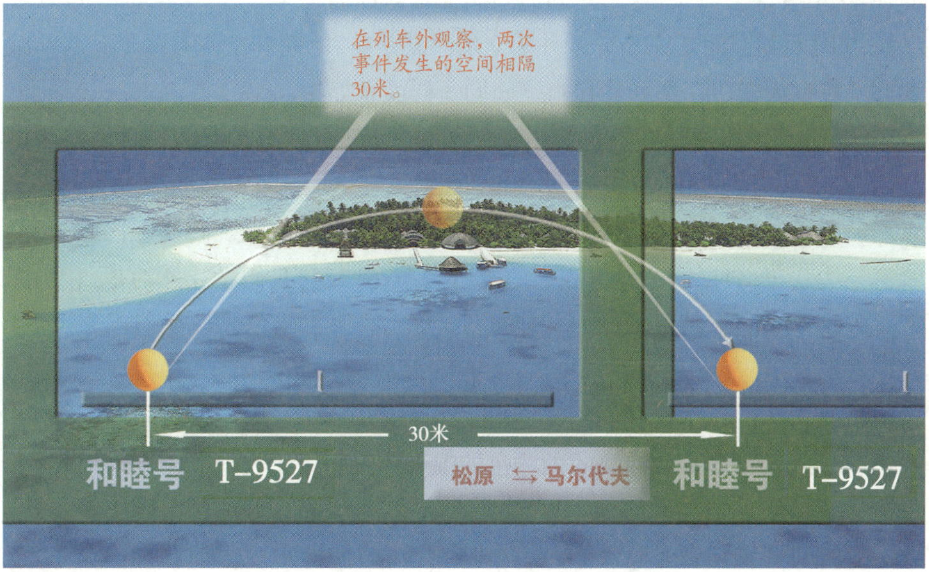

车外观察乒乓球在火车上的运动

好，现在我们从马尔代夫返回。What？你光顾看乒乓球了没见碧海银沙？太遗憾了。没见也不要紧，因为咱俩都知道了：没有绝对的空间位置。现在我给你出一道脑筋急转弯：哪儿是马尔代夫？

牛顿发现这一点后，很郁闷。因为他遇到一个严重的问题：上帝在哪儿？

他拒绝接受这一事实。

3 晕死人的时间

分析来分析去，终于找到亚里士多德和牛顿的共同语言：他们都相信绝对时间。

所谓绝对时间，就是在爱因斯坦之前，所有人类都相信的那种时间：恒定、一维、一去不返。这种时间观念认为：

① 你在我这儿借了1万块钱，过几天还我2万，这两件事，只要用质量上乘的钟表，不管谁去测量，这个时间的间隔都是一样的。

② 时间和空间是完全分开并独立的。就是嘛，时间和空间有啥子关系？饿着肚子住在天安门广场和住在扁壶胡同一样度日如年。

这就是绝对时间，它不仅与牛顿定律相协调，而且与我们的日常认知相协调，大家把它当作常识。

前面说过，我们对事物的判断，多数源于日常生活的直观感知。比如，我们看见一块蓝布，会把这个颜色和它的本质联系在一起，我们没注意的是，它实际上是吸收了除了蓝色光以外的其他可见光波，唯独把蓝色光波反射出来，才让我们看到它是蓝色——这块布唯一抛弃不要的颜色。如果我们的眼睛也按照这块布的选择，将光的蓝色部分反射出去，而让其余部分落在视网膜上，那么，我们“看到”的就是那块布吸收的颜色的混合体——由于去掉了蓝光而成红色，也许这种颜色，才是布的本质“颜色”。而这时，别人发现我们的眼睛泛着蓝光。

对时间的感知也是这个道理，在没有搞清时间的本质之前，所有人都同意绝对时间。它恒定地流逝，一去不返，对万物一视同仁，这种观念从人类有意识开始，一直持续到20世纪。那时，科学家们才逐渐意识到，和我们以前对空间的看法一样，对时间的看法也是不对的。

啰嗦这么多，是想说，修正时间观念实在是一件困难的事，我们需要足够的心理准备。虽然我们现在看的科教片、科幻片多了，上学时物理老师也告诉我们关于时间的本质，但敢拍着胸脯说“我真正理解了时空是怎么回事”的人又有多少？绝不会是多数人。

什么是时间？这个无聊的问题，你要是凝眉沉思，然后深沉地问出来，就是一个哲学命题。

2 500 多年前，子在川上曰：“逝者如斯夫！”

1 100 多年前，韦庄无限感慨：“但见时光流似箭，岂知天道曲如弓。”

70 多年前，王洛宾在欢快的韵律中忧伤地唱道：“太阳下山明早依旧爬上来，花儿谢了明年还是一样地开，美丽小鸟一去无影踪，我的青春小鸟一样不回来。”

他们说，时间就像流走的河水、射出去的箭，还像那飞走的鸟，一闪而逝。这小没良心的，它一走，你就再也找不回来了。

理性的思考，加上感性的类比，用优美的诗歌表现出来，是很形象，也很容易理解，但是，科学吗？

我们挑几种认可度高的时间概念，试着理解一下。（如果看着晕，可跳过此段。）

哲学定义：时间指物质运动过程的持续性、间隔性的矛盾统一和物质运动状态的顺序性。时间具有一维性，即不可逆性，它只有从过去、现在到将来的一个方向，一去而不复返。

——这不难理解，自古以来人们就是这样认为的。

物理定义：时间是事件发生到结束的时刻间隔。时间的本质是事件先后顺序的量度。

——这似乎也不难理解，时刻嘛，间隔嘛，顺序嘛，量度嘛，地球人都知道，对不对？

还是物理定义：时间是人类用以描述物质运动过程或事件发生过程的一个参数，确定时间，是靠不受外界影响的物质周期变化的规律。例如地球绕太阳公转的周期，原子振荡周期等。

——这个嘛，也可以理解，似乎本该如此，对吧。

伟大的爱因斯坦说，时间和空间是人们认知的一种错觉。

——What？错……觉？再看一遍，果然没看错，爱因斯坦就是这样说的，不

晕死人的时间

仅时间，连空间也是咱俩认知的一种错觉。我朝你挥一挥衣袖，时间和空间都有，怎么会是错觉……有点晕了吧？

大爆炸理论认为，宇宙从一个起点处开始，这也是时间的起点。

——啥？时间会有一个起点？如果有，那个起点之前的 1 s 怎么算？之前的时间哪儿去了？……难道你要告诉我，那时神很忙，都“没有时间”？这下晕了吧？

爱因斯坦还告诉我们：时间与空间都不是绝对的，观察者在不同的相对速度或不同时空结构的测量点，所测量到的时间的流逝是不同的。也就是说速度不同、位置不同，时间流逝就会不同。

具体看下面。

狭义相对论预测：一模一样的、质量上乘的时钟，你把其中的任意一个或几个（随便你了）放在你家床头不动，而把其余的一个或几个放在车里满世界瞎转悠，会有什么区别呢？床头的钟时间流逝快，车里的钟时间流逝慢（当然这个差别小到你无法感知，除非你以光速开车，所有交警会向你“致敬”）。

广义相对论预测：如果你在地球上盖一座很高很高的楼，也是同样的钟，分别放在顶层和底层，会发现什么呢？底层的钟比顶层的钟慢。

不信？就知道你不信。不幸的是，现有的仪器已经证实了，相对论关于时间的预测，不仅正确，而且相当精确，其成果已经应用于全球定位系统。如果无视相对论，卫星定位的误差就大了去了。如果你车里的 GPS 抛弃了相对论，你就必须抛弃你的 GPS，否则，都撞上卢沟桥了，它还告诉你右转直行 700 m 上卢沟桥呢。

“天上一日，地上一年”，难道目不识丁的奶奶 n 年前就懂相对论？

有一个传说：

爱因斯坦发布广义相对论不久的一次宴会上，一名记者与英国物理学家爱丁顿爵士开玩笑：“听说世界上只有三个人懂广义相对论。”爱丁顿良久未答，记者问他在想什么，他答：“我在想那第三个人是谁。”

也就是说，当时爱丁顿认为，只有他和爱因斯坦两个人懂相对论。

虽然现在懂的人越来越多了，但是这并不意味着看看相关资料、背背相对论公式，再套用公式算算行星轨道，就是懂。

问题如此难懂，我们又如此好奇，苍天啊！大地啊！在我们都成为物理学家之前，应该咋办啊？

第六章

智慧之光（上）

路线与战争

1 光程迷踪

要讨论时间问题，光是无法回避的。它俩关系相当瓷实。

所以我特佩服咱祖先的先见之明，老早就给咱们预备了一个将二者紧密关联的词：时光。

另外，光不仅与时间的关系分不开，它和我们今后要探讨的几乎所有问题都分不开。因此，在我们修正时间问题之前，现在首先要做的是，认识一下光，它的家庭出身、本人成分、社会关系、政治面目……总之，它究竟是一种什么东西？它是不是东西？

说起来，光的确是一种很奇怪的东西。它能从那遥远的地方瞬间到达我们的眼睛，速度如此之快，撞到身上却一点感觉也没有。坚硬的陨石进入我们的大气层，由于速度太快，会与空气摩擦至燃烧，多数会消失。而速度比陨石快 n 的 n 次方倍的光，却能够轻易穿越大气层，实现"软着陆"。我们刚要感叹光的霸气，却在不经意间，轻轻一抬手，不费吹灰之力就挡住了它的脚步。还没来得及得意，又惊奇地发现，从手指缝漏出去的那束光，毫不费力地穿透了比我们的手硬 n 倍的玻璃……

天天见，天天纳闷，是一件超级纠结的事。于是，人类从成为人类开始，就一直在研究光，直到今天。回首望去，这是一条曲折坎坷甚至硝烟弥漫的探索之路。

透光

古希腊流行“四元素说”的时期，认为光是火的一种传递形式，而火是四元素之一，是一种又轻又小的微粒。也就是说，光，是一种无比细微的粒子流。但他们也就是一说，既没有理论依据也没有观测依据。

可圈可点的是，他们把对光的观测，还有猜测，都尽量用数学来处理。欧几里得总结了这些成果，比如：光线是直线；反射光线与入射光线、法线在同一平面上，反射光线与入射光线分居法线两侧，反射角等于入射角。但是，即使是这些今天看起来十分小儿科的讨论，也只是停留在经验上，没有上升到理论高度。

公元 2 世纪，托勒密请陈家村的王木匠做了一个工具：在一个圆盘上钉两把尺，就像钟盘和指针。但他没把这玩意儿挂在墙上，而是把它一半泡进水里，一半露在外面，让一束光线顺着盘面，由空气射入水中。托勒密让那两把尺子分别与入射光线（空气里那束）和折射光线（入水后偏折的那束）重合……各种测，得到了一系列精确的数据，并从中发现，入射角和折射角之间有一定的规律，但是很遗憾，这个规律就像梦中那朵花，感觉很清晰，但走近它，却什么也看不见。

公元 16 世纪，莫洛利克（意大利物理学家、天文学家、数学教师、牧师）兴致勃勃地加入了“观光”队伍，他先是摆弄各种镜子，平面的、球面的、柱面的、锥面的……鉴定了它们对光反射的不同表现。他还指出，凸透镜能把光聚在一起，而凹透镜却能把光散开。可惜他没试试，让光一次通过这两个透镜会怎么样，不然，望远镜就提前诞生了。但是透镜原理也没白研究，他意识到，光在眼睛的晶状体（我们天生的两个凸透镜）中产生折射，聚在视网膜上，这就产生了视觉。

他由此断定，近视或远视的原因，是我们的凸透镜出了问题，曲率过大或太小，造成聚光不能精确地投射到视网膜上。

莫洛利克还喜欢看彩虹，他最早指出，彩虹有 7 种颜色。这好像没什么了不起，现在小朋友们都知道嘛。但事实是，此前，人们普遍认为，彩虹只有 3 种颜色。

1567 年，莫洛利克写了一本书：《论光》。但这本书直到他去世 30 多年后，在 1611 年才出版。

1611 年，开普勒也出版了一本书：《折射光学》。那时望远镜已经诞生 3 年了，开普勒在书中剖析了望远镜的原理，还更准确地解释了视觉的原理，搞清了晶状体和视网膜的合作关系，并进一步指出，视力是大脑对视网膜受光刺激的一种感觉。大家歪歪脑袋眨眨眼睛一想，是这么回事，都欣然接受了。

只是，还有一件事，大家一直感到奇怪：太阳光穿过各种形状的小孔，投射到屏幕上的图像形状总是圆的！

没道理啊！是不是？

大家都表示是。

但是没道理的事经常结结实实地摆在我们面前，怎么办？

开普勒有个好办法：动手，不动口。他做了个实验。

他拿了本书代替发光体，用黑板代替屏幕，书和黑板间放了一个带角孔的屏，在书的一角系上一根线，代表光线，线的另一端系一根粉笔，穿过角孔，拉到黑板上，拉直这根线，让线擦着角孔的边绕行，猜猜粉笔在黑板上画出了啥形状？

当然是角孔的形状了！沿着角孔的边绕行嘛。这说明，书角这个点发出的光，穿过角孔投射到屏幕上，应该是角孔的形状。

然后，开普勒解开系在书角上的线，在书的另一个位置系上，再重复上面这套规定动作，这回，黑板上又出现了一个角孔的形状，只不过位置不一样了。

要说开普勒也够无聊，他把线在书的每个位置都系了 遍！那套规定动作当然也重复了 n 遍（有人开始打呼噜了）。你猜怎么着？

当然是粉笔在黑板上画出了密密麻麻的角孔的形状。

大家正在为围观这种无聊的事情后悔，却突然发现，这些角孔的形状重叠成了一个总的形状——就是那本书的形状！

咦？哦！众人皆恍然大悟：那么，太阳光穿过小孔，投射的当然是太阳的形状了！

开普勒还继承了托勒密未竟的事业，想要找出光的折射定律，功夫不负有心人，他还真找到了一些规律：光从一种介质射入另一种介质，当入射角小于30°时，与折射角成近似固定的比，注意是“近似固定”哦。比方说，光从空气射入玻璃或水晶，这个比大约就是3∶2。开普勒还总结出，如果入射角很大，比方说接近直角，这个比就不成立了。这种好像既有规律，又没规律的规律，让开普勒欲罢不能，他做了很多实验，想找到精确的折射定律，虽然实验方法正确，但没得到正确的结果。

1621年，事情终于有了转机，威里布里德·斯涅耳加入到测光的队伍，他是荷兰著名数学家、物理学家。是什么家不重要，重要的是，他的特长正是实验和测量。1615年(一说1617年)，他用第谷提出的三角测量法，测量出纬度相差1°的两个荷兰小镇之间的距离是107 km，这个值乘以360，得出地球圆周为38 520 km，换算成半径是6 134 km，只比地球的平均半径6 371 km偏差3.7%，比前人测得的数据精确多了。

斯涅耳测完地球后跑去玩水，发现了一个所有人都发现过的有趣现象：水里的东西看上去比它的实际位置要高一点。于是他兴致勃勃地开始研究光的折射现象。实验的常用介质，当然是价格便宜量又足的空气和水。他顺着托勒密、开普勒等前人的目光看过去，没有更多的收获，于是就转移视线，终于发现了前人没有看到的东西。

光线从空气到达水面，在交界处发生偏折，在这个转折点上，斯涅耳画一条垂直于水面的线，叫“法线”。因为法线与入射光线都是直线，并且经过同一个点，所以这两条线决定了一个平面。斯涅耳发现，无论光线以什么角度入射，它的折射光、反射光都在这个平面上。这是第一个发现。

第二个发现是两条线长度的比例，一条线是光从那个转折点走到垂直的容器壁上的实际路程，另一条线是如果光不发生偏折，保持原始方向走到容器壁的虚拟路程，这两个路程的长度成一定的比例。顺着“两条线长度的比例”这根藤，斯涅耳一路摸去，终于摸到一个藏了千百年的瓜：对一对介质来说，入射角、折射角这两个角的正弦之比，是一个常数(对不同的介质来说，这个常数是不同的，它跟介质有关系，是一个反映介质的光学性质的物理量，称为介质的折射率)。他总结出的光的折射定律，也叫斯涅耳定律。

注意，这个定律是通过实验和精确测量“总结”出来的，虽然结果正确，但没有任何理论推导，所以斯涅耳把它写在手稿里，没有公布。后来惠更斯看了他

的手稿，这才揭了秘。

到这里，光线传播的四条基本定律已经出台：直线传播定律、独立传播定律（两束光相遇时，互不干扰，仍按各自的路径行走）、反射定律和折射定律。其中，折射定律的难度最大，技术含量最高，所以出现最晚。斯涅耳的发现，为几何光学的发展奠定了理论基础，有力推进了光学的发展。

后来，一个强人的加入，使几何光学变得完美起来——费马，国家干部中超牛的数学家，数学家中鲜有的国家干部。为什么要用“超牛”和“鲜有”，而不用“最牛”呢？因为这个位置被牛顿占了。

1657 年，费马发现，光在任何均匀的介质中，从一个点传播到另一点时，只走耗时最短的路径。并且，如果光反方向传播，不管折射或反射的路径有多复杂，它一定还走这条路。

用一句话概括：光走最短的路径。

这就是著名的费马原理，它规定了光线传播的唯一的路径。从费马原理还可以推导出几何光学的四条基本定律（光的直线传播定律、独立传播定律、反射定律和折射定律）。

人类对光程十几个世纪的探索，被费马一句话给概括了。从此几何光学走上了成熟和谐的康庄大道。

这不是费马最牛的一件事。

这个天才一生做了很多牛事，不说出来，实在对不起自己的良心。所以在这里顺便八卦一下，权当是茶余饭后的消遣。

费马作为国家干部，虽然政绩不突出，但在业余爱好方面，却玩出了国际水平。和大多数干部不同的是，人家马干部玩的是尖端学术。在微积分方面，他的贡献仅次于牛顿和莱布尼茨；他还是解析几何、概率论的创立人之一；在数论上，他更是硕果累累。

马领导的业余爱好，成了多数职业数学家心中永久的痛。原因并不仅仅在于他玩出的巨大成就难以超越，更在于他玩出的花样让人牙根痒痒却又无计可施。他得出很多举世闻名的结论，却不肯发表，即使发表了，也恶作剧般地不肯拿出证明——不管你们能不能证明，反正我是证明出来了！他就像一个残忍的制谜帝，只负责出谜面，不负责给谜底，得意扬扬地俯视着焦头烂额的解谜者。

十分渴望知道，却又肝肠寸断也算不出来，这次第，怎一个“愁”字了得！于是，一些资质一般般的数学家就说费马撒谎。但每道谜题最终的结果，总是让那些说费马撒谎的数学家感到脸红，他提出的结论后来都被优秀的数学家证明是正确的。于是，一道亮丽的风景线呈现在我们眼前：解开这个业余数学家的谜题，成了职业数学界的一种荣耀。

其中最著名的是费马猜想。1637 年，马干部在研究《算术》时，突然想到一个命题，就顺手写在这本书的页边空白处：一个高于 2 次幂的数，不可能是同样次幂的两个数的和。翻译成公式就是，在 n 大于 2 的情况下，z^n 不可能等于 x^n+y^n（无整数解）。乍一看，这个结论好像相当不靠谱，数字是无限的，就找不出几个数，让这个简单的等式成立一次？令人气急败坏的是，还真找不出来！最气人的不是这个结论本身，而是费马在命题后面接着写的一句话：对这个命题，我已经有了一个非常美妙的证明，可惜页边空白太小，写不下。

每个数学家看到这句话时，都跳了起来。

然而，跳是不能解决问题的。对于科学问题，最好的解决办法是安静地坐下来一步步研究。于是，n 在取很多不同值的情况下，这个命题都被证明成立了。但就是没人找得到普遍的证明——n 取所有值时，这个命题都成立。

连史上最伟大的数学家之一莱昂哈德·欧拉都对这个命题痴迷不已。在数学世界攻城略地、所向披靡的欧拉没能拿下这个命题，他太想知道那个答案了。据闻，欧拉甚至买下费马所有的遗产，包括住宅，想要找到那个写不下的证明，结果一无所获。

270 多年过去了。费马猜想，仍然是猜想，更是一个挑战。

如果有一种爱，是用恨来表达的，那么，几百年来，费马就沐浴在数学家们这种连绵不绝的爱里。

1908 年，德国的实业家佛尔夫斯克终于忍无可忍，他决定跟费马拼了，拿出 10 万马克家产悬赏：在他逝世后 100 年内，谁第一个证明费马猜想，奖金就归谁。一时间应者云集，却都毫无悬念地折戟而归。一战后，马克大幅贬值，悬赏的魅力也跟着贬值了。

但是，对于真正的数学家来说，费马猜想的魅力没有贬值，它成了数学家心中的一个梦。通往谜底的崎岖小路上，挤满了前赴后继的数学家。他们的努力没有白费，虽然没有得出费马猜想的证明，却得出了很多稀奇古怪的数学成果，甚至数学分支，比如代数数论等。这些副产品也是我们的宝贵财富。

1994 年 9 月，英国数学家怀尔斯在诸多前人工作的基础上，终于证明了费

马猜想，从此这个猜想有了一个真正的如雷贯耳的大名：费马大定理。整个数学界长舒了一口气，阳光顿时灿烂起来。

费马

怀尔斯为此获奖无数，当然也包括佛尔夫斯克奖金。

但是，怀尔斯的证明论文长达130多页（为了防止看出人命，我就不把原文放在这儿了），这跟费马当初说的“页边空白太小，写不下”的那个证明显然不是一回事，并且，怀尔斯证明所用到的数学工具，比如代数几何中的椭圆曲线和模形式，以及伽罗瓦理论、赫克代数等，在费马时代还没有诞生。所以，很多人还在怀疑，费马说的那个证明存不存在。如果真的存在那个简洁美丽到极致的证明，为什么全世界这么多聪明的脑袋瓜都想不到？

天啊，从费马在书页上写下那几行字时算起，一直到今天，380多年过去了，这依然是一个谜！这位“业余数学家之王”在天堂的浅笑，仍是无数职业数学家的梦魇。

2 波粒大战

让我们先把目光从马干部那胖乎乎的笑脸上收回来，接着探讨光的问题。

几何光学完善后，我们可以说是对光的行踪了如指掌，但最根本的问题还没解决：光是什么？

一直以来，人们都在沿用古希腊人的说法：光是一种微粒流，就像无数个小得看不见、轻得没质量的刚性球。光的反射、透射、折射，都可以用粒子流来解释，但粒子流解释不了光的独立传播定律：两束光相遇时，互不干扰。

如果光是粒子流，那么，它们交叉和对射时，那些粒子为什么不相互撞得四处飞散？

1637年，笛卡尔在他的《折光学》中，用数学推导出了光的折射定律，这是折射定律最早的理论推导。他还试图从力学上证明光的反射、折射定律。他提出，光可能是一种微粒，也可能是一种压力，就像声音那样，以波的形式传播。不同的是，声音是通过固体、液体、气体来传播，声波在空气中是纵波，声波的频率是 20～20 000 Hz，而光是通过一种叫“以太”的物质来传播。

说到以太，我们以后会详细解释，它在物理史上的地位，就像蒋干在曹操的赤壁之战中的地位。无论你怎么看它，也无法回避它造成的巨大影响。

波？粒？两个问号在笛卡尔飘散的秀发上空盘旋，他骑在墙头，看看两边风景都不错，就是下不了决心选哪一边跳下去。

有一种痛苦，叫别无选择；还有一种痛苦，叫选择。

这两个问号，为后来的那场大战埋下了伏笔。

17 世纪的某一天，意大利学者，格里马尔迪，波伦亚大学的数学教授。这一天，阿迪没有研究数学问题，而是看着眼前那道光，把手里的细棍探进光束。阿迪眼前一亮，一向只会走直线的光束，并没有像预料的那样，被细棍齐刷刷地分隔成两半，屏幕上的光照处，只隐隐约约出现小棍的淡淡倩影，让他几乎以为，小棍本来就是那样朦胧。这说明，部分光线绕过了细棍，到达屏幕上本该被细棍遮住的影子区域。

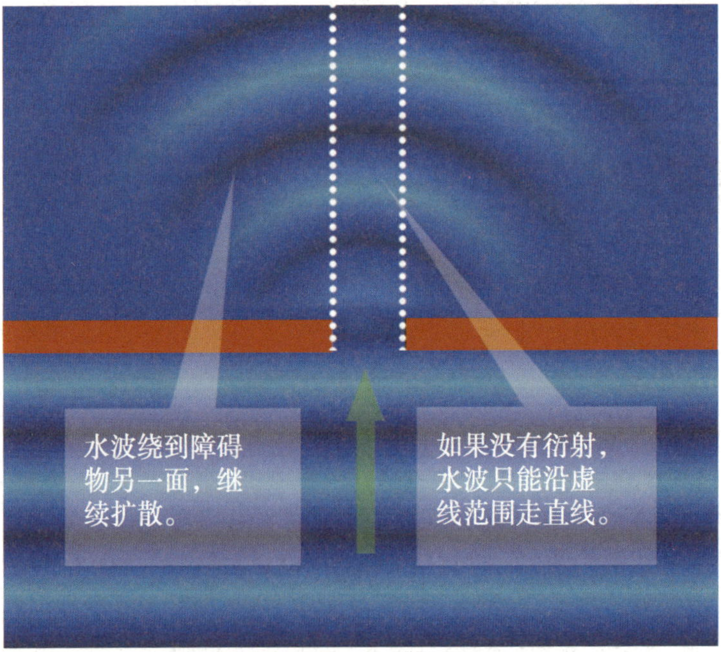

水波衍射

水波、声波遇到障碍物或者小孔，可以通过扩散的办法，绕过障碍物继续传播，这种功夫叫作衍射，也叫绕射。遇到障碍物会拐弯，是波族的独门绝技——幸亏子弹没这本事。

莫非……光也是波？阿迪为自己的推测激动起来。

为了稳妥起见，他做了一个实验：让一束光穿过一个小孔，照到暗室里的屏幕上。我们都知道，屏幕上的光影比小孔大。它扩散了。

为了更加稳妥，他又做了一个实验：让一束光穿过一个小孔，接着再穿过一个小孔，照到暗室里的屏幕上。这时，屏幕上的光照边缘出现了明暗条纹。这是衍射无疑。

阿迪从实验中得出结论：光是一种波动的流体，光波的不同频率，产生不同的颜色。于是他提出了“光的衍射”概念。

光是波的说法，完美解释了两束光相遇时，可顺畅穿过而不被撞散的现象，也可以解释透射、折射、反射现象。

阿迪还发现，金属板上的划痕所反射的光，投射到屏幕上，会产生斑斓的色带，他想到，鸟的羽毛和昆虫翅膀被光照到时，也闪烁彩光，它们应该是一个道理。这个发现，是后来发明反射光栅的引子。

阿迪把他对光的研究写成了一本书：《关于光、色和虹的物理数学研究》。这本书于1665年出版。这时，阿迪已经去世两年了。

光的波动说虽然只是点燃了星星之火，但它的光芒却笼罩了微粒说的半壁江山。

这是两支实力相当的游击队。虽然粒军建队比较早，资格比较老，但根据地比较薄弱，没什么新发展。而波军凭着一个衍射实验，便异军突起，雄踞一方，对微粒说的古老领地虎视眈眈。但为了维护“和平与发展”的世界格局，两支游击队各安一方，参军退伍，任君选择。

1663年，英国皇家学会的元老波义耳说了一句话：颜色与物体的自身属性无关，它只是光照在物体上产生的视觉效果。他还首次记载了肥皂泡和玻璃球中的彩色条纹现象。这是一个新结论，也是一个很正常的结论，但波军和粒军都试图占领这块新阵地，由此引发了争论：颜色是什么？换句话说，光是什么？

粒军：光的直射、反射、折射自古以来就是我军的固有领地，早在古希腊时期，我们就开始在那里进行大量的测量和计算活动，断断续续传承至今。波军不请自来，我军表示坚决反对。关于颜色的问题，我军认为，我们看到的颜色，就是光微粒本身的颜色，什么颜色的微粒射入我们的眼帘，我们就感觉到什么颜色。

波军：用波动说统一光的直射、反射、折射还有衍射，是大势所趋，人心所向，是广大人民群众的共同愿望。对于颜色的问题，我方认为这根本不是问题，光波的不同频率，产生不同的颜色。阿迪玩的光衍射实验就是证明，波义耳玩的肥皂泡、玻璃球中的彩色条纹也是证明。历史将证明，我们的理论是伟大、光荣、正确和不可战胜的。

粒军：那么，水波靠水传播，声波靠空气等传播，贵军的光波靠什么传播呢？

波军：揭短是吧？好啊！那两光相遇不被撞散，还有光的衍射，贵军能否给个解释先？

同时被对方击中软肋，双方都很尴尬。

阿粒进三步，小波便退三步，都站着；小波进三步，阿粒便退三步，又都站着。两支孱弱部队的战争，并不比《阿 Q 正传》中阿 Q 和小 D 的战斗更高明。正僵持间，一个强人加入了波军。

胡克，这个天才重复了阿迪的光衍射实验。他还用自己制造的显微镜观察了各种透明薄膜的色彩，包括肥皂泡、云母，还有玻璃片间的空气层及水层等，他发现颜色变化是有规律的，随着薄膜厚度的变化，光谱出现周期性重复。根据这些观察，他得出结论：光是以太的一种纵向波，光波的频率决定了颜色。光波在薄膜的两个内表面之间反射，由于薄膜厚度不均，光波反射的距离不断发生变化，各种频率的光波交错重叠、相互作用，在某些部位相互抵消，在某些部位相互增强，就产生了缤纷的色彩。这个解释很美妙。胡克把它写进他的得意之作《显微术》中，于 1665 年发表。《显微术》把一个全新的微观世界展现在人们面前，包含了“细胞”等许多令人惊奇的科学发现，这为胡克带来了巨大的声誉。光的波动说也随之得到广泛传播和认可。

胡克的加入，使波军由游击队升级为正规军，要理论有理论基础，要实验有实验支持，要组织有组织保证，一路攻城略地，锐不可当，历史悠久的粒军一下子变成了弱势群体。

战争，实力才是王道。

1672 年，一个年轻的小角色卷进了这场战争。他创作了一篇名为《关于光和色的新理论》的论文，这是年轻人公开发表的第一篇论文，所以他很重视。论文里面谈到一个实验：让阳光从小孔中进入暗室，透过一个三棱镜，投射到屏幕

上,我们会看到一个七色彩带。

年轻人解释道:光是一种微粒,三棱镜把不同颜色的光微粒分开,就得到了那个七彩色带;我们用凸透镜把这个七彩色带聚焦,它又会变回白色,这就是说,各色光微粒合在一起,就是白光。

当时如日中天的胡克一看,这个结论与自己的波动学说完全不同,这还了得!于是,在皇家学会评议委员会上,胡克拉上波义耳,很干脆地否定了这篇论文,还给予了尖锐的批评。

年轻人的脸被批得七彩交集。

按说,波军有了胡克和波义耳这两员大将领衔,粒军这支游击队应该被打成小股流寇了吧?

错了。

因为这个被批的年轻人不一样,His name is 牛顿。你知道,那个实验当然就是著名的色散实验了。

小链接

这个实验也被载入教材:白光通过三棱镜后,出射光束变为红、橙、黄、绿、蓝、靛、紫七种色光的光束,这种现象叫作光的色散。由此还可得出以下结论:

① 同一种介质对红光折射率小,对紫光折射率大;

② 在同一种介质中,红光的速度最大,紫光的速度最小;

③ 由同一种介质射向空气时,红光发生全反射的临界角大,紫光发生全反射的临界角小。

本来,牛顿同学对波动说没什么反感,他只是由棱镜实验提出一个可能:白光是各色微粒混合而成的。没想到啊没想到,胡克你不同意也就罢了,还批评得那样尖锐,好吧,尖锐我也忍了,谁让你是领导和前辈呢?可是,可是你居然说我论文中“色彩的复合”是窃取了你的思想!好过分哦!子是怎么曰来着?是可忍,孰不可忍?你以为只有你胡克小心眼吗?我牛顿也……好吧,咱们走着瞧!

从此,牛顿视胡克与波动说如仇敌,义无反顾地担任了粒军的主帅。他开始在几乎每一篇涉及光的论文里，都毫不留情地打击波动说。

虽然大家都感到火药味很浓，但谁也没见过牛胡二将拆招。他俩学者风度十足，从不在公开场合当面唇枪舌剑，除了在相关论文中，有理有据地否定对方理论外，其余的交锋只通过信件私下进行，从不牵涉第三者。并且，双方的措辞都相当绅士，语气和缓，客气有礼。从这时起，直到胡克去世，二人鸿雁传书，不亦乐乎，恨海情天，名句迭出。这里摘录牛写给胡的一段，与君共飨：

> 笛卡尔迈出了漂亮的一步，而您，则推进了诸多方面的发展，特别是，把薄膜的色彩也引入了哲学范畴。如果说我看得比较远，那是因为我站在你们这些巨人的肩膀上。

谦谦君子，莫过于此啊！

体貌直逼时迁的胡克读到后面这句，鼻子当时就歪了。

可是，这句巧妙尖刻的挖苦之言，却被作为科学巨人的自谦之语，为后人津津乐道，流芳至今。历史啊，教我如何说信你？

牛顿固然强悍无比，但这时还没成气候，而胡克正处于巅峰时刻，加上双方关于光的理论体系都不完善，所以旗鼓相当，战争进入胶着状态。关键时刻，又一个强人加入了战斗。

克里斯蒂安·惠更斯，史上最著名的物理学家之一，同时还是天文学家、数学家。他在力学、光学、数学、天文学等领域均有杰出贡献，是介于伽利略与牛顿之间一位重要的物理学先驱、近代自然科学的重要开拓者之一。向心力定律、动量守恒定律等都是他的智慧结晶。

小链接

动量守恒定律可是大名鼎鼎啊，所谓动量守恒，是指一个系统不受外力或者所受外力之和为零时，这个系统的总动量保持不变。

动量守恒定律成立的条件：系统不受外力，或者所受外力的矢量和为零，或内力远大于外力。如果在某一方向上合外力为零，那么在该方向上系统的动量守恒。

这位荷兰天才年纪轻轻便受人尊敬。1663 年，小惠被英国皇家学会聘为第一个外籍会员。1666 年，法国皇家科学院刚刚成立，便迫不及待地邀请小惠出任院士。

其实，小惠并非不宣而战，他早就表明了立场，只不过，他花了更多的时间在磨刀。虽说艺高人胆大，但真正的高手从不草率行事。

1662 年，惠更斯去英国访问时，结识了牛顿和胡克。那时，小惠已经是大名人，他很赏识名人小胡同志，以及小名人小牛同学。天才们难免惺惺相惜，他们相谈甚欢。不过，话题进入到光的本性时，三个人产生了分歧。小牛同学与小胡同志的意见相反。小惠那时虽然没有对光做深入研究，但他一分析，觉得还是小胡同志的意见比较靠谱。

可是，科学这个事，就得科学对待，不能搞少数服从多数，没有足够的证据，便谁也奈何不了谁。这是合理的。

互相搞不定，就只好各自回营，另做主张，以图后计。

1666 年，小惠来到法国皇家科学院后，开始把更多的精力投入到光的研究中。

他把格里马尔迪等人的光学实验又做了 n 遍，发现很多现象如果用微粒说来解释，就好比很多人祸非要用天灾来解释一样，无法自圆其说。但是用波动说解释起来，就靠谱多了。

然后，小惠在胡克理论的基础上，完善和发展了波动说，提出了更完整的理论。

首先，光是一种波。是一种什么波呢？机械波。

小链接

所谓机械波，就是机械振动（物体或物体的一部分在某一中心位置两侧来回做往复运动）在介质中的传播。只要有做机械振动的物体作为波源，并且有能够传播机械振动的介质，机械波就可以传播。每一质点都以它的平衡位置为中心，做简振振动，并且带动其他质点一起做振动，一传十，十传百，百传千千万，你传我，我传你，大家心相连……被带质点的振动总是落后于带它的质点的振动。波只是传播运动形式（振动）和能量，介质并不随波迁移。

其次，光是一种纵向波。所谓纵向波，就是振动方向与传播方向相同的波，比方说空气里的声音，是空气分子沿传播方向往复振动产生的波。那么，横向波当然就是振动方向与传播方向垂直的波了。气体、液体、固体都能传播纵波，但气体和液体不能传播横波。比方说水波，它沿水平面传播，但振动方向是垂直于水平面的，上下往复，这就有了波峰和波谷。

最后，波面上的每个点，都可作为引起介质振动的波源。就像多米诺骨牌，每一个骨牌既是受力者，又是发力者。

这就是著名的惠更斯原理。

根据这套理论，小惠证明了光的反射定律和折射定律，还解释了光的衍射、双折射等现象。

小惠不出手则已，一出手就惊人，稳扎稳打，步步为营，看似不疾不徐，但劲道雄浑，绵绵不绝，如巨轮启航，势不可当！胡克笑了。

但，一座冰山挡住了去路。

1675 年，小牛同学拿起一块曲率半径很大的平凸透镜，把它的大肚子顶在玻璃板上，让白光透过凸透镜和玻璃板，猜猜看发生了什么？这是一道选择题：

A. 光被聚焦，出现一个亮点。

B. 光被重整，出现靶状彩色同心圆。

C. 光被扩散，出现一个放大变暗的圆。

D. 光被分散，出现一条七彩色带。

哈哈，您还真画了？I 服了 U，画对了，答案是 B。

没错，牛顿看到一个个彩色的同心圆，环环相套，组成一个美丽的靶，靶心就在凸透镜与玻璃的接触点上。

那么，用单色光入射，又会怎么样呢？当然靶还是那个靶，只不过没那么多色彩了，是那种单色光明暗相间形成的同心圆。

这就是著名的牛顿环。(奇怪，我怎么想起太上老君的金刚镯了？)

这种奇怪的现象为什么会降临人间呢？

牛顿解释道：

每当光线通过折射面时，它就会瞬间改变自己的状态(简称为变态)；通过折射面后，又开始复原，而复原是为了顺利通过下一个折射面，在两次复原之间，则容易被下一个折射面反射。就像恋爱、受伤、复原、再恋爱。

但是，当反射、折射、透射的频率非常高、速度非常快时，就会出现这种情

况:光还没等完全复原呢,就遇到下一个折射面,这时,光更容易被反射。这就好比你失恋了,身心俱疲,失魂落魄,尚未恢复当日风采,就开始追求下一个,当然更容易被拒绝了。牛顿给两次复原的距离起了个名,叫“阵发的间隔”。

凸透镜面与玻璃板面之间,距离均匀变化,光穿越它俩时,一阵容易反射,一阵容易透射,经过它俩复杂而又有规律的反射、透射、折射,光微粒在不同半径分布不同,就形成了美丽的牛顿环。

小链接

凸面镜(凸镜)和凹面镜(凹镜)都属于球面镜,它们都能成像。具体应用有:车辆的后视镜、商场中的反光镜是凸面镜;手电筒的反光罩、太阳灶、医生戴在眼睛上的反光镜是凹面镜。

除了球面镜,我们还学过更多关于平面镜的知识。

平面镜的成像特点:① 平面镜成的是虚像;② 像与物体大小相等;③ 像与物体到镜面的距离相等;④ 像与物体的连线与镜面垂直;⑤ 平面镜里成的像与物体左右倒置。

平面镜主要应用于成像和改变光路。

平面镜在生活中使用不当会造成光污染。

这个理论解释了牛顿环,就意味着它也能解释云母、肥皂泡等薄片的彩光现象。

也就是说,波军赖以生存的根据地要失守!

居然能用微粒说解释波干涉现象,这种牛事,也只有牛顿这种牛人,才做得出来。

该理论虽然体积庞大,结构复杂,但使用效果还是蛮不错的。

悲剧了。波军一班伟大棋手的脸一阵痉挛,又做不出什么别的表情,只好习惯性地挤出贱贱的笑:要不,咱共同开发?

管他波波粒粒的,大家和和气气、有棋可下才是真。走什么子不要紧,要紧的是姿态!要是一般人,这样也就过去了。观棋不语真君子嘛。

可恨的是,偏偏小惠不一般,而且很不一般。

小牛同学放出的这座冰山固然威武雄壮，但小惠启动的那艘巨轮，不仅体大能容、威猛能行，它还有个兼职：破冰。所以它的芳名既不是巨轮，也不是破冰船，而是破冰巨轮！

破冰巨轮很快找到冰山的软肋——一条大大的裂痕。

小牛同学的理论虽然解除了人们对牛顿环的疑惑，但作为科学理论，它太麻烦。就好比设计一套复杂的连锁机关打鸡蛋，看起来眼花缭乱，技术高端，其实效果还不如拿起鸡蛋磕一下。简洁，是自然真理的重要特征。这个地球科学家都知道。

光透过折射面时，为什么要改变状态？

光透过折射面后，又凭什么恢复状态？

小牛同学含糊地应付道："至于这是什么作用或倾向，它是光线的圆圈运动或振动，还是介质或别的什么东西的圆圈运动或振动，我在此就不去探讨了。"

小惠一看，这样也行？不给力啊！别看牛顿环是你们粒军统帅制造的，可不幸的是，它不是你们粒军的武器，反而是我们波军的有力证据！

无间，从这里开始。

牛顿环现象，与格里马尔迪同志解释的薄膜色彩是一个道理，小牛同学所说的那个复杂的"阵发间隔"，其实很简单，就是光的波长。与肥皂泡、云母等薄片的区别是，凸透镜与玻璃板之间，两个反射面的距离变化更有规律，所以光的分布也更有型，变成了帅帅的牛顿环！

1678 年，惠更斯完成了《光论》，将其提交给巴黎科学院，还公开演说，反对微粒说。顺便提出了那个著名的问题：如果光是微粒，那么，光相遇时，微粒们为何不相互撞得四处飞散？难道它们都懂得右侧通行，而且有临时协警维护秩序？

《光论》于 1690 年出版。

波军就这样保住了岌岌可危的根据地。

但，这是一片有争议的领地。

强大的惠更斯没想到，他的破冰巨轮设计有缺陷。而且，按照惯例，是祸，就不好意思单行的。

这两大缺陷，后来随着粒军的穷追猛打，以及波军的自检自查，逐渐浮出水面。

惠更斯发表论文和演讲时，英吉利海峡对岸，小牛同学似乎什么也没听到。

因为另一个声音吸引着他——刀和磨刀石缠绵悱恻的幽幽之声。

懂得磨刀的高手，不只是小惠。

3 粒统天下

惠更斯轰轰烈烈破冰前行、大搞波军复兴运动时，牛顿也没闲着，他在闭关修炼，悄悄地建造他的超级航母，身稳甲厚。你亮倚天剑，我置屠龙刀，一一化解波军的杀招。但抵御和化解不是目的，目的是消灭。所以，这不算完。牛顿给这艘超级航母配备了一颗超级核弹，这才满意地端详起他的大作来。

坐拥超级武器的牛顿不动声色。他在等待，等待那个最佳时机，一击制胜。他不想打持久战、拉锯战、地雷地道麻雀战。

1687 年，人类科学史上划时代的伟大著作——《原理》出世，地球人都知道，作者是牛顿，物理帝，不，科学帝！世界为之倾倒。

那航母可以开到波方大陆架上去了吧？

不。

已经坐定“史上影响力最大的科学家”位置的牛顿，依旧按兵不动。

1695 年，惠更斯逝世。

1703 年，胡克逝世。这一年，牛顿被推选为英国皇家学会会长。

用不着航母了吧？

不，启航！

1704 年，牛顿拿出一部珍藏很久、修改 n 遍的手稿，正式出版发行，它的名字简洁而有威仪：《光学》。

这就是那艘超级航母。

它配备了各种新式理论武器，攻击力达 99！并且基础厚实，理论各部都有实验支持，所以防御力也是 99！观其形，可知牛顿行事之谨慎；赏其技，可叹牛顿用心之良苦；品其能，可见牛顿决心之坚定！

航母直接开到波方军港，当头就是两炮。

第一炮：纵波类比。您说光是一种纵波？好吧。它的纵波姐姐——声波可以绕过障碍物。您在墙的一面说话，我在墙的另一面的任何位置，都听得到（当然这面墙不要太长，如果是长城，您在山海关喊破嗓子，我在嘉峪关的同一面也听不到）。既然大家都是纵波，那么，就让你们的光波也学学人家声波，绕过障碍物，从此以后不要产生影子了。不然，就把光开除波籍，归我粒族。

第二炮：双折射。您只分析了过程和结果，它产生的根本原因，您解释不了吧？

说起这个双折射，话就长了。我们知道，有些东西，它在不同方向上，某些性质也不同。比方说您突然爱心泛滥，抚摸您家小刺猬：顺刺摸，很滑很顺畅，您和刺猬都舒服；逆刺摸，那完了，又扎又别扭，刺猬不舒服，您更不舒服。这种不同方向有不同特性的现象，叫作“各向异性”。一些晶体就是这样，沿晶格的不同方向，原子排列的周期、疏密都不太一样。见过骰子吧？把一个玻璃骰子看成晶格，把点数看成原子，就明白了。这就导致它不同方向上的物理、化学性质不同。

冰洲石，也就是无色透明的方解石，就属于这样一种晶体。

顺便聊一下晶体。并不是亮晶晶的东西就叫晶体，晶体这东西，和非晶体最明显的不同就是：晶体有固定的熔点，要么就变成液体，要么就是固体。不像非晶体，加热的时候总是变得黏糊糊的，搞不清是固体还是液体。晶体看上去很傲娇：外形上，有规则的几何形状；物理性质上，有固定的熔点；各向同性……讲究着呢。但晶体也分单晶体和多晶体。那个多晶体，就是杂七杂八的单晶体的乌合之众，搞得像非晶体。在适当条件下，晶体和非晶体能相互转化。

现在说回冰洲石。光透过它，会被折射成两束——我们透过它看到的东西有重影！这就叫双折射现象。

惠更斯在《光论》中，是这样解释双折射现象的：

根据惠更斯原理，光入射到晶体时，晶体微粒就成为传递光脉冲的“次波源”。各向同性的“次波源”，只发出一种球面“次波”，朝一个方向传播。各向异性的“次波源”，发出球面、椭球面两种“次波”，而波的走向与球面的弧度关系密切，所以这两种“次波”只好沿两个方向传播。

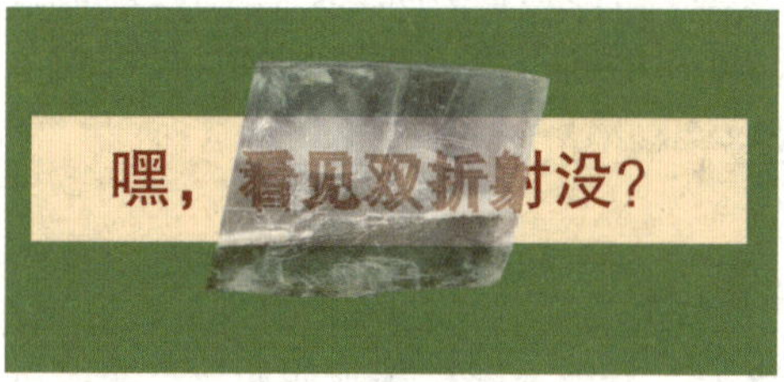

冰洲石的双折射现象

据此，小惠还做出了精妙的几何图解，精确计算了光被分裂成两束后的折射方向，可谓功德圆满。

真的很圆满吗？牛顿问，作为一种纵波，光凭什么让它的“次波源”发出球面、椭球面两种“次波”。您能解释吗？

波军对着高山喊：惠经理！山谷回音：他刚离去……

惠更斯躺着不说话。

这两颗重磅炮弹把波军轰蒙了。“早知今日，不如共同开发……”瑟瑟秋雨中，有人含泪道。

牛帅，收兵？

No！把那颗炸弹也扔过去！

质点力学。（这将是同学们学到的最简单的力学。）

小链接

质点

质点：用来代替物体的只有质量没有形状和大小的点，它是一个理想化的物理模型。不能仅将物体的大小视为能否看作质点的依据。

【典例】下列说法正确的是

A. 绕地球运转的人造卫星，可以看作质点

B. 绕太阳运转的地球，可以看作质点

C. 任何球体在任何情况下都能看作质点

D. 形状不规则的物体不能看作质点

E. 大的物体不能看作质点，小的物体可以看作质点

答案☞ A、B

牛顿说，物质都是由微粒组成的，光也是。这些微粒的运动规律，用质点力学可以搞定，而质点力学遵循的是牛顿定律！

牛顿定律是什么？是金科玉律！

波军彻底崩溃了，他们无助的眼神瞄向胡克和惠更斯。

胡克和惠更斯的情绪暴稳定，异常正常，纷纷表示关我啥事，俺现在专职睡觉，酱油都懒得打。

这就是为什么牛顿要耐着性子等到这个时候发动总攻。因为无人招架啊！

什么样的进攻最有制胜把握?

是最凶猛的进攻吧？要不,是最快最聪明的进攻?

错。是无人抵挡的进攻!

一个理论,或者别的什么主张,有人及时提反对意见,这是好事,因为反对意见实际上是一种最好的检查和维护工作,最有利于事物的修正和完善。

在科学界,这类例子更是一抓一大把。很多如雷贯耳的科学理论,都是经过“批评→修正→争论→完善”这样的过程千锤百炼后走向辉煌的。这方面最负盛名的就是量子论,爱因斯坦和波尔的世纪论战,就像赤道炽烈的阳光和丰沛的雨水,催生了量子力学的热带雨林。这是后话,以后再提。

如果胡克和惠更斯在世时,牛顿指出波军的软肋,说不定这两位天才会妥善解决问题,修正完善波动说,使之屹立不倒。

但牛顿居然憋着不说,直到他们再也无力解决任何问题时,才把问题提出来。

于是波军全面溃败,被扔进历史的角落,粒军一统天下。

这一统,就是一个世纪。

作为战略战术,牛顿的做法堪称完美,技术含量高,应用效果好。得了便宜还顺便卖个乖:避免与胡克冲突。大度啊！遗憾的是,那时诺贝尔还没出生,不然这和平奖……

完胜。

作为科研工作,这种做法不地道,也不厚道,不值得提倡。它不利于科学理论的健康协调可持续发展。

如果说,这个过错与牛帅的功绩比起来,实在不值一提的话,那么,接下来发生的事,就无论如何也说不过去了。

牛顿剥夺了胡克在光学上的那一席之地。这还不算完,身为皇家学会的主要领导干部,他把胡克的相关信息列为敏感词,拼命屏蔽,可怜的小胡逐渐淡出人们的视野,声望降至冰点。

为了防止胡克“死灰复燃”,牛会长抓住皇家学会拆迁的有利契机,利用职权,使胡克的收藏、仪器、文件等珍贵文物“被丢失”,连胡克仅有的画像也未能幸免！这事在前面提到过(第三章“谁的万有引力定律”一节)。

2003 年,一位历史学家宣称找到了胡克的画像,但经辨认,那是比利时化学家海尔蒙特的画像。在一份幸存的文件中,有胡克的封印,封印上有个头像,但没法认定它就是胡克的头像。

到目前为止，胡克在后人心目中，一直是一个模糊的影子，也许永远也无法清晰起来。

唉，要不要这样凶狠这样残忍啊？牛爷，让俺说您什么好！

被误认为是胡克的海尔蒙特

不过，牛顿固然狭隘，胡克也不是没有责任。

胡克用他的彻骨之痛告诫我们：压制后辈实在是一桩不划算的买卖，而压制才华横溢的后辈，更是趋百害而拒万利的蠢事。

首先，这耽误工作。不过对压制者来说，这倒不十分要紧。既然压制了，就没把工作当回事。何况，工作早晚有人去做。

其次，压制人家，招来仇恨的概率是100%。而人，总是要老的。子是怎么曰来着？以德报怨，何以报德？你老了，人家正当年，所以，招来报复的概率低也低不过50%。这就很要紧了，这是多大的风险啊，简直是在自掘坟墓！

这样看来，遇到略有瑕疵的后辈人才，能点拨抬举一下，相当于给自己买了潜力不错的原始股；实在看不顺眼，就别招他，大路朝天各走一边，戒恶也算积德了；你非要堵人家的路，那就先掂量掂量自己的后路，别看宽度，看长度。

扯远了是吧？其实不远。无论是政治还是科学，怀一颗开明之心，广纳异见，是利己利人的双赢之道，是利国利民的万用之方。

牛爷的《原理》一出，人类科学史乃至整个文明史就翻开了新的一页，其影响所及，遍布自然科学的所有领域。人们对牛爷的倾慕之情连绵不绝，无以言表之际，只有顶礼膜拜。

常言说得好，“拜”屋及乌，大家顺便也把《光学》给膜拜了。重复牛爷的实验，验证牛爷的理论，成为一种时尚。

4 波光再起

眼看快到100年了，同志们欢欣鼓舞，开始筹备“迎接伟大光荣正确的牛家微粒光辉思想稳定100周年大型焰火歌舞升平团拜会”，领导致辞写好了，场地也安排好了，搬运设备的临时工也雇齐了……万事俱备。

但是，偏偏在这个节骨眼上，有人不开眼，不长眼，跳出来搅了一通浑水，破坏了在微粒思想的统治下，光学领域团结统一的大好形势。

是谁这么大胆，竟敢冒天下之大不韪？

托马斯·杨，一般介绍说他是英国医生、物理学家。其实这样介绍也不太准确，因为他不仅在医学界是权威，在物理界是英才，而且在工程、语言、考古、艺术等方面也都玩出了水平，还是超一流的水平。这其实是一个天才玩主，或者说是超级玩家。

以下是天才的成长经历。

2岁会阅读，从此狂爱读书。

4岁能熟练背诵大量英国诗歌和拉丁文诗歌。

6岁前已将《圣经》看过两遍，还会用拉丁文造句。

9岁掌握了一门手艺——车工，DIY了一些物理仪器。注意，不是厨卫用具，而是物理仪器，它跟两个字密切相关：精密。

14岁前掌握10多门语言。奇异之处不止于此，他不仅对这些外语当前时代的听、说、读、写样样精通，还对它们的古文颇有研究！

15岁左右学会微积分和制作显微镜与望远镜；中学时期，读完了牛顿的《原理》、拉瓦锡的《化学纲要》等科学著作。

19岁到伦敦学医，并涉猎音乐、绘画等领域。

21岁由于研究了眼睛的调节机理，成为皇家学会会员。

22岁到德国格丁根大学学医。

25岁取得医学博士学位。

……

人送绰号“奇人杨”。

小杨兴趣广泛，涉猎力学、数学、光学、医学、声学、语言学、动物学、埃及学等风马牛不相及的多种学科，在光波、声波、流体动力、造船工程、潮汐理论、毛细作用、测量引力、虹的理论、生理光学等方面都有所贡献。

除了纯粹的科学，他居然还是保险经济问题、航海天文学方面的专家，可以将此作为一个不错的职业来养家。

更让人羡慕嫉妒恨的是，把这么多门学术搞得出类拔萃的同时，他还有精力研究艺术，他画画得好，几乎会演奏当时的所有乐器，擅长骑马，并且会玩杂技走钢丝！

他的主要贡献：

① 杨氏双缝实验：该实验被评为“物理最美实验”之一。

② 杨氏模量：用来测量物体的弹性。

③ 视觉和颜色：他被誉为生理光学的创始人，提出人眼会自动调节以适应所见物体的远近，提出三原色原理 。（光的三原色是红、绿、蓝；颜料的三原色是红、黄、蓝）

④ 医学：他在血流动力学方面贡献突出。

⑤ 语言：他对 400 种语言做了比较，提出“印欧语系”。

⑥ 考古：他是最先尝试翻译埃及象形文字的欧洲人之一，由于他的成果，诞生了一门研究古埃及文明的新学科。

我们接下来要讲的就是“物理最美实验”之一的双缝实验。

那是在 1801 年，托马斯 · 杨在实验室里玩，玩具是三块板子。像我们小时候一样，他很淘气，让三块板子面对面立起来排好队，还把其中两块板子弄破：第一块钻出一个细孔，中间那块搞出两道平行的细缝。

然后，他拉上厚重的窗帘。黑暗中，托马斯 · 杨拿起刀……不，他点燃了一盏灯，将它放到钻孔的板子前，灯光透过小孔，射到中间的板子上，透过两条细缝，投射到完整的板子上。

猜猜，我们会看到什么？这又是一道单项选择题，请在下面的答案中选一条你认为正确的画“√”。

A. 两道细细的、平行的光条，它俩亮度相同。

B. 很多光条，明暗不一。

C. 一个亮度均匀的光块。

D. 一个光块，两道光交叉的地方比较亮。

双缝实验

E. 一个光块,两道光交叉的地方比较暗。

您画的真是越来越顺手了! 画在哪个答案上了?

对了,答案是 B。

是的,托马斯·杨看到了很多光条,他数了数,不是两道杠,也不止五道杠,而是很多道杠。

光透过两道狭缝,投射出很多道条纹,1 +1 居然不等于 2 了?

你说这是为什么呢?

小杨解释道,这是纵波相互扰动的结果。

要了解纵波扰动,咱还真得先大概认识一下纵波。我们从声音开始,因为有相当熟悉的空气做媒,理解起来很方便。

我们知道,声音也是一种纵波,空气分子有规律地振动,就产生了有规律的挤压,让空气产生有规律的疏密变化,并向四周传播,这就是我们听到的声音。我们管它叫声波。

声波的工作是做简单重复劳动,"密→疏→密",或者"疏→密→疏",就完成了一次振动任务,术语叫"一个振动周期"。一个振动周期所传播的长度,就是声波的波长。

在 1 秒钟内完成振动周期的次数,叫频率。不管声音的波长是多少,它在相同介质内,传播的速度都一样(1 个标准大气压下 15 ℃的空气中,声速是 340 m/s)。所以,波长越短,频率就越高。

这很好理解,姚明和武大郎一起跑步,姚明一步长 3 m,武大郎一步长 1 m,要在相同的时间内,跑完相同的距离,谁的频率更高? 换句话说,谁需要更多步跑完？当然是武大郎！波长（步子）越短，频率（步数）越高。他的两条小短腿要紧着倒腾才行。

波长决定了声音的音高。所谓音高，顾名思义，就是声音的高度，它不是指声音的大小，而是我们平常说的声音的“粗细”。波长越短，频率越高，其音高也就越高，也就是声音越“尖”，反之，声音越粗。女人声音的波长，比男人声音的波长要短一些，所以听起来“尖”一些。声音的大小是由振动幅度，也就是空气疏密对比的程度决定的。疏密对比越强，声音越大；对比越弱，声音越小。

小链接

实际上，传递声波这种事，不只气体可以，固体、液体也可以，能传递波的物质，我们统统叫它介质。真空里是不存在物质的，所以不能传声。

如果声波被反射，经过了0.1秒以上的时间回到你的耳朵，你才能分清你自己说话的声音和回声。如果小于这个时间，你只会觉得，说话的声音突然变大了。

描述声音的物理量“频率”，就是单位时间内完成周期性变化的次数。这个量表示振动的快慢。

声音的频率很重要，它关系到我们能不能听到声音。

在一个安静的夜晚，家里的喵星人静静地趴着，然后突然抓狂起来，是受到了幽灵的惊扰还是恶鬼的突袭？难道真的如民间传说那样，猫能看见鬼吗？不不不，其实它们只是听到了我们听不到的声音。人的听觉范围在20～20 000 Hz，低于这个范围的声音叫次声波，高于它的叫超声波，我们什么都没听到，不代表没有声音，可能对我们来说安静祥和的夜晚，对那只可怜的猫来说，就如夜店、酒吧一样吵。

有关声音，我们需要知道什么呢？

① 声音是由振动产生的，由介质传播。

② 音调、响度、音色、频率、振幅、声速、噪声、回声、超声波、次声波等概念。

【例1】教学楼的走廊里常挂着写有“慢步”“轻声”的牌子,“轻声”是指减小声带振动的

A. 频率　　B. 振幅　　C. 速度　　D. 时间

答案☞ B

【例2】研究发现,爆炸还会产生次声波,这些次声波人耳是________(选填“能够”或“不能”)听到的。

答案☞ 不能

【例3】声音在不同介质中的传播速度是________(选填“相同”或“不同”)的,在气温15 ℃时,声音在空气中的传播速度是________m/s,如果人在看到闪电后3秒才听到雷声,那么闪电处距人约________m。

答案☞ 不同　340　1 020

那么,两波相遇,是不是大者胜?

不一定,因为声波是可以相互穿越的。

我们人耳在听到一大一小两个声音时,往往忽略掉小的,这并不表明小的声音消失了。它不仅没消失,而且极有可能没有减弱,甚至在某些地方,借助大的声音加强了!因为声音是空气有规律的疏密变化。所以,当两道声波的“密”相遇,就会更“密”,相当于正数相加;当然,当一道声波的“密”遇到另一道声波的“疏”,就会正负相抵,相互减弱。

如果让同一道声波穿过并列的两道狭缝,发生衍射后相遇,由于它俩波长相同,疏密重叠的部位就会很有规律,于是,就会产生有规律的加强和减弱。

光作为一种纵波,也会这样。小杨说,穿过两条狭缝的光在相遇时,会有规律地加强和减弱,投射到屏幕上,就成了明暗相间的条纹。这种互相骚扰对方内政的行为,俺给他取了个名字:干涉。

所以呢,光是一种波,一种纵波,不是微粒。

所以呢,牛顿……错了。

你说谁错了?无数双错愕的眼睛盯着小杨,好像在看火星人。

可是,我们怎么解释这干涉条纹?如果光是微粒,它怎么可能这样?

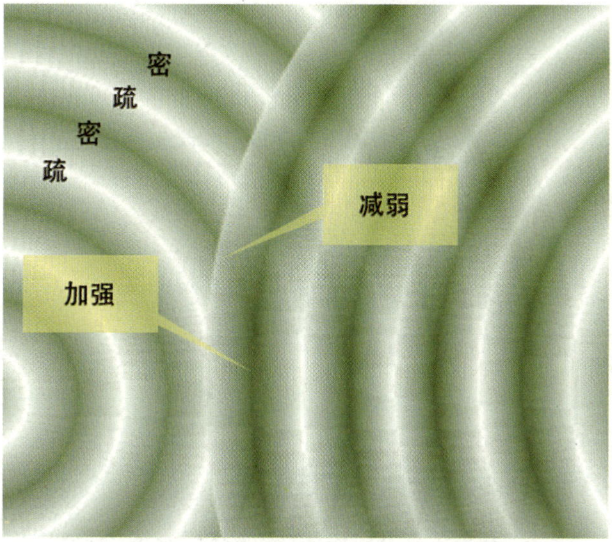

声音干涉类比

“尽管我万分仰慕牛顿，但我不能因此认定他万无一失。我遗憾地看到，他也会弄错，而他的权威有时甚至可能阻碍科学的进步。”小杨无奈地叹道。这句话，他写入《关于声和光的实验与研究提纲》的论文中，提交给英国皇家学会。他还在英国皇家学会的《哲学会刊》上发表论文，解释了“牛顿环”和自己的实验，提出了光的干涉的概念和定律。注意，是定律哟！

这是战书，也是战鼓。

波军的灵魂从历史的角落聚拢、复活。

粒军从百年前就守着牛爷的超级航母，以为靠这个就可以仙福永享、寿与天齐、千秋万代、一统江湖。所以这些年没想到给航母改改装，让它与时俱进，只知道给它镀金披花，树碑立传，挂牌授勋。因此，超级航母只长了体重，没长本事，还是那两炮一核。

按说，这两炮一核威力也够大，足以对付大部队了。何况，波军还算不上什么大部队，顶多算个连队。

但是，人家连长这次是开着战斗机来的，有高度，这两炮一核够不着人家。

更要紧的是，人家正居高临下，投弹仓正对着航母的弹药库——只要人家投中了，粒军就要被波军击溃了！

粒军一时竟不知如何应对，情急之下，纷纷使用起原始武器：否定、嘲笑、挖苦、毁谤。还有，愤怒。

不仅粒军愤怒，粒粉、牛粉也愤怒起来。英国政治家布鲁厄姆按捺不住，扎到物理学家堆里插了一杠子，给小杨的理论连戴三顶帽子："不合逻辑的""荒谬的""毫无价值的"。

1803 年，小杨在空中玩了个特技，他在论文《物理光学的实验和计算》中，用独门利器"干涉定律"，剖析了衍射现象，得出结论：光路过物体边缘会发生衍射，这是直射光与物体边缘的反射光相互干涉导致的。

但是，这个特技一玩不要紧，露出了一个破绽：如果光是纵波，得到上面这个结论就要遇到很多麻烦，证明起来很牵强。就好比从家门口走到卧室，本来几步就到，但你非把上海世博会的排队栏安在家里，虽然那张床近在咫尺，可你居然能走出"长征"的距离来！

越绕越不靠谱——这是科学理论定律。

粒军长舒一口气，嗤之以鼻：基本功有问题，弹道不稳，投弹不准。

这口气是舒了，但依然只能眼巴巴地看着小杨的战斗机飞来飞去——对干涉条纹，没人能用微粒说做出令人满意的解释。

一时间，这以一敌无数的战局居然进入了相持状态！

万人敌算什么？小杨差点就成了全民公敌！

小杨压力山大，因为这个压力只有他一个人扛。

虽然表面上看起来，凭借光的干涉条纹这一新式武器，粒军奈何不了小杨，但三人成虎啊，何况是成千上万人！这舆论让人受不了。

小杨顶着巨大的压力，花了好几年时间写了一本书——《自然哲学与机械工艺课程》，于 1807 年发表，来宣传波动观点，却创造了销量最低的纪录：只卖出去 1 本。是的，你没看错，1 本。名人出书也难啊！

无人喝彩不要紧，但懂的、不懂的全都反对，甚至被人讥讽为疯子，这事就不好玩了。我还不如玩点别的。1816 年前后，小杨保留了意见，把光学放在一边，考古去了。

小杨虽然离开了战场，但他留下的那架战斗机，仍在超级航母上空盘旋，成为粒军梦中的阴影。

英国这边战事仍频，法国那边也没闲着。

1808 年，微粒说的死党——法国数学家、天文学家拉普拉斯用微粒说分析了光的双折射现象，用以批驳小杨的波动说。但他的理论不尽人意。最终法国科学院设立了一个将在两年后，也就是 1810 年颁发的奖项，颁给能够提出解释这种现象的理论的人。

双折射研究的事还没搞定，光学的又一块新大陆被发现：偏振光。发现者是法国物理学家、军事工程师马吕斯。

马吕斯准备拿下那个奖，于是，他一头钻进实验室。1809 年，小马哥在搞折射实验时，发现一部分光是偏振的。这意味着，不管光是什么，它绝对不会是一种纵波！

这么厉害，居然能一票否决！

那么，光的偏振又是怎么回事呢？

其实，偏振光离我们很近，现在影院的高清立体电影，用的就是偏振光原理。

我们的双眼有一定距离，看东西的角度有点小差别，这叫“视角差”。大脑把两张有视角差的图像综合处理一下，就能识别远近——也就是感觉“立体”了。

为了实现立体效果，电影在拍摄、放映时，都模拟眼睛的视角差，用左右双机同时拍、同时放，为我们提供了有视角差的两个图像。这是第一步。

这两个图像，同时出现在一张屏幕上，一定重影。所以，让每只眼睛只看到属于自己的图像，是关键的第二步。

这时，“偏振片”闪亮登场了。这个名字听起来很高深，但实际上，它就是一个过滤光的薄片。我们看看它的制造过程，就知道，经它过滤的光是什么“形状”了。

材料都很常见：一块高透明的薄膜，它的分子排列为网状结构（我们一般把固体和液体分子看成球形，空气分子占据的空间看成立方体），用碘浸染之，然后用硼酸水还原稳定，再单向拉伸 4 ~ 5 倍。这样，碘分子就很整齐地排列在这块膜上，像细密的梳子。

我们知道，梳子齿缝可以通过两类东西：一类是直径小于齿缝的物体，比如头发、细小颗粒等；一类是宽度和长度虽然大于齿缝，但厚度小于齿缝的物体，比如纸条、卡片等薄片。薄片通过梳子，有一个条件，就是让薄边顺着齿缝，否则会被挡住。

放电影时，两台放映机前各装一块偏振片，“梳子齿”的方向为一横和一竖，把光过滤成一横一竖两道偏振光，我们戴的眼镜，镜片也是两块偏振片，横、竖方向与放映机的相对应。横的只能透过横光，竖的只能透过竖光，于是，我们的两眼分别看到有视角差的影像，大脑就误以为图像是立体的了。

花了这么长时间来了解偏振片的工作原理，还是值得的，因为我们得到一个重要的信息：光的形状居然是“扁”的！

通常光源发出的光，它的“薄边”在与传播方向线垂直的各个方向上均匀分布，这叫自然光。经偏振片过滤，只剩下与偏振片“梳子齿”方向相同的光，这种光就是偏振光。

我们做个实验就清楚了。拿两把齿缝一样大的梳子，面对面排列，齿方向一横一竖。

先将铁丝和颗粒试着穿过梳子，我们发现，铁丝和颗粒只要能穿过第一把梳子，就能穿过第二把梳子。

现在用薄片来做实验，薄片的长和宽大于齿缝，厚度小于齿缝。让薄片的薄边顺着第一把梳子的齿缝穿过，到达第二把梳子时，就过不去了。想过去只有一个办法：让两把梳子的齿方向相同。

这和偏振片只能透过与之方向相同的偏振片才能过滤出光，是一个道理。

所以，偏振光的原理告诉我们，光不是微粒，不是均匀光滑的线。

光也不是纵波。因为光纵波理论认为，光是介质微粒沿传播方向振动，传递光脉冲形成的，可以看成一根均匀光滑的线。即使不是均匀光滑的线，沿传播方向振动也不可能形成“扁”的形状。

马吕斯当时发现的偏振光，不是用偏振片得到的，而是在做双折射实验时发现的。

那是一个黄昏，小马哥透过冰洲石看玻璃窗上反射的落日。

当然，他看到了两个落日，双折射嘛，很正常。

他开始转动手中这块神奇的石头，转着转着，神奇的事情发生了，始终坚持双折射的冰洲石或许被转晕了，它突然放弃了一个折射——其中一个落日消失了！

敏感的小马哥立即用其他光源做实验，用水面、玻璃来反射各种光，透过冰洲石，观察各种现象。

他发现，转动冰洲石，双折射的两个图像，亮度会交替变化，转到某个角度，会消失一个。

小马哥得出结论：经过折射、透射后，光的强度会随方向而变化。他给这种现象起了个名,叫光的"偏振化",这种光,当然就是偏振光了。

通过反射、多次折射、双折射和选择性吸收的方法,都可以获得平面偏振光。

那时,小马哥虽然还没有意识到光的"形状"问题,但他天才地意识到,纵波理论是无法解释偏振现象的。

于是,发现光的偏振现象后,小马哥的第一个反应就是,用它一票否决了光是纵波的理论;第二个反应是,顺手搞定了偏振光强度变化的规律,也就是"马吕斯定律";第三个反应是,用微粒说对偏振现象做出了令人信服的解释。这就是粒军梦寐以求的高新武器啊!

1810 年,马吕斯赢得了科学院的奖金。但是,大家心里都清楚,对双折射现象,波、粒双方虽然都做出了解释,但都不完美,底气都不足。

小马哥对偏振现象的完美解释,给了波军沉重一击。

当时战场上形势很尴尬,波军解释不了偏振,而粒军虽然人多势众,也解释不了干涉。

但僵持,一般是不会持久的,总有一方 hold 不住。

5 波军大反攻

1814 年,史上最强的土木工程师加入了波军。

菲涅耳,法国人,土木工程是他谋生的专业。在这个专业里,小菲算不上最强。但他所做的事,在土木工程师中,绝对称得上史上最强。因为他反对的两个人,都称得上史上最强——牛顿、拿破仑,在《影响人类历史进程的 100 名人排行榜》中他俩分列第 2 位和第 34 位。

这份勇气,不是每个土木工程师都有的。何况,小菲还曾因反对拿破仑被关起来过,不过后来他全身而退。

我们这里要介绍的,是他"反牛顿"的光辉事迹。

在粒军对波军的围剿时期,小菲悄悄加入了势单力薄的波军。

1809 年,小菲同学从巴黎路桥学院毕业后,走上了土木工程师的岗位。

从1814年起，神奇的光学吸引了小菲同志清澈的眼睛，他干一行爱一行，爱一行精一行，终于崭露头角，在光学领域取得了突出业绩，受到领导和群众的好评。小菲同志于1823年被选为法国科学院院士，1825年被选为英国皇家学会会员。

一切是从两根线开始的。

小菲让光从一个小孔中射入暗室，一条细细的光线笔直地投向屏幕。

小菲拿起另一根细线，拉直，把它交叉在光线中。他居然在屏幕上看到了彩色条纹！

眼熟吧？这是格里马尔迪和托马斯·杨两个实验的结合体，是衍射和干涉的共同结果。但，那时信息太不发达。

看着旖旎的彩色条纹，敏感的小菲一下子想起了惠更斯。

他应用小惠的理论，成功地推导出光的衍射规律——波动说的证据，还写了报告，然后兴奋地提交到法国科学院。

为新发现激动的小菲同学忽略了一件事，那就是他的数学成绩不太好。

话说法国的科学成果鉴定渠道也真够畅通，一个名不见经传的年轻人写的报告，居然能到达拉普拉斯、泊松（数学和物理大师，以他的名字命名的数学概念一大堆）等物理名家手中。物理学家的数学成绩都很好，尤其是拉普拉斯、泊松，他们首先是数学家，然后才是物理学家。看了小菲的报告，泊松等人很快就发现其中的数学缺陷。于是报告被退回，里面的物理思想没能引起注意。

被名震四海的高手否决，对一个刚出道的新手而言，无异于灭顶之灾。

然而，小菲不一样。他有个最大的优点——勇敢。

刚出道的第一件事，就是挑战人类顶尖高手牛顿的微粒说，被其他高手否决一下，又算得了什么呢？

聪明执着的小菲清醒地认识到了自己的不足——数学。于是，他埋下头，缺啥补啥。

我们先给点时间，让小菲补习数学。现在，去看看开小差的小杨干吗去了。

考古，这对职业考古学家来说，是一项工作，但对托马斯·杨来说，这就是散心。小杨在考古界玩得很开心，还取得了让一般考古学家羡慕嫉妒恨的成绩。

既然是出去散心，那就注定这只是一个短暂的离开。

小杨心中始终没放下波军，他考虑来考虑去，脑海里出现了一个大胆的提问：是不是我军的指导思想出了问题？紧接着，出现一个同样大胆的答案：从根

子上动手。

1817年,小杨重返战场,他放弃了波军先烈的“纵波”理论,提出“横波”的假设。以此为根基,进行实验、论证、推导、计算……这个天才大干一场,波军理论体系焕然一新。衍射、干涉现象有了新的解释,粒军用来打击波军的王牌——偏振现象也迎刃而解。

横波理论的提出,解决了惠更斯理论的一大缺陷。

光是一种横波,振动方向与传播方向垂直。那么,光每一次振动,其矢量线与传播方向线(虚拟的)就形成一个平面,我们管它叫“振动面”。如果我们把这个振动面画出来,它就像一张无比袖珍的弓,光振动的矢量线是个弧,像弓背,光传播的方向线,就相当于弓弦了。这就是为什么光的“形状”是“扁”的。

自然光的振动面方向不是固定的,也就是说,弓背并不总朝着同一个方向,而是各向均匀分布的。一道光线,就像无数个弓背,共用一根长长的、直直的弦,弓背随机朝向各种方向。

经过反射、多次折射、双折射、选择性吸收或者偏振片“梳子”的过滤等手段得到的光波,其弓背偏向某个方向,甚至都处于同一个平面,这样的光,就是偏振光。

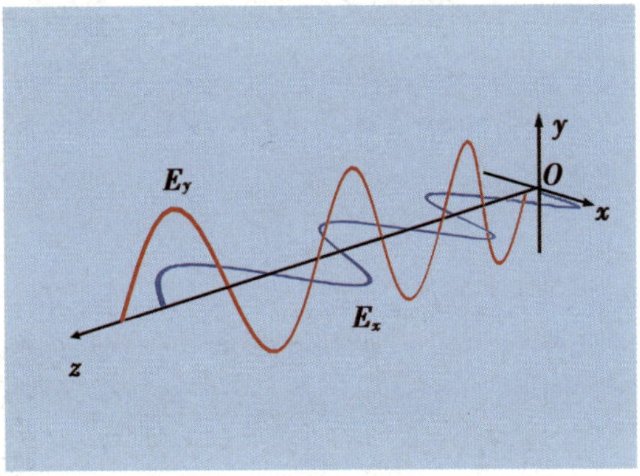

光波示意图1

注:中间的直线是虚拟的方向线。振动面像共用一根弦的无数的弓。为清晰起见,“弓背”所朝向的方向只取了横、竖两个方向,实际上是一切方向皆有可能。

所以,经过折射、透射后,光的强度会随方向而变化。这就是小马哥发现的光的“偏振化”。

这个解释,比粒军解释偏振的理论简洁多了。

粒军用来打击波军的高新武器,一下子变成了波军最有力的证据!

现在,光从纵波一下子变成了横波,那么,关于衍射和干涉该咋解释呢?

其实很简单——改呗。

关于衍射,解释起来挺费劲,就让惠更斯来吧。

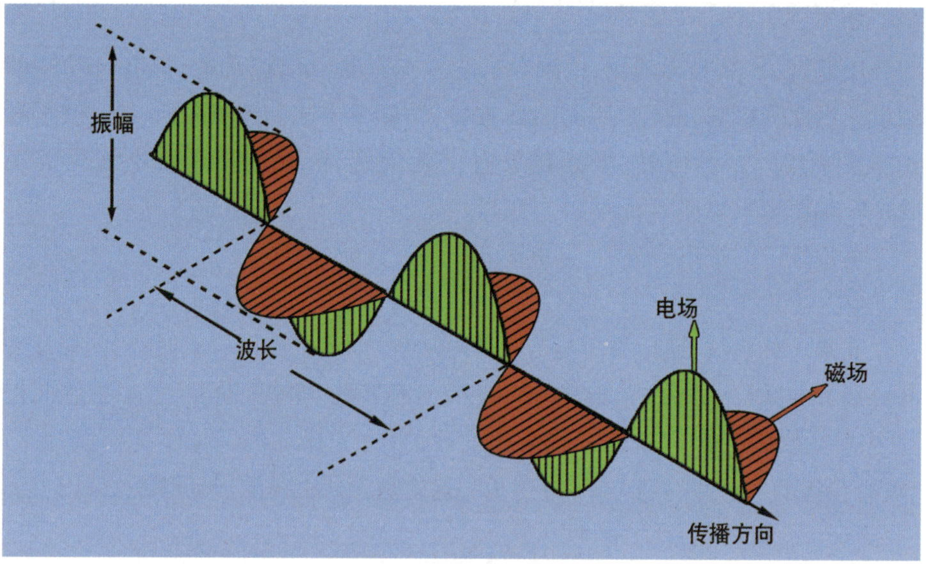

光波示意图2

注：把振动矢量线（弓背）与传播方向线（弓弦）形成的振动面填充了条纹，便于识别它的扁“面”。

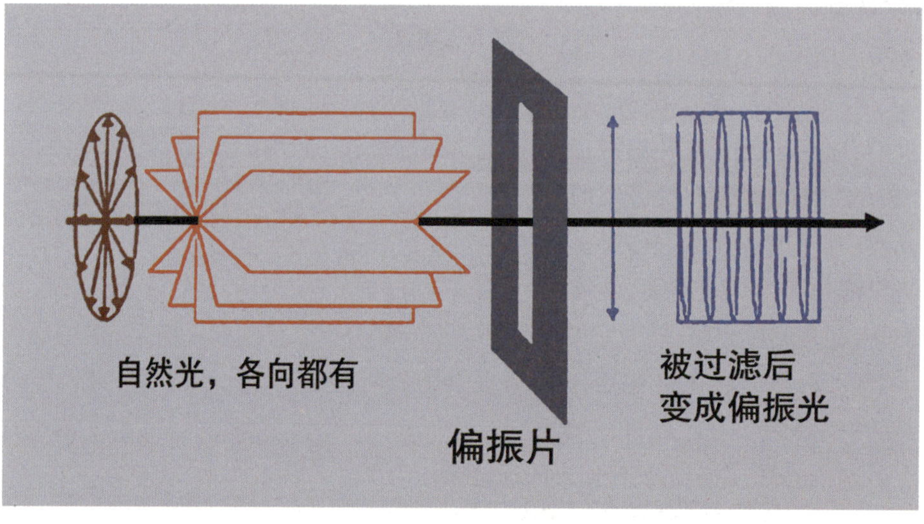

偏振光形成的示意图

注：各种可能的振动面经偏振片过滤后，变成了振动面方向统一的偏振光。

小惠认为，在同一时间内，从波源发出的波，所到达的各点，可以连成一个面，叫作波面。波面上的这些点呢，又可以看作是新的波源，我们管它叫子波源，子波源们继续发力传递，形成新的子波面……以此类推，子子孙孙无穷匮也。

如果没有阻碍，波就打算这样不厌其烦地连续传下去，力道均匀，形态圆润，直到筋疲力尽。

但是，障碍物无处不在。好在障碍物上还有缝可钻，这是波继续玩下去的希望。于是波撞在缝上，缝上的各点，就成了新的子波源，由于受到缝边缘的限制和干扰，这些子波源发出的波面发生了弯曲，传播方向向外扩散，这就是衍射。

惠更斯的这个理论适用于纵波，也适用于横波。

关于光的干涉，就好解释了。所以让小惠先歇会儿，我来解释：

光既然是横波，就有波峰和波谷。

我们知道，波的振动幅度，也就是振幅，决定了波的强度。

波峰、波谷有叠加效应。这里，我们把波峰看成正数，把波谷看成负数。

现在我们看看，波长相同、振幅相同的两波相遇会怎么样。

如果波峰和波峰重合、波谷与波谷重合，那这叫“同相”，正数相加，波峰更高，负数相加，波谷更低，也就是波的振幅加强。结果是它们合二为一，成为波的增强版。

如果正好错开，波峰与波谷重合、波谷与波峰重合，那这叫“反相”，正负相抵。结果是它俩扯平了，消失了。

那么，波长不一样的两波相遇会怎么样呢？我们可以类比一下波浪，找一张各种波重叠的波浪照片，仔细观察，我们会发现，在大波上，小波该怎么传播还怎么传播，小波也不会使大波减弱或增强，也就是说，波长相差越大，它们之间发生干涉的可能性越小。

双缝实验实际上就是光的衍射和干涉的一场综合操练。

光通过两条狭缝，发生衍射，尔后相互重叠，发生干涉。由于它们来自同一束光，所以振幅、波长都一样，相遇时，在一些区域反相，在一些区域同相，明暗交替，投到屏幕上，就成了排布规则的条纹。

方向、波长、振幅不同的波重叠交织在一起的复杂情形

虽然横波理论还只是一个框架，但已经显示出高新武器的优越性。现在，波军既能搞定干涉，又能搞定偏振。粒军表示不淡定了。他们加紧演练，准备发动一场决战。

演练期间，我们去看看小菲补习得怎么样了。

小菲除了补习数学，还干了很多事。

他和阿拉果合作研究光学，阿拉果那时已经是法国著名的物理学家了，还是个冒险家。他此前是微粒说的粉丝。1816 年前后，他俩发现，偏振光相互干涉与否，与偏振面的方向密切相关。偏振面相互垂直时，不能发生干涉；偏振面平行时，可以发生干涉。这是纵波无法解释的。也是微粒说无法解释的。

1817 年，托马斯 · 杨写信，把崭新的横波理论告诉了阿拉果，阿拉果自然与小菲共享了这一信息。

经过各种实验、各种观察，他们认为，如果光是一种横波，那么解释偏振、折射、双折射、衍射、干涉等现象更完美，更有说服力。

1818 年，法国科学院举办了一场科学大赛，悬赏征集论文，题目是用精密的实验确定光线的衍射效应，并根据实验用数学归纳法，推导出光线通过物体附近时的运动情况。各级领导都非常重视，大赛很隆重，影响很大，各路高手纷纷应战。

可以说，这是一场粒军安排的大决战。

大赛评委有比奥（与菲涅耳是反对拿破仑的战友、狱友，兼粒军盟友）、拉普拉斯、泊松等名家，都是粒军将领，主席就是当年退回小菲波动论文的泊松。

乍一看，组织这场比赛，就是想发展微粒说，牢牢占领光的衍射、干涉、双折射、偏振这些阵地，顺便泼一盆凉水，浇灭波军已经不太嚣张的气焰。

但评委会这样安排，并不是摆明了要搞一言堂和暗箱操作，而是从威望上来讲，人少势孤的波军里，除了小杨，实在是没有什么拿得出手的人物，可以与这些评委坐在一起。但小杨是英国人，他不是法国科学院院士，何况，就算邀请小杨去当评委，这个爱好广泛、业余文化生活无比丰富的天才还不一定有时间去呢。

于是，兵强马壮、人多势众的粒军运动员、裁判员熙熙攘攘地入场了，人家连裁判都是自己人。

回头看看，波军怎么没人上场呢？一场似乎毫无悬念的比赛拉开了帷幕。

1819 年，小菲和阿拉果把他俩共同研究偏振光线的成果，合作写成了一篇论文——《关于偏振光线的相互作用》，提交到大赛组委会。论文阐述了光是一种横波的概念，论证了只有当光是横波时，才能完美解释光的各种表现。

小菲还发现了惠更斯破冰巨轮的第二个缺陷：用惠更斯原理，虽然能定性地解释衍射现象，但不能对衍射现象做出定量的分析！科学嘛，不能定量，就没底气。你说火箭利用热气流的反作用力能上天，定性了。那好，多少燃料能推动多少重量上天？能发射多远距离？这个量定不了，我们就只能用这个原理玩钻天猴鞭炮。

小菲顺手给这个理论打了个补丁：任一时刻的波面，并不是简单地由子波源发出的子波的包迹形成的，而是它们互相干涉的结果。所谓包迹，就是这样一个弧面，它与同时刻的子波面都相切，把它们包在内。这个补充，催生了惠更斯原理的增强版：惠更斯－菲涅耳原理。

最重要的是，经过一段时间的恶补，小菲的数学成绩突飞猛进、今非昔比，他用严谨的数学推导证明了这个理论。

人数虽少，但看起来准备很充分。

然而，就连小菲和阿拉果之间，也存在分歧。

阿拉果始终对波动说持怀疑态度，所以，在论文提交前，冒险家阿拉果鼓足勇气对小菲承认，他没有勇气发表这个观点，拒绝在论文上签名。

现在，比冒险家更有勇气的小菲，代表波军站在赛场上，孤独地面对兵强马壮的粒军。

论文依然落到了泊松的手里。

泊松大师拿着这份试卷一检查，没有错别字，逻辑清晰，推理严谨，数学缜密，体系完整，完美地解释了衍射、偏振等现象，但答案和自己的标准答案不一样！这是怎么回事？

究竟是谁错了？

不能从论文推导本身找出问题，那么，就用这个原理和推导办法，试试推导其他情况下的衍射，看看这套理论是不是仍然好用。只要有一处理论推导与观测结果不符，这套精致的理论就将被扔进废纸篓。

泊松选中的推导对象是一只小小的、圆圆的盘子，光迎面射向圆盘，经过它的边缘时，会发生衍射，那么，根据小菲的理论，圆盘的影子会是什么样的呢？

真不愧是数学大师啊！结果很快就出来了。按照小菲的理论，这个圆盘的影子正中，应该会出现一个亮斑！

怎么可能？这太荒唐了！影子中间怎么会出现一个亮斑呢？它从哪儿来？盘子中间又没洞。果然不出所料，这个看上去很美的理论，中看不中用，不具有普遍性，一个小小的圆盘就把它证伪了！

泊松公布了他的计算结果，大家一看，不愧是数学大师，计算干净利落，结果完美无误，影子中间会出现不该出现的亮斑，于是大家纷纷表示小菲的理论太荒谬了。

组委会正准备宣判这个新理论的死刑，关键时刻，阿拉果挺身而出。虽然他怀疑波动说，但作为一个严谨的科学家，他认为即使要判死刑，也要亲眼看看证据才行，不能从众从快，草菅新论，他坚持要做个实验取证。

虽然评委会成员觉得，对这种荒唐的结论做实验实在没什么必要，但大家都是搞科研的，十分清楚这个要求再合理不过了。实验是检验理论的唯一标准嘛。

实验就实验，反正影子中间是不会出现亮斑的，这回让你死个心服口服！

然而，我们已经不意外了，大自然和人类开的玩笑太多了：影子中间居然真的出现了一个亮斑！围观的大师们眼睛和嘴顿时圆了起来。

亮斑像一只无辜的眼睛，莫名其妙地看着目瞪口呆的大师们，难道我走错了吗？我本来就应该在这儿，你们瞪什么眼？

光，是横波。

泊松是一个胸怀宽大、治学严谨的科学家，但这次，他郁闷了一把。让泊松郁闷的，不是谁对谁错的问题，而是人们给这个亮斑起了个名，叫“泊松亮斑”。这大概是史上最尴尬的一个科学命名了，就好比把滑铁卢战役命名为“拿破仑战役”。

这场比赛的结果比戏剧还戏剧：在粒军的精心组织、广泛参与、奋力拼搏和大力帮助下，波军胜利了。小菲单枪匹马，勇夺金牌，摘取了这次论文大赛的最高奖。

战斗一点也不激烈，围观者纷纷表示这仗打得不过瘾。但是，科学不是表演，理论预测要与实验观测普遍相符，这才是王道。

想反对吗？拿出与观测符合得更精细、更普遍的理论来！否则，说什么都是笑谈。

小菲一战成名，他以一套完整、严密的横波理论击溃了微粒说，从一个名不见经传的小人物，一跃成为在光学领域可以和牛顿、惠更斯这些顶尖高手平起平坐的大人物。

只是可惜了阿拉果，他与小菲合作，相互启发，在光的横波理论建立中，做出了重要贡献，但关键时刻，他对波动说的怀疑，让他失去了与小菲共享荣誉的机会。

到此，波粒大战暂时降下帷幕。但光学的发展，只是从此走上了更新的一条道路，前面依然荆棘密布。

最大的一个障碍，来自一个古老的问题：横波是以什么为介质传播的？

如果没有介质，你能想象一个物体——就比如铅球，嫌重那就棉花团——会在空中像袋鼠一样跳跃前进吗？凭什么？

这个问题先按下不提。因为刚刚打下江山的波军，还有很多细节需要完善。

6 元素的指纹

科技——其实这是两个词的概括，就好比马列、英美……

为什么我们总是把科学和技术绑在一起？因为科学和技术是互促互进的关系，谁也离不开谁。下面出场的，正是这样一个集工艺技术、科学理论于一身的强人。

夫琅和费，德国物理学家，自学成才。他是一家光学工厂的技术合伙人，后来成为慕尼黑大学教授、慕尼黑科学院院士。

1814 年，小费用他制造的玻璃棱镜，发现太阳光谱中有许多暗线。

同样是棱镜，为什么观察力超强的牛顿当时没发现呢？因为棱镜中哪怕有一点细小的缺陷，也会使这些暗线模糊不清，这就是棱镜制造的技术问题了。

其实，早在 12 年前，英国化学家、物理学家沃拉斯顿就曾观察到 7 条这种暗线，但当时没引起人们注意。他自己也没当回事，放在一边不了了之了。

沃拉斯顿可以潇洒地走开，因为他发明了加工铂的秘技，可以赚很多钱来养活自己。但小费不能不研究，除了兴趣以外，他还得解决光学元件的技术问题。

为了精细分解太阳光谱，精确测量各种光学玻璃的折射率，提高光学元件的精密度，小费制造了一种精密元件：光栅。

光栅的构造与我们前面提到的偏振片大致相同，不同的是，它的“梳子齿”和“齿缝”都比偏振片的粗一些，不足以造成光的偏振。

1821 年，小费把细金属丝绕在两根平行的细螺丝上，第一个光栅问世。它的工作原理和双缝实验的原理差不多，不同的是，光栅的缝更多，光透过这些金属丝之间的缝产生衍射，众多衍射相互交叠、干涉，就能产生比三棱镜还精密的色散，形成精密的太阳光谱。

因为衍射和干涉都与光的波长密切相关，所以，通过光谱中各色条纹的尺寸，还可以精确计算各色光的波长。

光栅的齿缝越细、越密集，产生的光谱越精密、越明锐清晰，拿现在的话说，“像素”和“分辨率”就越高。因此增加缝数，是光栅技术的关键。

小费最初制造的光栅有 260 条平行线。1823 年，他用金刚石在玻璃上刻成了精密光栅，精密度达每厘米 1300 条（现在的光栅每毫米几十到几千条线的都有）。他精确计算了光的波长，给出了至今通用的光栅方程，还观察到 500 多条暗线（现在人们已经发现了 1 万多条），并编制成表。光谱学从此奠基。

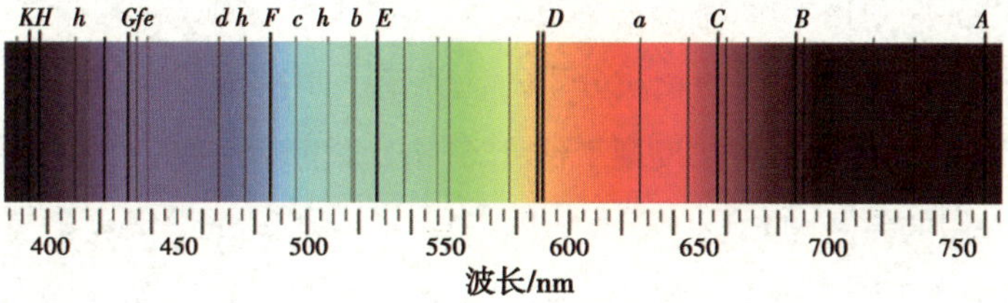

夫琅和费光谱

这些成就有 3 个直接意义：

① 利用这些谱线，光学玻璃折射率的测量达到从未有过的精度，解决了大块高质量光学玻璃制造的难题。

② 光学玻璃精密度的提高，直接推动了科学观测的发展，当然也就推动了科学发展。

③ 进一步完善了波军理论，让横波坐定了光学领域的王位。

小链接

光谱

光谱：复色光经过色散系统（如棱镜、光栅）分光后，被色散开的单色光按波长（或频率）大小排列形成的图案。也可由炽热的固体、液体和高压气体发光产生，由连续分布的、一切波长的光组成。

明线光谱：由稀薄气体发光产生，由不连续的一些亮线组成。

吸收光谱：高温物体发出的白光通过某种物质后某些波长的光被吸收而产生的，在连续光谱的背景上由一些不连续的暗线组成。

小费注意到，不管是阳光、月光还是其他行星的反射光，其光谱线总是出现在光谱的同一部位上；其他恒星与太阳相比，它们光谱中的暗线，样式有些不太一样。一个伟大的发现近在咫尺，可惜与他擦肩而过，也与那时所有地球人擦肩而过。当时，他公布了这个发现，但是，大家只是看了一眼，就都忙着打酱油去了。谁也没细想，这个现象意味着什么。

直到1859年，基尔霍夫（德国物理学家，著名的基尔霍夫电流、电压定律的缔造者）和本生（德国化学家，铯和铷的发现者，本生灯以他命名）利用这个原理，制造了光谱分析仪，发现不同的物质分别对应光谱上不同的条纹，就像人的指纹一样！1860年，他俩用这种方法发现了铯，1861年，又发现了铷。

这么好用的工具，当然不用白不用。1861年，英国化学家克鲁克斯用它发现了铊；1863年，德国化学家赖希和李希特用它发现了铟。然后镓、钪、锗……相继被发现，工具也是它，大家用了都说好。是不是很牛？

更牛的是，我们还可以用光谱分析法，研究遥远的太阳，以及更遥远的其他恒星的化学成分！只要能看见你，离得再远，我也能知道你是啥组成的！

巨大的贡献使夫琅和费受到了巴伐利亚国王的赏识，他被封为贵族。这个苦孩子从一出生命就不好——穷。小时候就父母双亡；打工糊口，作坊倒塌，捡回一条命。幸亏一位好心的贵族帮他解决了生存问题，他靠着天分与不懈努力，终于获得成功。可惜的是，1826年，39岁的他因肺病逝世。

菲涅耳比夫琅和费晚生一年，晚亡一年，都是肺病。天妒英才啊！

小费强有力的技术支撑，使波军的统治地位固若金汤。粒军偃旗息鼓，纷纷倒戈。拉普拉斯学派的诸多科学家由粒方转向波方。

大家现在目标一致：寻找光波的介质。

“以太说”活跃起来。

以太，光的介质，它布满虚空，但看不见、摸不着，职业是当光波的介质。

菲涅耳发现一个大问题：能产生如此快速的横波的介质，应该是一种十分坚硬的类固体，但如果以太真是这样，布满空间的它，是怎么做到让物质自由穿行的呢？

泊松发现一个更大的问题：如果以太是一种类固体，在光的横向振动中，必然伴有纵向振动，这与整个横波理论体系相矛盾！

为了让以太合法存在，1839年，法国数学家柯西提出，以太是一种“消极的”可压缩性的介质；1845年，英国力学家、数学家斯托克斯又进一步指出，以太是类似石蜡、沥青或某些胶质一样的东西。它既硬得可以传播横向振动，又可

以消除纵向振动，还可以让别的东西穿行……

你信吗？好像他们自己都不信。

打江山难，守江山更难。在寻找介质的高山丛林中穿行，似乎比在波粒大战的战场上前进更加困难。此后的过程，因为与相对论、量子论密切相关，所以在这里简短列举一下，以后再详说。

1887 年，德国物理学家赫兹发现光电效应。光的粒子性又一次浮出水面，露出诡异的微笑。

1900 年年底，德国物理学家普朗克推导辐射公式时，发现必须假定辐射能量不是连续的，而是一份一份的，才能得到正确的公式。

1905 年 3 月，爱因斯坦发表了一篇论文——《关于光的产生和转化的一个启发性观点》，完美解释了光电效应。他认为对于时间的平均值，光表现为波动性；对于时间的瞬间值，光表现为粒子性。这也就是“波粒二象性”。

Stop！人仰马翻地打了将近 300 年，你一出来，说了句“光是波，也是粒”，就完了？和稀泥呢吧？还有没有点原则了？

这个问题问得很有道理。但是，“波粒二象性”后来被无数实验证实了无数次，直至现在，还没被证伪。

跌宕起伏的波粒大战，居然以“波粒二象性”签约言和，原来是大水冲了龙王庙！

路，还长得很呢！

第七章

智慧之光（下）

速度与激情

1 光速追踪

回到我们将要修正的常识:时间是恒定的、持续的;空间是空间,时间是时间,时间和空间是独立的两个概念。这种显而易见、深受我们广大人民群众理解和欢迎的常识,用来对付苹果砸头落地(强调一下是苹果落地)、咱俩玩乒乓球、行星运转等问题,还是没有问题的。但速度一快,就会发现,事情突然变得完全不同。用它们来处理以光速或接近光速运动的物体时,完全无效。

光进入我们的眼睛,似乎从来没有什么过程,直接就是结果。

高速摄影技术让我们可以清晰地看子弹像蜗牛一样在空中漫步,但至今为止,谁也没见过光从光源射向目的地的过程。它向目的地扑去时,是怎样一种景象?最前端是圆的?尖的?平的?高低起伏的?谁见过麻烦告诉我。

是哪位牛人那么厉害?他怎样发现了光速是有限的?

这位牛人的名字不太好记,他叫欧尔·克里斯琴森·罗麦,丹麦天文学家。1676年,罗麦观察木星的卫星。卫星每转一圈,都有一段是转到木星背后,看不见的,我们管这叫木卫掩。我们知道,同一颗卫星绕行星运转的周期是一定的,不会这一圈跑快点,下一圈再跑慢点。所以,每次木卫掩离下一次月食的时间应该是一样的。但罗麦注意到(谁看都一样,区别在于是否注意到),木星的同

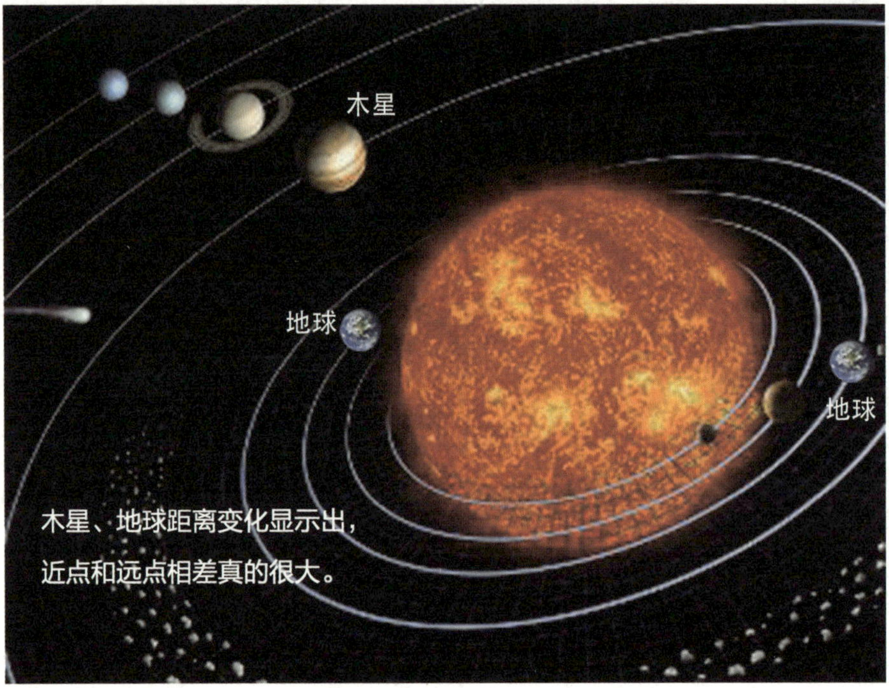

地球、木星距离变化示意图

一颗卫星出现木卫掩的时间不是每次都一样，他没有不相信自己的眼睛，而是考虑到，地球和木星之间的距离总是在变化，地球和木星都围着太阳转，但它俩步调不一致（周期不同步），所以两者距离时远时近。他注意到，地球离木星越远，则木卫掩出现得越晚。他解释道，这是因为，当我们离木星更远时，光需要花更长的时间才能从木星卫星到达咱们这里。因此，光速是有限的。

牛人啊！

那么，光速是多少？

当时，罗麦利用两次木卫掩的时间差和那时地球、木星的距离，算出了光速是每秒 14 万英里，而现在的准确值是每秒 18.6 万英里，误差不算小。问题出在哪呢？这是因为当时地球与木星的距离测量不精确。虽然不太准，但罗麦的成就依然是卓越的，他不仅证明了光速有限，而且算出了大致的速度。而这些，都是在牛顿发表《原理》前 11 年做的。

小链接

关于误差，我们并不陌生。误差这东西吧，无法消除，所以如果一个人说你测量值存在误差的话，那么——他就说了句废话。误差不是错误，它就像是实验的影子，有的时候可能我们没看到它，可是无论你承不承认，它就在那里，无法消除，只能通过多次测量求平均值、选用精密的测量工具、改进测量方法等方式尽可能减小它。

误差分为系统误差和偶然误差，什么叫系统误差呢？就是测量方法本身有问题，实验器材本身没有那么精确，和操作实验的人并没有关系。而偶然误差就是操作实验的人造成的。

比如说有一个读数需要估读，数字可以在0.2~0.4之间，我就估读了个0.3，可实际上它是0.4。但我是完全按照实验操作步骤和规则来做的呀。所以我们叫这种误差为偶然误差。不过如果读数是2，你不小心抄成了3，这就不叫偶然误差了，这也不叫误差，这叫错误。偶然误差一定是建立在操作实验的人完全按照操作的步骤和规则来操作的基础上。

计量的精密度是平行测量值互相接近的程度，即测量值与平均值接近的程度。测量值越接近，测量的精密度越高，测量数据的重现性越好。偶然误差使测量值分散，精密度反映分析测定过程中偶然误差的大小。精密度高，不一定准确度高。也就是说，测得值的偶然误差小，不一定其系统误差亦小。

计量的精确度亦称准确度，是指测量值与真实值的接近程度，测量值越接近真实值，准确度越高，反之准确度越低。

【典例】下列情况属于偶然误差还是系统误差？① 视差；② 游标尺零点不准；③ 天平零点漂移；④ 水银温度计毛细管不均匀。

答案☞ ① 偶然误差　② 系统误差　③ 偶然误差　④ 系统误差

准确的光速是由谁、又是怎样测出来的呢？这个历程很长很曲折，不过处处闪耀着智慧的光芒。

17世纪前，人们以为光速无限大，伽利略曾对此提出怀疑，并试图通过实验来检验,但因工具过于粗糙而未获成功。

1676 年,罗麦利用木星卫星的掩食时间进行了测量,如前面所述。

1728 年,英国天文学家布拉得雷。他利用恒星的光行差现象,估算出光速值为 $c = 303\ 000$ km/s。

1849 年,法国物理学家菲佐首次用机械设备(旋转齿轮法)成功地测量出光速,最早的结果为 $c = 315\ 000$ km/s。

1862 年,法国实验物理学家傅科改进了菲佐的装置,用旋转镜法测得光速为 $c = 298\ 000$ km/s。后来有人用光开关代替齿轮,改进了菲佐实验,精度比旋转镜法又提高了两个数量级。之后,傅科在装置里充入水,测出了水中光速是空气中光速的3/4 ,恰好等于水对空气中的光的折射率。

19 世纪中叶,麦克斯韦,根据他自己著名的方程指出,电磁波在真空中的传播速度,等于静电单位电量与电磁单位电量的比值,只要测出两个电量的值,就可算出电磁波的波速。

1856 年,R. 科尔劳施,W. 韦伯,他俩还真把上面说的电量值给测出来了,麦克斯韦根据他们的数据,计算得出:电磁波在真空中的波速值为310 740 km/s。这跟菲佐用机械设备测的结果差不多。

1926 年,美国物理学家迈克尔逊改进了傅科的实验,测得 $c = (299\ 796 \pm 4)$ km/s。1929 年,伯奇发觉该实验在推算真空中的光速时存在错误,改正后结果应为 $c = 299\ 774$ km/s。迈克尔逊这位光速测量帝,以后会经常提到他的一个著名测量实验。

1952 年,英国实验物理学家费罗姆用微波干涉仪法,测得 $c = (299\ 792.50 \pm 0.1)$km/s。误差比迈克尔逊在 1926 年测的值还要小,于是,1957 年,这个值作为“国际推荐值”,被世界通用。

1972 年,美国的埃文森等人直接测量激光频率 ν 和真空中的波长 λ,按公式 $c = \nu\lambda$,算得 $c = (299\ 792\ 458 \pm 1.2)$ m/s。1975 年,经第 15 届国际计量大会确认,这个值作为“国际推荐值”使用。

1983 年,第 17 届国际计量大会胜利召开,重新定义了国际通用长度单位“米”(m)。把 299 792 458 m/s 定义为光速的规定值。也就是说,人们规定:所谓1 m,就是光在真空中 1 秒行程的 1/299 792 458。真空中的光速成了定义值,以后就用不着再对它进行测量了。

我们耗费同样的体力，走在溜光的马路上，走在柔软的沙滩上，或者走在水里，速度肯定不一样。光在不同的介质中，走的速度也各不相同。

水中：2.25×10^8 m/s。

玻璃中：2.0×10^8 m/s。

冰中：2.30×10^8 m/s。

空气：3.0×10^8 m/s。

酒精中：2.2×10^8 m/s。

……

在了解以上这些牛人测光速的方法之前，我们能想象如何用一些简单的工具测出魔幻一样的光速吗？不管你们能不能，我反正是不能。想象不出，那就只有学习。

为了膜拜一下先人的智慧，我们从上面随便选一个牛人，围观一下他是怎样用机械工具测光速的。

1849 年，菲佐，他利用透镜聚焦和镜面反射，让光线经过齿轮的齿缝再原路返回，实验者观察返回的光。转动齿轮，就可以有规律地遮断、通过光线，当齿轮达到一定转速，反射光完全被挡住时，利用齿轮的转速、齿数，以及光走过的距离，就可以算出光速。

有兴趣的可以看看下面的原理图和详解。

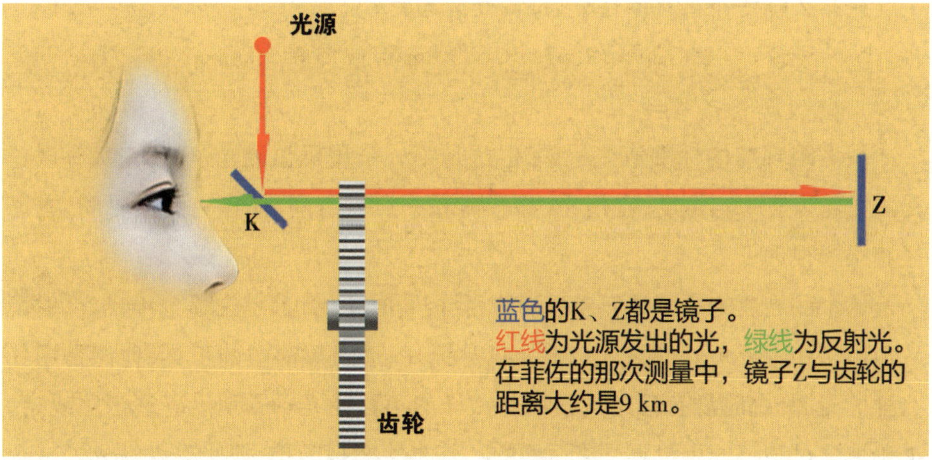

菲佐用齿轮测光速的原理图

透镜在这里只起“双规”的作用，让光束乖乖地按照“规定粗细、规定路径”行走，属辅助作用。所以，在图解中，我们省掉透镜，只取最简单的路径，使工作原理更清晰些。

光的路径：从光源发出的光，通过齿缝射到镜片，由此反射回去，再通过齿缝传到观察者的眼睛。需要特别注意的是，那个镜片与齿轮的距离要很大，具体多大，稍后便知。

齿轮的作用：如使齿轮转动，那么光束遇到齿缝就通过，遇到轮齿就隔断。齿轮的齿数是已知数，排列规整，根据转速可以计算光被阻隔的时间差。

测量过程：在光通过齿缝射到镜片，再反射回来的这段时间内，齿轮将转过一个角度，如果反射光被轮齿阻隔，观察者看不到光，再接着转，挡光的轮齿离开光的路径，光又能通过，观察者又看到光……以此类推，观察者看到的是闪光。当齿轮转到一定的速度时（不是越快越好），会达到这样的效果：每一次光穿过齿缝后返回时，都恰好被转过来的轮齿挡住，保持这个速度，观察者就看不到反射光。这时，根据齿轮转速 v、齿数 n、齿轮和镜片的间距 L，可知光速 $c=4nvL$。

菲佐当时用的是 720 齿的齿轮，1 秒钟转动 12.67 次时，光首次被挡住而消失。这就是说，光被挡住时，齿缝与轮齿交替所需时间为 $1/(720\times2\times12.67)$ 秒，在这一时间内，光往返所经过的光程为 $2\times8\ 633$ m（现在知道齿轮与 Z 镜的距离有多远了吧）。根据上面的公式：

光速 $c=4\times720\times12.67\times8.633\ \text{km/s}\approx315\ 015\ \text{km/s}$

虽然跟现在的标准值差一些，但这是第一个用机械测光速的实验，有误差是因为轮齿有一定宽度，它挡光、移开需要一点点时间，而这一点点时间，光已经跑很远很远了。

这个测光速的高招是怎样想到的，我们暂且不讨论，单说那个年代，反射镜片与齿轮相距近 9 km 那么远，手上只有镜片、透镜等简陋的工具，他们是用什么样的光源（那时没有激光），是用什么样的手段让光乖乖地沿着规定路线走，准确地穿过狭窄的齿缝再原路返回的？其实答案很简单，那些透镜组成了一个好用的工具：望远镜。“强”就一个字，我再说一次！

小链接

电磁波与机械波的比较

共同点：都能产生干涉和衍射现象；波动的频率都取决于波源的频率；在不同介质中传播，频率都不变。

不同点：机械波的传播一定需要介质，其波速与介质的性质有关，与波的频率无关；而电磁波本身就是一种物质，它可以在真空中传播，也可以在介质中传播。电磁波不管频率（波长）多少，它们在真空中传播的速度都是 $c=299\ 792\ 458\ \mathrm{m/s}$，但在介质中传播时，波速和波长不仅与介质性质有关，还与频率有关。

2 电和磁

说到光，我们就不得不提起另外两个家伙：电、磁。别急，咱们很快就知道这是为啥。

虽然，人类知道电和磁的时间很长，但对它们之间的关系却一直理不清。

我们来粗略看看电、磁学科发展的历史。

距今 2 600 年前，古希腊思想家、科学家、哲学家泰勒斯闲来无事玩石头，玩着玩着，他惊奇地发现，有两种石头魅力四射，居然能吸引某些其他的物体。黑乎乎的那块石头，我们管它叫磁石；半透明的那块石头，我们管它叫琥珀。根据经验和直觉，泰勒斯推断：它们内部有生命力。这个今天看起来很幼稚的结论，居然被人们相信了很长时间，直到公元前 300 年，斯多葛派哲学家还以此来证明：世间万物因有生命而相互吸引。他们将吸引铁、镍、钴等物质的性质称为磁性（磁性的定义至今也没有改变，物体吸引铁、镍、钴等物质的性质叫作磁性）。

距今 2 400 年前，《管子》记载："上有慈石者，其下有铜金。"这是关于磁的最早记载。其后《吕氏春秋》提到："慈石召铁，或引之也。"东汉高诱曾谈到："石，铁之母也。以有慈石，故能引其子。石之不慈者，亦不能引也。"瞧瞧，叫"慈"石，东西方不约而同把吸引物体这个现象与爱联系起来，磁石在许多国家的语言中都含有慈爱之意。人类用善意的憧憬去理解大自然，虽有主观之偏，却从浪漫中得到了精神的慰藉。不过自从这东西被叫作“有指向性的磁体”（磁体的定义倒是有一点点变化：具有磁性的物体叫磁体）之后就失去了它本来的浪漫色彩。

距今2 300年前（或许更早），春秋战国时期，史上最著名的“汤勺”问世，它就是指南针的始祖——司南。司南用纯天然磁石打造，健康安全环保，样子像一把汤勺，可放在平滑的“地盘”上并保持平衡、自由旋转，停转时，勺柄指向南方。《韩非子》中就有“先王立司南以端朝夕”的记载。指南针作为中国古代四大发明之一，让我们中华儿女反复骄傲了很多年。不过，对于司南的样子，历来就有争议。争议的原因是，用天然磁铁，确实可以打磨一把汤勺，但无论这把“汤勺”和“地盘”打磨得多光滑，它都不能指南或指北，因为天然磁石磁矩小，底部摩擦力总显得过大……所以，很多人认为，指南的司南也许有，但不会是这把“汤勺”。我们今天看到的司南，是学者根据史书的只言片语揣摩复原的。

小链接

任何磁体都有两个磁极，一个是北极（N极），另一个是南极（S极）。磁体周围存在着磁场，磁极间的相互作用就是通过磁场发生的。

距今约1 000年前，《武经总要》上传了名为“指南鱼制作全过程”的帖子，帖子云：将薄铁片剪成鱼形，烧红，将鱼尾指向正北，稍向下倾，入水，使鱼尾淬火，取出后铁片鱼就被磁化（使原来没有磁性的物体带上磁性的过程）了。把它固定在可以漂在水上的物体（八成是木头）上，使之浮在水面，就成为可以为我们指示方向的指南鱼。这是首例人工磁化的记载。如今，广大“斑竹”经验证、研究认为，在当时的条件下，此方法十分科学可取，遂决定设为荐文。古代劳动人民的智慧真是灿烂辉煌啊！

1600年，英国著名医生、物理学家吉尔伯特在伦敦出版了《论磁》，记录了磁石的吸引与排斥、磁针指向南北等性质（其实磁针只是近似指向地球的南北，有一个小小的偏角），并断定地球本身是一个大磁体，提出了“磁极”（磁体上磁性最强的部分）、“磁轴”“磁子午线”等概念，开创了电学和磁学的近代研究。他第一个称电吸引的原因为电力。他认为电与磁是有本质区别的两种不同现象。

1777 年，牛顿之后英国最伟大的科学家之一——亨利·卡文迪许提出，电荷之间的作用力可能呈现与距离的平方成反比的关系。卡文迪许是当时富翁里最有学问的，也是学者里最有钱的。氢气是他发现的，水的化学成分也是他确定的，他是第一个计算地球质量的人，在静电学上，他也颇有研究。但这家伙很古怪，比如他买股票只买一只；比如他羞于见人，听到赞扬时会落荒而逃；比如他发现或预见了能量守恒定律、欧姆定律、电传导定律等众多如雷贯耳的定律，但都不发表，也没有告诉别人，结果……

1785 年，法国物理学家查利·奥古斯丁·库仑通过实验确立了静电力的平方反比定律——库仑定律（看看卡文迪许的发现，唉，谁让你做了不说）：两电荷间的力与两电荷的乘积成正比，与两者的距离的平方成反比。用公式表示就是：$F=k\frac{q_1q_2}{r^2}$，式中 k 是静电力常量，$k=9.0\times10^9\ \mathrm{N\cdot m^2/C^2}$，$q_1$、$q_2$ 为真空中两点电荷的电量，r 为两点电荷间的距离。

好好看看这个公式，是不是想起了什么？

它难道不是万有引力公式失散多年的兄弟吗？距离平方反比哦！

小链接

库仑定律只适用于真空中的点电荷，它们之间的作用力在它们的连线上。

点电荷是一种理想化的模型，还记得质点吗？如果带电体本身的线度比相互之间的距离小得多，以致带电体的形状、大小以及电荷分布可以忽略不计，这种带电体就可以看成点电荷。但点电荷自身不一定很小，所带电荷量也不一定很少。就是把质点定义中的“物体”换成“电荷”，“质量”换成“电荷量”。

【例 1】关于摩擦起电和感应起电的实质，下列说法正确的是

A. 摩擦起电现象说明了机械能可以转化为电能，也说明通过做功可以创造电荷

B. 摩擦起电说明电荷可以从一个物体转移到另一个物体

C. 感应起电说明电荷可以从物体的一个部分转移到物体另一个部分

D. 感应起电说明电荷从带电的物体转移到原来不带电的物体上去了

答案☞ B、C

摩擦起电的实质是：当两个物体相互摩擦时，一些束缚得不紧的电子往往从一个物体转移到另一个物体，于是原来电中性的物体由于得到电子带上负电，失去电子带上正电，即电荷在物体之间转移。感应起电的实质是：当一个带电体靠近导体时，由于电荷之间的相互吸引或排斥，导致导体中的自由电荷趋向或远离带电体，使导体上靠近带电体的一端带异种电荷，远离的一端带同种电荷，即电荷在物体的不同部分之间转移。另外，由电荷守恒定律可知：电荷不可能被创造。

【例2】两个相同的带电导体小球所带电荷量的比值为1∶3，相距为r时相互作用的库仑力的大小为F，今使两小球接触后再分开放到相距为$2r$处，则此时库仑力的大小为

A. $F/12$　　B. $F/6$　　C. $F/4$　　D. $F/3$

答案☞ A、D

设两个小球相互接触之前所带电荷量分别为q和$3q$，由库仑定律得：$F=3kq^2/r^2$。由于两个导体小球完全相同，故接触后它们的带电情况完全相同。若它们原来带相同性质的电荷，则接触后它们的电荷量均为$2q$，此时的库仑力$F_1=k(2q)^2/(2r)^2=F/3$；若它们原来带相异性质的电荷，则接触后它们的电荷量均为q，此时的库仑力$F_2=kq^2/(2r)^2=F/12$。

库仑定律是静电荷间相互作用力的规律。此后，库仑又证明：同样的定律也适用于磁极之间的相互作用。这是电学发展史上的第一个定量规律，从此，电学的研究，由定性阶段跃升到定量阶段。

1786年，意大利医生和动物学家伽伐尼在实验室解剖青蛙，刀光、血迹、尸体……真是一个恐怖的画面。接着，更恐怖的事发生了：当刀尖碰到蛙腿神经时，蛙腿突然痉挛起来。诈尸？No！伽伐尼认为，这是由动物体上本来就存在的电引起的，他把这种电叫作“动物电”。这个偶然发现，引出伏特电池的发明和电生理学的建立。

1800 年，伏特发展了伽伐尼的实验，他让不同的金属相互接触，惊奇地发现，金属不仅可以导电，还可以生电！伏特认为，在伽伐尼的实验里，金属才是电的始作俑者，蛙腿是神经受电而动。接着他又发现，金属接触某些液体时，也会产生电流。他把几对黄铜和锌做成的电极连接起来，浸在盐水里，就有电流产生。最原始的电池问世了！有了电源，再接上闭合电路，我们就有了持续的电流。这是人类的神奇发明之一。想想看，世上如果没有电池，我们的生活会有什么不同？当然，这些都是后话了，伏特电池发明初期的作用也非同小可，此前，科学家进行电流研究，用的大都是静电，有了伏特电池，就有了持续电流，大大推进了电学研究。为了纪念伏特的贡献，人们用他的姓氏命名电压（U）的单位——“伏特”（V，就是伏特），简称“伏”。伏特不仅高度肯定了伽伐尼的工作，还把伏特电池叫作伽伐尼电池，电池里引出的电流称为伽伐尼电流。

1820 年 4 月，丹麦物理学家、化学家、重视科研和实验的优秀人民教师奥斯特在一次讲演快结束时，抱着试试看的心理，加演了一场实验。他拿起一根细细的铂金丝，放在一个小磁针上方，给铂金丝接通电源，小磁针居然为之一动！这微微的一动，让奥斯特的心狠狠地动了几下，一失足摔了一跤。但是，在场的观众都只注意到小奥的这一跤，却没注意到小针的那一跳，因为它跳动得太微弱了。小奥又用了 3 个月时间，反复实验，7 月 21 日，写了一篇实验报告：《论磁针的电流撞击实验》。虽然这篇报告仅 4 页，但结论不少，包括：

① 电流的作用，只存在于载流导线周围。

② 只要在电流周围，磁针都会偏转，但该作用对铜或其他一些材料做的针无效。

③ 在导线上方和下方，磁针偏转的方向相反。

④ 该作用可以穿过各种不同的介质，比如木头、玻璃等非磁性物体，但隔块铁就不灵了。

⑤ 该作用沿着螺纹方向垂直于导线传播。

⑥ 作用的强弱，不仅取决于电流的强弱，也取决于介质和导线到磁针的距离。

⑦ 通电的环形导体相当于一个磁针，具有两个磁极。

这篇简洁的报告发表后，在欧洲物理学界引起了极大震动，导致大批实验成果的出现，后来安培发现了电流间的相互作用，阿拉果发现了电磁铁原理（内部带有铁芯的螺线管就构成电磁铁），施魏格发明了电流计……物理学开疆拓土——电磁学诞生了！为了纪念小奥，从 1908 年起，丹麦以“奥斯特奖章”表彰做出重大贡献的物理学家；从 1934 年起，人们把磁场强度的单位定为“奥斯特”，简称“奥”；从 1937 年起，美国以“奥斯特奖章”表彰贡献突出的物理教师。

小链接

电磁铁是怎样炼成的

使没有磁性的物体具有磁性的过程叫作磁化。在环形导体中间加一块铁，可以使磁力变强，这块铁就叫作电磁铁。导线绕的圈越多，电流越大，磁力越强。而断电之后，它就还是块铁。当这个导线里的铁被我们应用的时候，这个装置就叫作电磁继电器。

电磁铁磁性的有无可由电流的通断来控制，磁性强弱可通过改变电流大小和线圈的匝数来调节，磁极可由电流方向来改变。

3 电磁大厦奠基

1821 年，英国物理学家、化学家、改变了人类文明的科学巨匠法拉第隆重出场，他的见面礼是一项重大发明。法拉第根据电磁效应，成功地发明了一种简单的装置：只要有电流通过线路，线路就会绕着一块磁铁不停地转啊转。您看出来了，法拉第发明的其实是地球上第一台电动机！

法拉第出生在一个铁匠家庭。因家境贫寒，他只能读到小学二年级。9 岁时，他的父亲去世，法拉第只能自谋生路，到文具店打过工，当过报童，他才勉强活了下来。

如果用两个字来形容少年法拉第，最合适的应该是：饥渴。

虽然食不果腹，但他绝不放过任何学习的机会。他对知识的饥渴，超过了对食物的饥渴。

13 岁时，小法拉第得到一份为印书作坊订书的工作，虽然活多钱少，但法拉第却如鱼得水，要知道，他装订的不是稿纸，而是梦寐以求的书啊！于是，他总是提前完成装订任务，然后便一头扎进书的海洋……

天才+勤奋=成功？不，上帝决不允许成功的等式如此简单地成立，否则，这个强人辈出的世上，将会出现很多成功的人！

对自然好奇不已的法拉第，在书山丛林中，独自猎取了丰富的科学知识，《大英百科全书》中的电学文章，他如数家珍。但这一切，都只是攒了一身装备而已，战场在哪儿？出路在哪儿？

幸运——成功等式的又一个重要因子。这一天，印书作坊的一位顾客听说法拉第热爱科学，就把一张通俗化学讲座的入场券给了他。讲演者是皇家科普协会教授、皇家学会会员（后来的主席）戴维。

汉弗莱·戴维，举世闻名的英国化学家，他的贡献很多，列举起来恐怕又是一篇长文，只说他发现的元素吧。我们知道，居里夫人因为研究、发现、分离了两种元素——镭、钋，分别获得了诺贝尔物理学奖和化学奖，而戴维发现和提取了钾、钠、镁、钙、锶、钡、硼等诸多元素，是化学史上发现新元素最多的人。可惜那时没有诺奖。但是，在英法开战期间，拿破仑举行了盛大的仪式，表彰了戴维的科学贡献。这种殊荣，在科学史上大概是绝无仅有的。

法拉第拿着入场券，不是去听讲座，而是去"追星"。他几乎记住了讲座的每个字，整理了笔记。此后，法拉第成为戴维这位科学巨星最忠实的粉丝。

一天，戴维在疯狂的工作中病倒。前来探病的名流显贵络绎不绝，以至于医院不得不挂出公示板，每天公布戴维的病情。一个稚气未脱的装订工，此时此刻，又能做些什么呢？

这时，成功等式的另外两个重要因子——智慧和勇气派上用场了。法拉第运用自己的谋生技术，把整理好的戴维讲演笔记装帧成一本368页、图文并茂的精装书，名曰《戴维演讲录》，送给戴维——他心中的圣者，作为祝福礼物。还附上简短的信：

> 我是印刷厂的订书徒，热爱科学，有幸恭聆您的四次演讲。现将笔记呈上，以为圣诞薄礼。若蒙您栽培，将不胜感激。
>
> 法拉第

戴维身世虽没有法拉第那么惨，却也是苦孩子出身，少年丧父，坎坷凄凉。

法拉第求学的恳切之情令他感慨。感动+同情+欣赏=接受。戴维把法拉第收入门下,作为自己的助理和仆从。法拉第开始只是做些为实验室洗瓶子之类的杂务,收入还不如装订工,但他仍是喜出望外——可以接触更多与科学相关的工作,学习环境也远非往日可比。

戴维很快就发现法拉第天赋超群,让法拉第参与的实验逐渐增多,甚至放手让他独立工作。温润的土壤催开了天才的生命之花,这是一朵灿烂的报春花,它预示了人类科学的又一个春天。

法拉第的成果遍布化学的各个领域:获得了液态氯;冶炼出不锈钢;研究了银化合物与氨的反应;分离出多种有机物,最有名的是苯;发现了电解定律。这些成绩,对于一般科学家,得其一便足傲一生了。但对于法拉第这个大厨而言,这只是几碟小菜。他为人类推出的重磅大餐,是在物理学中电磁学上的伟大贡献。

当然,过程照例不会一帆风顺。不知哪位牛人说过,老天很会开玩笑,他在送你一个大礼物时,总会用重重困难进行包装。但对法拉第的这个玩笑,有点开大了,最难解的一个"包装",竟然来自他的恩师戴维!

戴维老师不幸染上了害人害己的常见顽疾:嫉妒。这一病很要紧,他足足压制了法拉第10年之久,法拉第被迫放弃了专长的电学,转向无兴趣的应用科学,取得了上述那些小菜成果。

这一令人痛心的情节,一直上演到1829年5月,戴维老师去世。

1829年7月4日,法拉第致函皇家学会,要求回到自己专长的领域。1831年,电磁学领域王者归来,是时,法拉第年已不惑。那白白流淌的10年黄金岁月,天才的法拉第会在他专长的领域做出何等贡献,谁也无法估量。

法拉第

成就法拉第,是戴维一生最大的亮点;压制法拉第,是戴维一生最大的污点。可见,嫉妒不仅是被嫉妒者的不幸,更是嫉妒者的不幸。但,瑕不掩瑜,谁也无法忘却戴维的伟大科学贡献。人们说:戴维最伟大的发现,是发现了法拉第。

法拉第一生谦逊谨慎,淡泊名利,拒绝了许多大学赠予他的各种名誉学位,多次谢绝了商人的高价聘请,就连大家提名他为皇家学会会长、女王授予爵位这两件多少科学家梦寐以求的事，他也婉拒了。对名与利，想要就唾手可得，那是牛人；唾手可得却唯恐避之不及，那是神人！

现在，让我们走出对法拉第同志的追思，看看他发明电动机以后，电磁学领域又发生了什么大事。

1826 年，德国物理学家欧姆提出一个定律：在同一电路中，通过某一导体的电流跟这段导体两端的电压成正比，跟这段导体的电阻成反比。还给出了关系式：

$$I = U/R$$

其中，I 为电流强度(A)；U 为电压(V)；R 为电阻(Ω)。

这就是著名的欧姆定律。但欧姆当时默默无闻，大家用怀疑的眼光看了看这个发现，就扔到回收站里去了。4 年后，一位叫波利特的科学家发表了一篇论文，同志们一看论文的结果，突然想起回收站里扔着一篇类似的东西，翻出来一看，结论一模一样！于是科学界对欧姆刮目相看。从此，电阻单位的名称就叫“欧姆”(Ω)，简称“欧”。

小链接

导体的电阻是导体本身的一种性质，它的大小取决于导体的材料、长度、横截面积和温度。电阻与加在导体两端的电压(U)和通过的电流(I)无关。

1827 年，法国化学家、物理学家安培发表了他的著作《电动力学现象的数学理论》。他通过一系列实验，得出一系列结论。他发现通电的线圈与磁铁相似，还八卦了电与磁的暧昧关系，比方说，电流方向、电磁场方向(就是小磁针北极指的方向)与相吸、相斥的关系。他窥见，电一运动，就有了磁。而电流是怎么运动的呢？他说，电流从分子的一端流出，通过分子周围空间，由另一端补入，这就是著名的分子电流假说。对于铁为什么会被磁化，他解释道：铁分子内存在永恒的电流环，这些电流环具有磁性，但它们方向凌乱，就像一群内斗不休的国民，每个人都拼命阻止别人发力，功力就这样内耗了，因此在一般情况下，宏观的铁块不具备磁性，但是，外部磁场能够让铁分子的电流环磁性方向一致，从而让宏观的铁块显现出较强的磁性。他还推导出了两个电流元之间的相互作用力公式。分子电流后来被称为“安培电流”，电流的单位就叫“安培”(A)了。

小链接

在安培搞明白电流和磁场的关系之后,好多非专业的好奇宝宝总是问:“电流咋流的?磁场方向是啥呀?”安培看着这些看不懂论文的好奇宝宝,不禁45°角仰望星空,然后伸出手来:“来,跟我做。”

左手右手一个慢动作……不不不,只要右手。

伸出右手,四指弯曲,大拇指挺起。好了,四指的方向就是线圈电流的方向,大拇指的方向就是磁场的N极,也就是线圈内部的磁场方向。这就是安培定则。

直线电流的磁场方向也可以用安培定则方便地表示。示例如下:

【典例】在同一平面内有两根平行的通电导线 a 与 b,关于它们的相互作用力方向的判断,正确的是

A. 通以同向电流时,互相吸引

B. 通以同向电流时,互相排斥

C. 通以反向电流时,互相吸引

D. 通以反向电流时,互相排斥

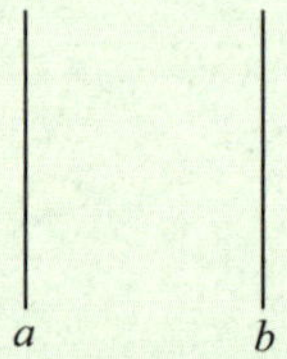

答案☞ A、D

设两导线中都通以向上的同向电流,根据安培定则,导线 a 中的电流产生的磁场,在其右侧都垂直纸面向内,这个磁场对通电导线 b 的作用力的方向,由左手定则可判知,向左。同理,导线 b 中的电流产生的磁场,在其左侧都垂直纸面向外,它对导线 a 的作用力的方向向右。结果,两导线互相吸引。若其中 b 导线的电流反向(即两导线中通以反向电流),则 a 导线的右边垂直纸面向内的磁场对 b 导线的作用力的方向向右;同理 b 导线的左边垂直纸面向内的磁场对 a 导线的作用力的方向向左。结果,两导线互相排斥。

磁场的最基本的性质是,对放入其中的电流或磁极有力的作用。通电导线在磁场中受到的作用力叫安培力,磁场对通电导线中定向移动的电荷有力的作用,磁场对这些定向移动电荷作用力的宏观表现即为安培力。通电导线的电流垂直于磁场时受磁场力最大,电流与磁场方向平行时,磁场力为零。

1831年,这是个光明的年度,人类一脚踏进了新的文明。奥斯特发现电流可使磁针偏转后,天才们集体闪出灵感的火花:电力能产生使磁针偏转这样的机械力,那么,机械力是不是也能变回电力呢?既然大家都往一个方向跑,那么剩下的事,就看谁先撞到终点那根华丽丽的线了。

安培下手比较早,做了各种实验,但由于根本的实验思想错误,实验无法成功。这不要紧,因为很多人也没有成功。

不过,有个人差点就成功了。

他的手已经搭上了成功的边缘,却随即跌入失败的深渊。不过,这种事多了去了,不算什么,但狗血的是,这个动作他重复了n次,而失败的原因,竟然是他跑得不够快!

1825年,科拉顿把一块磁铁插入绕成筒状的螺旋线圈里(这种配置,大家想必十分熟悉了),线圈连接着一个灵敏的电流计。记住,是"灵敏"的电流计哦!

"让磁铁在线圈中运动,或许能产生电流。"他想。

我们都知道,他想对了。

但他想多了——为了避免磁铁移动时对电流计产生影响(都是"灵敏"两个字害了他),他把电流计放在另一间房里。

于是,实验过程如下:

科拉顿先动一下磁铁,然后跑到另一间房里看看电流计指针。你晓得,他一定看见指针老老实实地待在0刻度,好像要憋着100年不变。

我们知道,磁铁动时,有电流,指针会动一下,但磁铁停下来,电流消失,指针就回到0刻度。因此,科拉顿有几个方案可以成功:一是把电流计放在实验室里实时观察;二是找个助手配合自己实时观察;三是搞个滑轮拉线装置,在放电流计的屋里拉线,牵动实验室的电磁铁;四是跑得比指针还原位置的速度还快。

很显然,前三种方案都是简单可行的。但科拉顿不知哪根筋错了位,偏要选第四种方案!要知道,这是兔子和猎豹也无法完成的动作啊!不出所料,他跑不过指针,所以他看不到指针偏转。

于是他认为没有电流产生,遂擦汗认栽。

把这么大篇幅用在一个失败者身上，是因为，在通往成功的道路上，由于主观的、客观的、偶然的、必然的、正常的、失常的种种原因，倒下了太多的天才。他们勇于探索的精神，是人类前进的原动力；他们失败的教训，是成功者迈过陷坑的垫脚石；他们前赴后继冲向目标的身影，是成功之路上最瑰丽的背景！同成功者一样，他们，也是真正的英雄，在膜拜成功者的同时，我们也应该向这些无名英雄致敬！

6 年后，重返电磁王国的法拉第设计了一个实验，实验装置与科拉顿的差不多，就是让磁铁穿越闭合线路做切割磁感线的运动，最大的区别是，法拉第把电流计放在自己身边。于是，磁铁一动，电流计指针也跟着动，法拉第看见了，确定了。这个效应叫电磁感应（闭合电路的一部分导体在磁场中做切割磁感线的运动时，导体中就产生电流，这种现象叫电磁感应，产生的电流叫感应电流）。

感应电流的产生需要三个条件：电路必须闭合；只是电路的一部分导体在磁场中；这部分导体做切割磁感线的运动。

法拉第发现闭合电路的磁通量发生变化，就会产生感应电流。后来人们发现，感应电流的方向可以根据右手定则或熵增原理来判断。

熵增原理与感应电流方向，似乎是八竿子打不着，然而想一想，还真用不着打八竿子：当变化的磁场降临到线圈中时，线圈的第一反应就是出现电流，这个电流并不是随便选个方向就一头撞过去，而是必须阻止磁场的变化。电流去阻碍变化的磁场，就会有消耗，熵就会增加。

感应电流的磁场总要阻碍引起感应电流的磁通量的变化，简单说就是“来拒去留”，别扭着呢——这个现象有个专有名词：楞次定律。好吧，似乎更别扭了，因为这个规律是俄国物理学家海因里希·楞次总结出来的。

有了这些基础，法拉第趁热打铁，两个月后，试制了能产生稳恒电流的第一台真正的发电机。1831 年 8 月 29 日，请记住这一天，发电机的生日。

从此，人类从蒸汽时代踏进了电气时代。

有人认为，法拉第对人类的贡献，从实用性、直接性上说，应该名列前茅，媲美发明了青霉素的弗莱明。直到今天，不管是风力、水力、火力发电，还是潮汐能、原子能、热能发电，发电机的基本原理仍如一百多年前一样：利用运动的闭合导体和磁铁。

法拉第去世后，有人提议停电三天向法拉第致哀，这完全可以理解，可惜实现不了。因为那时，人类已不可一日无电。动不动就停电的行为，是落后的、可耻的、不能容忍的。

1837年，也是法拉第，提出电场和磁场的概念：电和磁的周围都有场的存在。

这些概念乍看起来不起眼，但一琢磨，其意义非同小可。从此，人类开始认识到，看不见、摸不着，但能够左右物质行为的“力”，其本身也是一种特殊的物质。

电场、磁场与普通物质不同，它们不是以分子、原子等形式构成，但它们与普通物质一起，低调而切实地客观存在着。它们是物质相互作用的介质：电场力对电荷做功，磁场让磁体们相互作用。而我们都清楚，电荷、磁体无处不在。

除此之外，它还意味着一个挑战：既然电场、磁场都是客观存在的物质，那么，牛顿同志的“超距作用”思想，就应该下台了。

所谓“超距作用”，是指相隔一定距离的任意两个物体，它们之间存在相互作用，这种作用是直接的、瞬时的，不需要任何介质传递，也不需要任何传递时间。

法拉第通过对磁感线（也叫磁力线，据说他是用一张纸悬在磁铁上空，纸上撒上细铁粉，轻轻震动纸，铁粉会顺磁感线排列，这就“看”见了磁感线）的研究，指出：这些“力线”不是直线，而是曲线，“超距作用”只能是直接的，不可能以曲线的形式存在；导线自身运动，不会产生电流，它必须在磁铁周围的一定范围内，才能产生电流，这说明，力不是超距的，至少磁场、电场力证明了这一点。

后来，法拉第相信光和电磁有某种联系，甚至，他猜测，磁力的传播速度，可能和光的速度有一拼（只要有速度限制，无论它多快，也不是“超距作用”）。

天才啊！

虽然牛爷也对“超距作用”表示过怀疑，但他的力学理论体系却结结实实地引入和支持了“超距作用”思想。也就是说，要动“超距作用”，就得动以牛爷理论为核心的经典力学的根基！

不得了，了不得，居然有人向牛顿力学挑战！

1838年，还是法拉第，提出电力线（也叫电场线）的新概念，他用虚拟的有向曲线，来描述电场分布，形象直观地解释了电、磁现象。这是物理学理论上的一次重大突破，也是法拉第超强形象思维的又一充分体现。

小链接

磁感线：为描述磁场的强弱和方向而假想的曲线。磁感线是不存在的，用虚线表示，且不相交。

电场：①带电体周围存在的一种物质，是电荷间相互作用的介质。②电场是客观存在的，电场具有力的特性和能的特性。

电场线：在电场中画出一系列的从正电荷出发到负电荷终止的曲线，使曲线上每一点的切线方向都跟该点的场强方向一致，这些曲线叫作电场线。

1843 年，仍是法拉第，用有名的“冰桶实验”，证明了电荷守恒定律。

实验装备：

① 铁皮冰桶一个，放在绝缘体上。

② 金箔验电器一台，倍儿灵敏的那种，用导线连在冰桶上。只要冰桶带那么一丁点儿电，验电器上的金箔就会张开。

③ 用丝线吊着小黄铜球一枚，让小黄铜球带电。为啥要用丝线吊着？是因为丝线绝缘，你要是觉得不爽，可以换个塑料柄。

OK，万事俱备，开始实验。

把带电小黄铜球缓缓吊进冰桶，我们发现，随着小球的深入，验电器的金箔逐渐张开，张开到某个角度时，金箔不动了。小球继续深入，但金箔的张角毫无变化。直到小球碰到桶壁上，小球的电转移到冰桶上，金箔也没有反应。好吧，算你狠，hold 住了。

这说明，小球所带的电量，对箔片只能造成这么大的张角。

如果我们在小球碰到桶壁前，就把小球吊出冰桶，那么，电也随之而去，金箔就还原到闭合状态。

上述结果，与冰桶里装没装什么别的东西通通无关。

这说明什么呢？这说明，电荷可以从一个物体转移到另一个物体，或者从物体的一部分转移到另一部分，但电荷既不会创生，也不消灭，在转移的过程中，电荷的总量守恒。

1852 年，又是法拉第（“是你是你还是你”，就是对法拉第唱的），用他之前

“看”到的磁感线来描述磁场。

磁感线也是有方向的。磁铁周围的磁感线，一律从 N 极出来，绕场半周，进入 S 极。

磁感线上每个点的切线方向，都和这点的磁场方向一致，想起微积分部分里的炮弹轨迹（第三章“爱的抛物线”一节）没？

如果把小磁针放在磁铁附近的某个位置，它会指向哪个方向？

根据同性相斥、异性相吸的原理，当然是北极指向磁铁 S 极，南极指向磁铁 N 极了！

这个答案基本正确，但不准确，也不完全。

如果我们把这块磁铁的磁感线画出来，把小磁针摆在随便哪条磁感线的任何一点上，就会发现，小磁针立场坚定，方向明确，总是和该点的切线方向保持高度一致，绝不口是心非，并且北极所指的方向，就是磁感线的方向。可见，磁感线的威信，真不是靠吹的。

磁感线概念的提出，为经典电磁学理论的建立奠定了基础。

法拉第还发现，偏振光通过磁场时，其偏振作用就会发生变化。这一发现具有特殊意义，它透露出一个信息：光和磁的关系可不一般！

法拉第同学最大的缺憾，是数学成绩不好，因为他基本没上过什么学，没有机会接受足够的数学训练。但是，他超强的形象思维能力，弥补了这方面的很多不足。电场、磁场这种看不见、摸不着、描述起来极其抽象的东西，用电力线、磁感线概念一表述，它就可以进入各种物理课本，甚至可供中小学生学习理解。更重要的是，这些概念是简洁的、科学的，为电磁学的建立奠定了基础。

这，堪称法拉第超强形象思维能力登峰造极的表演。

法拉第还提出了“力场”的概念。他认为，一无所有的空间是不存在的，到处都充斥着物质运动的“力线”。所谓力场，是一种矢量场，场中的每一点，都可以用一个力来量度。从此，描述、解释力，有了一种简洁、形象、便捷的形式。

力场概念刚出世时，大家一看，这些条条道道太小儿科，没有尖端理论的样子，于是一度视之为随意涂鸦。但随着时间的推移，人们惊奇地发现，那些看不见、摸不着、神秘无比、高深莫测的力，居然如此真实地与这些线条吻合。换句话说，用这些线来表示、解释、计算、预言力现象，更直观、更便捷、更顺手，用了都说好。

力场是最重要的科学概念之一，它不仅奠定了电磁学的基础，还成为现代物理学的重要基石之一。

在物理的三大场中，磁体在磁场中受力，电荷在电场中受力，一般物质在力场中受力。

法拉第的理论为当代物理学的诸多进展开拓了道路，其中包括麦克斯韦方程。力场成为物理学家的灵感之源，他们纷纷用力场来描述引力理论，甚至弦场论。

爱因斯坦高度评价法拉第的工作成果，认为他在电学中的地位，相当于伽利略在力学中的地位。

4 电磁王

接下来，就是第二位超级牛人——麦克斯韦的时代了。

1831 年 11 月，法拉第制造出世界上第一台手摇发电机。手摇柄带动一个铜盘，在磁铁两极间转动，铜盘边缘和圆心各贴紧一个铜电刷，用导线接在电表上。

当他在英国皇家学会展示这个其貌不扬的小怪物时，一位贵妇人忍不住问他："这玩意儿能有什么用呢？"从发梢到脚尖都是疑惑。

法拉第彬彬有礼地答道："夫人，新生的婴儿又有什么用处呢？"

是的，没人能预测婴儿的未来，也许百无一用，也许改天换地。谁能料到，那台简陋到让人生疑的发电机，开启了人类的新文明呢？

麦克斯韦

1831 年 6 月 13 日，苏格兰爱丁堡的乡下，降生了一个婴儿，虽然无法预料婴儿将来会怎么样，但所有的父母都对孩子寄予厚望。他家也不例外。何况，他的家境还不错——地主家庭。他的父母都受过良好的教育，面对这个新生命，他们一致通过一项决议：教育从娃娃抓起。

娃娃的名字是：詹姆斯·克拉克·麦克斯韦。

父母总是喜欢大胆畅想孩子的将来，虽然胆子一个比一个大，但这孩子的将来，远远超出了麦爸麦妈的想象，居然成为堪与牛顿比肩的人物，彪炳史册，光耀千秋。

麦克斯韦小时候，由母亲教他读书，知识渊博的父亲也适时地引导他，而小麦过人的天分和对学习的兴趣，让这一过程和谐圆满。

老天是仁慈的，也是冷酷的。在小麦 8 岁时，肺结核夺走了母亲的生命。刚刚懂得幸福滋味的小麦深受打击，性格开始变得孤僻、内向起来。

幸好，能干的父亲不仅机械设计专业干得好，家里的活也都拿得起来，甚至能设计、裁制服装鞋帽，心灵手巧，细致耐心，责任感极强，又当爹又当妈。父子相依为命，形影不离。小麦深受麦爸的影响。

两年后，麦爸把 10 岁的小麦送到爱丁堡公学读书。

乡下的孩子进了城，难免会受到孩子们的冷落、嘲笑和孤立，小麦在冷眼中学习，在抗争中提高。

当然，“全校公敌”不止小麦一个，还有坎贝尔和泰特，这仨孩子同病相怜，成了朋友。被冷落的他们后来都出息了，坎贝尔是古典文学学者，泰特是数学和物理学家。当然，这是多年以后的事了。

小麦偏爱数学和物理，麦爸老早就发现小麦很有数学天赋。而这个天赋，居然是从美术课上发现的。一次，麦爸教小麦静物写生，面对插满金菊的花瓶，小麦刷刷点点，很快挥就。好奇的麦爸凑过去一看，这线条是有多简洁啊：花瓶是梯形，菊花是圆圈，叶子是三角形。图形准确，还有空间立体感。麦爸当时就把培养一个画家的梦想，改成了培养一个数学家。先教几何，后教代数。天才总是不同凡响，很快，小麦的数学成绩就超过了学校教授，当然是数学教授。

15 岁时，中学没毕业的小麦独立发现了次多面体，还写了篇论文，讨论二次曲线的作图问题。这种曲线，最早是天才的数学家笛卡尔发现的，他也给出了该曲线的绘制方法，不过，小麦用了不同的办法，十分巧妙。他的论文被慧眼识珠的《爱丁堡皇家学会会刊》看中并发表。这可是最权威的学术报刊啊！麦爸十分骄傲。

这篇论文让小麦跻身爱丁堡学术界，结识了这个圈子里的牛人，见识大增。

1847 年,16 岁的小麦考入苏格兰最高学府爱丁堡大学。班上,他年龄最小,学习最好,尤其在数学和物理上,才华横溢。更让人羡慕嫉妒恨的是,学成这样,他居然还有大量时间读课外书。他不仅用 3 年的时间完成了 4 年的学业,还捎带着学了很多课业以外的知识。

1850 年,19 岁的小麦来到剑桥。

剑桥大学,真正的顶级大学。顶级大学区别于顶级工厂的最显著特征是:产品个个都不同。

小麦到这里后很好地保持了他的风格,第二年便取得了奖学金。按照规定,获得奖学金的学生在同一桌吃饭——这是高才生相互结交的绝妙机会。

和高人交流思想,你就有望成为高人;总是和高人交流思想,你就是高人。

在剑桥的高才生中,有一个光芒四射的学术团体——使徒俱乐部,最初为剑桥的 12 个奇才创建,对应耶稣的 12 个门徒,以此命名。虽说只是个小小的青年群众团体,但入会条件苛刻,只有高才生中的高才生,才有资格跻身其中,所以会员凤毛麟角。这和金钱地位、家庭出身、本人成分、民族国籍、政治面目等全无关系。

小麦卓尔不群的才华倾倒了“使徒”们,他们吸纳小麦为会员。

其实,小麦并不是一个善于交流的人,他的思维天马行空,语言跳跃性强,从一个论题到另一个论题,往往没有过渡和转折,是用跳的,甚至是用穿越的。

因此,他的思想自己清楚,但表达出来,前言不搭后语。比方说,数学问题论战正酣,我们麦先生会突然冒出一个全不搭边的问题:“活猫和活狗摩擦可不可以生电?”听他说话,就是一个字:累。

但是,小麦出众的才华、惊人的想象力、敏捷的思维、讥诮的诗句却迷住了剑桥的才子们。

不怕交流有困难,就怕没啥可交流!所以,这个交流困难的会员,居然颇受欢迎。

高人的眼光就是高啊!这个会员后来成为使徒俱乐部的骄傲,他们因他而流芳千古。

眼光高的不只有俱乐部的高才生们,剑桥大学教授、地球物理学家、著名数学家霍普金斯也独具慧眼。

这一天,霍教授去图书馆借一本书,不料到图书馆一查,一个学生已捷足先

登，借走了。

借书本身并不奇怪，奇怪的是，居然有学生借这本书。这是一部深奥的数学专著，一般的学生不可能读懂——即使是剑桥的学生。

经查，该生名叫麦克斯韦。

霍老师满怀好奇地找到小麦，发现小麦同学正在埋头狂做笔记，不是一般的勤奋。刚要表扬一句，却发现他的笔记一团糟，不是一般的乱！于是，霍教授对这个乍看不一般，细看更不一般的学生说道："年轻人，要是没有条理，你永远也成不了数学家、物理学家。"

小麦被霍教授收入门下，成为霍普金斯私人班级的第 15 个入门弟子，吃上了小灶。

霍教授不仅自己学识渊博，还有办法让学生超越自己。他的班就是数学强人制造厂，门下牛人辈出，随便举几个例子：

汤姆逊，也就是举世闻名的物理学家开尔文勋爵，热力学的主要奠基者之一，电磁学的先驱，后面会驾着"两片乌云"出场(第八章"两片乌云"一节)。

斯托克斯，成就不说了，他是继牛顿之后，任剑桥卢卡斯数学教授、皇家学会秘书、皇家学会会长这三项职务的第二个人。更牛的是，这三职，牛顿是先后出任，斯托克斯是同时兼任！

凯利，不变量理论的奠基人，n 维空间概念的提出者，矩阵理论的先驱。

霍教授帮小麦同学改掉了没有条理的坏习惯，培养小麦同学严谨的作风——这是一名数学家必备的素养。数学是解决问题、认识世界的工具，霍教授循循善诱地把这一思想植入学生的灵魂。

小麦还参加了数学强人斯托克斯的讲座，这位师兄对他帮助颇大。

天才有了名校、良师、益友，自己又如此勤奋，坐拥天时地利人和，想不出成绩都难。不到三年，小麦就掌握了当时所有先进的数学方法，霍普金斯称小麦是他学生中最杰出的一个。

1854 年，23 岁的小麦毕业后，留校任职——三一学院研究员。开始，麦研究员研究的是光学上的色彩论。一天，他一不留神读了法拉第的《电学实验研究》，这一读不要紧，法拉第和电学瞬间把他迷住了。

天才对科学的魅力毫无免疫力，这就是所谓"秒杀"。

所以，他们对科学具有超强的悟性——只有钻进去，才能悟出来。

当时，人们对法拉第的理论颇有非议，最主要的原因是，法拉第的理论与经典力学暗含的“超距作用”思想相冲突。

牛爷岂是好惹的？光学只能算是牛爷的副业，但在波粒大战中，他都能单挑胡克、波义耳、惠更斯等牛人。现在，你在牛爷的主营业务——力学头上动土，这还了得？

一位天文学家、牛爷的粉丝说：“谁要是在‘超距作用’和模糊不清的‘力线’观念之间有所迟疑，那就是对牛顿的亵渎！”

虽然法拉第很牛，理论都有实验支持，并且大家都用着发电机发的电，但是，几乎所有人都呼啦一下子站到牛爷一边。

在这种氛围下，就算是明眼人，也容易被偏风迷了眼。

但是，有一种人，眼睛永远是明亮的，他们思维敏锐，不拘古法，笃信事实，只求真理，无惧权威，卓尔不群。我们的小麦，正是其中杰出的代表。

麦克斯韦认真地研究了法拉第的著作后，感受到“力线”思想的宝贵价值，法拉第超强的想象力、形象的思维、巧妙的方法、精准的实验、切合实际的理论、不容置疑的成果，都让小麦一见倾心。

同时，初具巨匠风骨的小麦，也敏锐地看到，法拉第在定性表述上，存在明显的弱点。

我们都知道，法拉第数学成绩不好，有人说，他是不懂数学的科学家中最杰出的，但也正是因为他不懂数学，所以聪明绝顶的他失去了与牛顿比肩的机会。

法拉第把他一生从事电学研究的实验成果，写成了三大卷、洋洋千万言的《电学实验研究》，其中，需要用数学来描述的地方比比皆是，法拉第扬长避短，充分发挥自己的形象思维能力，用巧妙的图示弥补了这一不足，这一手，科学史上无人能及。

小麦对法拉第的绝招相当拜服，它为我们带来了电力线、磁感线等巧妙、实用的科学成果。同时，小麦也认识到，图示毕竟只是图示，作为科学理论表述，它够直观、够巧妙、够人性，但，不精确、不严密、不给力啊！

从前文可知，在“超距作用”的问题上，虽然法拉第的解释很有道理，但是，缺乏严谨的数学推导和公式支持，这就是为什么那位牛粉天文学家用“模糊不清”这个词来形容法拉第的“力线”理论。

1841 年，麦克斯韦的师兄汤姆逊发表了第一篇论文，在电学方程和热流方程之间，建立了形式上的类比，可以通过代换，把某些电学问题，变成热学理论问题，而热学，是有数学支持的。这一招叫借花献佛，狠毒点也可以叫“借刀杀人”，借助热学中的数学方法，以类比为桥梁，搞定了电学中的某些数学问题。

1845年，汤姆逊提出了一个对电力线的精确数学描述。接着，他首创了电像法，提出了用“弹性固体转动应变”来类比磁力，把能量原理应用于电学……解决了法拉第理论的一些数学问题。

小麦睁开眼睛，从回顾中展望现实，年轻的双眸闪烁着大师的智慧光芒。

1855年，24岁的麦克斯韦发表了他的第一篇电磁学论文——《论法拉第的力线》。这篇论文也用了类比法，不同的是，麦克斯韦提出用“不可压缩的流体”来类比“力线”，比起师兄汤姆逊的类比，普遍性更强，能解决更多的问题。他还区分了磁感应强度、磁力这两个矢量，使这个让很多科学家大伤脑筋的问题豁然开朗。

麦克斯韦用矢量微分方程描述电场线，从此数学与电学喜结良缘。“力线”概念有了精确的数学表述，法拉第直观的描绘上升到了理论的高度。

电磁王国宫殿的蓝图已经绘就，基础已经打好，下一步，就是构架主体框架了！展望前景，风光无限啊！麦克斯韦激情满怀，正准备一鼓作气，大展身手，然而，一阵敲门声打断了他的思路。

是邮差，他送来一封信。是家书，却不是父亲的笔迹。一股寒意沿着脊梁袭遍麦克斯韦的全身。

父亲出事了？拆开信，他怀有侥幸的担心成为冷酷的现实。信是好心的邻居代写的，父亲病重，已卧床不起。

麦克斯韦从小失去了母亲，父亲一人担起了两个角色，在麦克斯韦心里，父亲不仅仅是亲人，他还是良师、益友，感情之深，无以言表啊！

在事业和亲情之间，麦克斯韦没有彷徨，他毫不犹豫地选择了后者：回去照顾父亲！

这是一个正常的决定，也是一个值得尊敬的决定。要做事，先做人，连自己的亲人都不爱的人，他会爱事业？鬼才相信。

麦克斯韦离开了学术环境优越的剑桥，来到阿伯丁，这里离家近，便于照顾父亲。他在一所学院谋到了一个教授的职务，教物理。

征得学院的同意，他先在家照顾好父亲，再去任教。

尽管麦克斯韦尽心竭力减轻父亲的病痛，想尽办法恢复父亲的健康，但在凋零的生命面前,一切都显得那样无能为力,挚爱的父亲最终还是撒手人寰。

那是1856年春季。麦克斯韦深受打击,悲痛充斥着生活的每个角落。

阿伯丁的马里斯查尔学院欣赏麦克斯韦的才华,决定正式聘任他为自然哲学(物理)教授,向他发出了邀请。

麦克斯韦犹豫了。无论从学术环境、生活环境,还是从收入、前途等各方面,阿伯丁都无法与剑桥相提并论,慈父已去,留在这里已毫无意义。但,短暂的犹豫之后,他决定留下任教,只为了两个字:诚信。

不仅要留下,还要尽力而为。人品,决定行动。

1856年11月,25岁的麦克斯韦来到了马里斯查尔学院,开始了物理教师的生涯。

麦克斯韦才思敏捷,他的文章思路清晰,条理分明,逻辑严谨,谁看了都说好。但老师是用“讲”的,站在讲台上,总不能整堂课都让学生们欣赏吱吱嘎嘎连绵不绝的板书吧?我们知道,麦哥那随着敏捷思路闪电穿越的语言,连剑桥的高才生们都难以理解,何况是这里的学生!

麦哥是个有自知之明的人。为了有个好的开端,讲好第一堂课,他花了很长时间,做了精心准备,包括练习放慢语速、理清层次等。但是,踏上讲台,一开口,他就收不住了,思路如潮,语速随之奔腾跳跃,还带着家乡口音……两课时的内容,他用一个课时就讲完了。学生们呆若木鸡,啥也没听懂。

一颗大汗从坐镇旁听的院长额头滑落。

下节课干吗?总不能空着吧。麦老师很有办法——重播上节课实况。

学生们都惊呆了。

第一次课尴尬收工。麦克斯韦痛下决心,刻苦练习发音、语速和讲解。人们见此情景,都被麦老师勤奋敬业的精神感动,包括院长和他的家人。院长的女儿玛丽帮了麦克斯韦的大忙,使麦老师的业务水平迅速提高,成为一名合格的教授。其间,神奇的爱情产生了。丘比特这孩子,总是在出人意料的时间出现。麦克斯韦这一年失去的春天,在冬天重新降临。阳光温暖起来。

无论怎么努力,麦克斯韦也当不成一名优秀教师,但他却是搞科研的奇才。在马里斯查尔学院,他对神奇的土星光环进行了研究,这是个天文学课题,跟电磁学一点关系也没有。

这个课题是拉普拉斯遗留下来的。拉普拉斯是法国数学家、天文学家,分析概率论的创始人、天体力学的主要奠基人、天体演化学的创立者之一。还记得吧，他就是在波粒大战中，用微粒说分析光的双折射现象，批驳波动说，还设了个“光的双折射理论研究奖”的那个粒军大将。

根据那时的观测，土星光环貌似一整块固体环，很美很神奇。1787 年，拉普拉斯按照观测结果，把土星光环作为刚性的整块圆环，进行了研究和计算。结果发现，想要让这个环保持稳定，不破裂瓦解，那么，它在密度分布、引力平衡、转速等诸多问题上，必须满足十分苛刻的条件才行，任何细微的出入，都会让这个环分崩离析。拉普拉斯的研究到此为止。

1855 年，人们又观测到一个新的暗环，还发现原来的环有分离现象，环的整体尺度，在发现环以来的 200 年间，也有细微变化。但它居然 hold 住了，没崩溃。

有的科学家提出，或许它不是一整块的，而是由固体流体组成。你要是觉得“固体”和“流体”放在一起矛盾，想想流沙就 OK 了。

麦克斯韦着手这个课题，首先假定土星光环是固体环，经过精密计算，证明无论在哪种情况下，这个环都必须瓦解——它不可能成立。然后，他假定土星光环是固体流体，把其中的个体看成质点，也就是说，土星光环由无数漂浮的质点组成。他根据这个思想建立了模型，强悍的数学能力得到充分发挥，他得出结论：光环的稳定，取决于这些质点在其轨道切线方向上所受到的力——切向力。

1858 年，麦克斯韦的论文《土星光环》获得了剑桥的亚当斯奖。1895 年，他的理论被观测证实。

麦克斯韦和夫人

对土星光环的研究，提升了麦克斯韦的哲学水平、科学洞察力，锻炼了他的数理分析、技术分析能力，使他在科学上走向成熟。

利刃照影，寒星游弋。万事俱备，剑出鞘，必改天换地！出鞘前，还有两件大事要做：后勤、后援。

1858 年，麦克斯韦当了新郎官，新娘就是帮助过他的玛丽。虽说新娘比新郎大 7 岁，但这不重要。重要的是，他们相爱，玛丽倾心支持麦克斯韦的科学事业，解除了他的后顾之忧，而麦克斯韦也深爱着玛丽。1876 年，玛丽患上神经性疾病，非常痛苦，麦克斯韦尽心尽力地照顾她。

1860 年秋，马里斯查尔学院与别的学校合并，要裁员，麦克斯韦由于口才欠佳，被儿时的好友泰特 PK 掉，失业了。不过，随后，麦克斯韦被聘为伦敦国王学院教授。

秋高气爽，伦敦，一个阳光灿烂的日子，麦克斯韦拜访了法拉第。这是两个伟人的世纪之晤，这一见，具有划时代的意义。他们性格、年龄、爱好迥异。一个活泼和蔼，一个严肃机敏；一个年近古稀，一个刚届而立，相差 40 岁。但这不仅没有妨碍他们的交流，反而让他们相辅相成，高山流水，得遇知音。法拉第是实验探索的大师，麦克斯韦是理论概括的巨匠，简直就是绝配！

法拉第有大师的才能，更具大师的气度。麦克斯韦就《论法拉第的力线》征求他的意见时，法拉第说："我从不认为自己的学说就是真理，但你是真正理解它的人……你不应该仅限于用数学来解释我的观点，而应该突破它！"

知道怎么做固然重要，知道做什么，更重要。

法拉第的话像一盏明灯，照亮了麦克斯韦的前进之路。有名师指点，麦克斯韦信心倍增，立即投入电磁研究。

他首先建了个理论模型，以便更直观、更透彻地研究法拉第"力线"。在这个模型里，他引进了一种充满空间的介质，初步推导出一系列电磁学理论。

小链接

① **磁通量(Φ)**：在某一面积所通过的磁感线条数，是标量。

② **磁感应强度**：表示磁场强弱的物理量，在磁场中垂直于磁场方向的通电导线，受到的磁场力 F 跟电流 I 和导线长度 L 的乘积的比值，叫作通电导线所在处的磁感应强度，定义式为 $B=F/IL$，单位为"特斯拉"(T)，简称"特"，1 T = 1 N/(A·m)。也算是老规矩了，磁感应强度与定义式中的 F、I、L 没有任何关系。

磁感应强度是矢量，磁场中某点的磁感应强度的方向就是该点的磁场方向，即通过该点的磁感线的切线方向。还是老规矩，既然是矢量，我们自然就可以用平行四边形定则来求解。

③ $\Phi=BS\cos\theta$，$S\cos\theta$ 为面积在垂直于磁场方向上的投影，θ 是磁场方向与面积的法线的夹角。当磁场方向与面积垂直时，$B=\Phi/S$。

【典例】一磁感应强度为 B 的匀强磁场，方向水平向右，面积为 S 的矩形线圈 $abcd$，如图所示放置，平面 $abcd$ 与竖直方向成 θ 角，将 $abcd$ 绕 ad 轴转 180°，则穿过线圈平面的磁通量变化量为

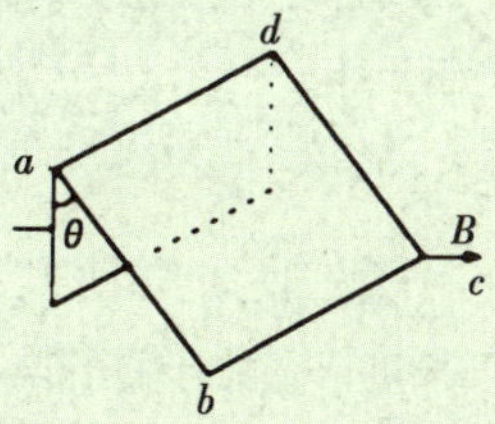

A. 0　　B. $2BS$

C. $2BS\cos\theta$　　D. $2BS\sin\theta$

答案☞ C

矩形线圈 $abcd$ 如图所示放置，匀强磁场方向水平向右，平面 $abcd$ 与竖直方向成 θ 角，则此时通过线圈的磁通量为 $\Phi_1 = BS\cos\theta$。当规定此时磁场穿过的是线圈的正面，则当线圈绕 ad 轴转 180°时，磁场穿过线圈反面，则其磁通量 $\Phi_2 = -BS\cos\theta$。因此穿过线圈平面的磁通量的变化量为 $2BS\cos\theta$。

至于磁体，麦克斯韦把它描述成这样一个吸管：它不断地吐纳介质，这头进，那头出，周而复始，磁感线就这样产生了。虽然“介质吐纳”不符合事实，但作为一个数学模型，它成功地导出了正确的结论。有人称之为“以太模型”。

在分析介质性质时，他发现，把静电单位和电磁单位相除，可以得到一个具有速度量纲的常数。后来科尔劳施和韦伯把静电单位的电量和电磁单位的电量给测出来了。运算得到的常数值，居然接近光速值！太巧了吧？

1862 年，麦克斯韦完成了论文《论物理的力线》。他阐述了“位移电流”概念，以及在“以太模型”方面的探讨。

他把磁场中的转动这一假说，从寻常的物质推广到以太，提出磁场在以太中能激发涡旋电场。这个观念告诉我们，电这家伙，它不是只住在导体里的一种流体，而是充满空间的一种粒子，只不过，它的习性很奇特，在绝缘体（比如空气、塑料等）里，它固定不动，而在导体（比如金、银、铜、铁、锡等）里，它可以自由运动。这样，如果我们让导体里的电运动起来——也就是产生电流，那么，这些粒子就会带动它周围的涡旋转动，然后带动邻近粒子周围的涡旋，像齿轮那样，以此类推，运动面就无限扩大，就形成了“力线”。

通过流体的观察实验，麦克斯韦认为，磁涡旋间的微小粒子，与电完全相同。

“位移电流”概念的提出，在电磁学中，是继法拉第发现电磁感应后的又一重大突破，从理论上成功解释了法拉第的实验结果，发展了法拉第的思想。

根据这个假设，麦克斯韦导出了复杂的方程组，这相当关键。我们知道，不管哪门科学，只有它发展到高峰，才有可能用数学公式表达定律。

1863 年，麦克斯韦再接再厉，完成了《论电学量的基本关系》，宣布了与质量、长度、时间有关的电学量和磁学量的定义，引入了成为标准的记号。电磁学又向前迈出了重要的一步。

1865 年，麦克斯韦发表了划时代的论文《电磁场的动力学理论》，完善了他的方程组，用这个方程组，他证明了世界上有这样一种东西存在：电磁波。现在，我们都知道电磁波的重大意义。他还导出了电场、磁场的波动方程……法拉第当年关于光的电磁论的朦胧猜想，经过麦克斯韦的精准演算，成为科学的推论。

麦克斯韦在数学上证明了，这些电力和磁力的产生，不是粒子有特异功能而相互之间凭空发生作用的结果，而是电荷和电流所产生的“场”相互作用的结果。

真是令人膜拜，我想破脑袋也想不出，他是怎样发现，并且居然是用数学来证明这些的。

麦克斯韦还发现，“场”中的每一点，都可能同时携带电力和磁力。电场随时间变化，会产生磁场；磁场随时间变化，就产生电场，二者互为因果。它们看起来很复杂，其实根子很单一：都因电荷而生，又作用于电荷。

于是，针对这个力，和携带这个力的场，麦克斯韦说出了我们今天都非常熟悉的两个名词：电磁力、电磁场。

电磁场是电磁力的媒递物，是统一的整体，电场和磁场是紧密联系、相互依存的两个侧面。

电和磁，就这样合为一体，永不分离。

根据麦克斯韦方程预言，电磁场中存在波状微扰，并且以固定的速度行进，如同水面的涟漪。于是，麦克斯韦兴致勃勃地计算它的速度，算出电磁波的传播速度是介电系数和导磁系数的几何平均数的倒数，一看得数，是一个惊人的巧合：这个波的速度居然等于光速！原来，几年前得到的那个值，不是一个巧合！

于是，麦克斯韦缓缓地爆出一个猛料：光，也是一种电磁波！

现在我们知道，电磁波的波长在 390 ~ 760 nm 之间时，就是可见光，我们在前面说过，光波长短与人眼可见范围的关系（第二章“我们应该怎样认识世界”一节），这次算是复习。

以可见光为界，波长较短的不可见光，有紫外线、X 射线、γ 射线；波长较长的不可见光，有红外线（0.76 ~ 1 000 μm）、微波（0.1 ~ 100 cm）、射电波（这个很长，从 1 m 到几千米或更长）。

电磁波还有一种奇异的特性，它们通过运动还可以改变波长，也就是可以相互转换，你变成我，我变成你，这个问题，我们在后面一定会遇到，此处暂不讨论。

现在我们明白了，原来光、电磁波是一回事，只不过波长不同、效应不同罢了。另外，咱们还明白了一件事：不管波长波短，它们的速度都相同。这一点至关重要。

这一年，麦克斯韦辞去教授之职，回到家乡，系统总结自己在电磁学上的研究成果。

1873 年，这是科学史上光辉灿烂的一年。麦克斯韦的《电磁学通论》横空出世。他更为彻底地应用了拉格朗日方程，推广了动力学的形式体系。

麦克斯韦在这部经典著作中，系统地总结了 19 世纪中叶前后电磁学的研究成果，包括吉尔伯特、卡文迪许、库仑、伽伐尼、伏特、奥斯特、欧姆、安培、汤姆逊，特别是法拉第等人的巨大贡献，更为细致、系统地概括了他本人创造性的工作成就，建立起完整的电磁学理论。

这部巨著非同小可，可与牛顿的《原理》（力学）、达尔文的《物种起源》（生物学）相提并论。

从此，物理学的广袤大地上，在傲然挺立的力学大厦旁，灿烂辉煌的电磁学宫殿拔地而起，与之比肩！

这一年，电磁王国的总设计师 42 岁。

麦克斯韦的四元方程组，可以准确地描绘电磁场的特性，及其各种相互作用的关系，它的最大优点，就是通用、好用——在任何情况下都好用。它的用处有以下几方面。

描述：它高度概括并准确描述了电磁学理论。

证明：已经有的理论，用它能推导和证明出来，包括以前所有的电磁定律。

求解：以前没解决的问题，能用它推导出答案。

小链接

导体的电流发生变化，它产生的磁场也就跟着变化，磁场一变化，也会让自己产生电磁感应现象，这叫“自感现象”。线圈越长，单位长度上的匝数越多，截面积越大，它的自感系数就越大。另外，有铁芯的线圈自感系数比没有铁芯时大得多。

自感单位：亨利(H)、毫亨(mH)、微亨(μH)

预测：以前不知道的东西，或者理论、定律等，它能准确地预言，比方说，可以证明出电磁场周期性振荡的存在，这种振荡就是电磁波。

麦克斯韦摆弄了一下方程，算出电磁波的速度接近30万千米/秒，咦？这不是光速吗？由此他得出光也是一种电磁波的结论。

因此，麦克斯韦方程不仅是电磁学的基本定律，也是光学的基本定律。也就是说，用它可以推导出光的所有定律！这是人类在认识光的本性方面的又一大进步。光学和电磁学的统一，是19世纪科学史上最伟大的综合之一。

由于那时麦克斯韦已经很有名气，所以，他的《电磁学通论》一出，迅速被科学界人士抢购一空。

但很快，买书的人发现一个大问题：看不懂！

是啊，电荷、电流、电磁等东西本来就看不见，很抽象，麦克斯韦用更抽象的数学去描述它，那就比抽象还抽象了。加上麦克斯韦的思想太超前、太不同凡响，就连赫尔姆霍茨（德国物理、生理、心理学家，有人称之为达尔文之后最伟大的科学家）、玻尔兹曼（奥地利物理学家，热力学和统计物理学的奠基人之一）这样的天才，也花了几年时间才理解。

懂的人少不要紧，要紧的是，电磁波这东西，没人看见过。物理学家们很彷徨，从理论上来看，麦克斯韦的整个理论是完美、可靠的，可是，传说中的电磁波在哪儿呢？

于是，人们开始怀疑。这一怀疑，就是15年。

麦总设计师建立了电磁王国后，也没想着去搞搞实验，制造出电磁波，来证明自己的理论是对的。他认为自己该做的都做了，实验的事，让别人去做好了。

这位大师放下电磁学，转头搞起了气体动力的研究，因为他在研究土星光环时，遇到过与此有关的难题，而我们的麦克斯韦，是不允许难题在自己面前张牙舞爪的，现在有时间了，该是收拾它的时候了。于是，麦克斯韦成为气体动力学理论的创始人之一。

麦克斯韦在生命的最后几年，把全部精力都投入到卡文迪许实验室的建设上了。实验室是剑桥大学的一位校长威廉·卡文迪许私人捐建的，他是大科学家亨利·卡文迪许的近亲。思来想去，他觉得这样重大的一件事，交给麦克斯韦比较放心，于是，1871 年，剑桥聘请麦克斯韦负责主持创建卡文迪许实验室，出任实验物理学教授。

什么叫超值？用了麦克斯韦这样的人才，就叫超值。麦克斯韦的能力远远超出了工作的需要。

麦克斯韦是个极度认真的人，接到任务后，他全心全意扑在实验室的建设上，使实验室设计趋于完美。作为第一届卡文迪许实验室主任，实验室建成后，他还拿出自己的积蓄添置设备，维持实验室的运转。实验室建设得极具先进性、前瞻性、科学性，硬件一流，创建者为实验室留下了优良传统的同时，又使其软件一流。这个实验室培养出大批牛人，从 1901 年诺贝尔奖设立到 1989 年，这个实验室一共走出约 30 位诺贝尔奖得主，电子、中子、脉冲星、DNA 的双螺旋结构等都是在这个实验室被发现的，波粒二象性也是在这里得到证明的。

在建设卡文迪许实验室的同时，麦克斯韦还接受了另一项工作：整理卡文迪许的遗稿。我个人认为这件事对他而言实在是大材小用了，这件事耗费了他生命的最后几年时间。麦克斯韦很好地完成了任务，卡文迪许埋没了差不多半个世纪的大量成果，被整理发掘出来。

最后几年，麦克斯韦过得很苦恼，新建的电磁理论不被人理解，这个还过得去。要命的是，他妻子长期患病，需要照顾，而他又必须干好工作。为了照顾好爱妻，他曾连续三个星期没上床睡过觉。

过度的焦虑和疲劳，终于击垮了他。

1879 年 11 月 5 日，伟大的麦克斯韦与世长辞。病因与母亲一样，年龄也一样，48 岁。

这一年，爱因斯坦出生。上天是冷峻的，也是体贴的。

随人苟且千秋短，任我激扬片刻长。

麦克斯韦一生虽短，但他功高业伟、义重情长，为人类带来的是真理、进步和光明，他的功、德、名、道永驻人间。

麦克斯韦是近代物理学的巨匠，经典物理学大厦的主要构建者之一，他提出和发展了新的世界观，加速了牛顿力学观的崩溃，为未来的科学研究指明了方向，成为现代物理学的先驱。

科学史认为，牛顿把天上和地上的运动规律统一起来，实现了第一次大综合。麦克斯韦把电、光统一起来，实现了第二次大综合，因此他应与牛顿齐名。还记得吧，我们讨论过科学理论统一的重要性（第四章）。

他的电磁学理论通向相对论，他的气体动力学理论对量子论起过作用，他筹建并领导的卡文迪许实验室，引导了实验原子物理学的发展……这一切，使他成为从牛顿到爱因斯坦之间最伟大的物理学家。

麦克斯韦1873年出版的《电磁学通论》，被尊为继牛顿《原理》之后的最重要的一部物理学经典。没有电磁学，就没有现代电工学，也就不可能有现代文明。

他生前没有享有应得的荣誉，因为他的科学思想太超前了，其重要意义，直到20世纪科学革命后，才得以充分体现。

5 捕捉电磁波

再美丽的理论，没有经过实践的检验、实验的证实，也是空中楼阁，当不得真的。

检验麦爷的电磁学理论，是一件难事，因为理解这个理论已经很难，遑论检验？但，在那个激情燃烧的年代，每逢关键时刻，总会有强人挺身而出。

海因里希·鲁道夫·赫兹，德国人，1857年2月22日出生。麦克斯韦的《电磁学通论》发表时，赫兹只有16岁。赫兹在绘画、外语、文学方面极有天赋，学过木工，练过车工，当过兵，进修过工程师，但他发现，自己挚爱的，是寻求科学真理。

麦爷的理论刚建立时，支持他的物理学家很少，其中包括前面提到过的玻尔兹曼和赫尔姆霍茨。他俩用了几年的时间，弄懂了电磁学理论。

然后，赫兹成了赫尔姆霍茨的学生。

然后，赫兹也弄懂了电磁学理论。

经过深入研究，他确信，麦爷的理论比牛爷的“超距作用”更靠谱，但是，证据呢？

无。那就自己动手！

应该说，赫尔姆霍茨无论作为科学家，还是作为导师，都是伟大的，他始终如一、不遗余力地大力支持和扶持赫兹。在天才赫尔姆霍茨的帮助下，1887 年，天才的赫兹鼓捣出一个玩意儿，这玩意儿能把电转换为具有一定频率的电信号，后来人们管它叫“振荡器”。

赫兹设计了一套装置，主要分两个部分：振荡器、共振器。看名字就知道它俩的关系了：振荡器是主犯，负责以振动教唆；共振器是从犯，胁从共振。这俩家伙没什么头脑，结构比头脑还简单。

振荡器：将一根短导线截成两段（更短了），截口处离开一点缝隙。通电时，电压能击穿缝隙间的空气，形成电火花，产生振荡信号。为了增加电容，教唆得更狠一些，两段导线的外端分别焊了一个金属球和一块金属板。

共振器：将一个金属圈，弄开一个断口。对了，套环魔术用的金属圈就是这样，只不过断口不能让咱看见。但共振器的断口很明显，在断口的两个端点，各安了一个小圆珠，为什么叫“安”不叫“焊”呢？因为这两个小圆珠是用螺丝安到端口上的，为的是可以调整两个圆珠的距离。

设备搞定，接下来，就是见证奇迹的时刻了！

给振荡器通电，逐渐增大电压，导线缝隙间的火花如约出现，直到形成一道扭曲闪烁的蓝光。

这不算什么，电火花见得多了。教唆不是奇迹，人家肯胁从，才是奇迹。赫兹转过头，盯着共振器，那是火花吗？

擦了擦眼睛，不是火花，是眼花。两器距离、两球距离、电压……各种调整，此动作重复了 n 次。

小链接

电容：定义式为 $C=Q/U$，其中 Q 表示电量，U 表示电容器两极板间的电势差，C 就是电容，单位是法拉。电容器的电容是反映电容器本身储电特性的物理量，由电容器本身的介质特性与几何尺寸决定，与定义式中的 Q、U 并没有任何关系。

那么啥叫电势呢？

电势(φ)：电场中某点的电势等于该点相对零电势点的电势差。电势是个相对的量，某点的电势与零电势点的选取有关（通常取离电场无穷远处或大地的电势为零电势）。因此电势有正、负之分，表示该点电势比零电势点高还是低。沿着电场线的方向，电势越来越低。

介绍完电势，就可以介绍下电势差了。

电势差(U)：电荷在电场中由一点 A 移动到另一点 B 时，电场力所做的功 W 与电荷量 q 的比值叫两点间的电势差。公式为 $U=W/q$。电势差有正、负，一般取绝对值。有没有觉得 U 这个字母特别眼熟？这怎么和电压的字母长得一样？为什么呢？因为，电势差就是电压，只是换了种更加科学的说法而已。

电势能：电荷在电场中具有的势能，数值上等于将电荷从该点移到零势能位置时电场力所做的功。公式为 $W=qU$。

等势面：电场中电势相等的点构成的面叫作等势面。

【典例】如图所示，在 xOy 平面内有一个以 O 为圆心、半径 $R=0.1$ m 的圆，P 为圆周上的一点，O、P 两点连线与 x 轴正方向的夹角为 θ。若空间存在沿 y 轴负方向的匀强电场，场强大小 $E=100$ V/m，则 O、P 两点的电势差可表示为

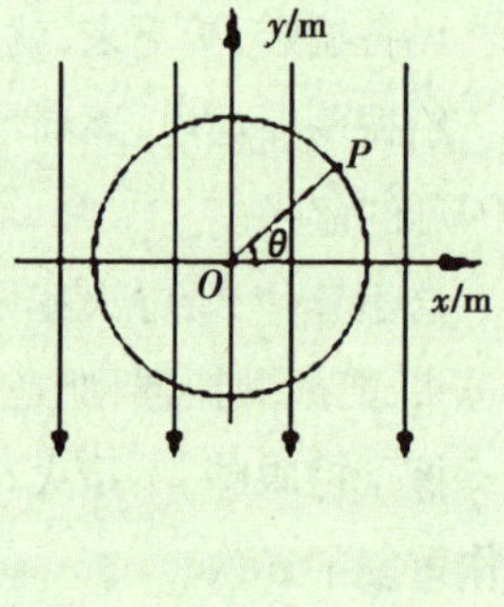

A. $U_{OP}=-10\sin\theta$(V)

B. $U_{OP}=10\sin\theta$(V)

C. $U_{OP}=-10\cos\theta$(V)

D. $U_{OP}=10\cos\theta$(V)

答案☞ A

在匀强电场中，两点间的电势差 $U=Ed$，而 d 是沿场强方向上的距离，所以 $d_{OP}=-R\cdot\sin\theta$，故 $U_{OP}=100\times(-0.1\cdot\sin\theta)=-10\sin\theta(\mathrm{V})$，选项 A 正确。

其实从准备到产生结果，整个实验进行了几个月，期盼已久的时刻终于到来了！赫兹看见了电火花——在共振器的两个小球之间。

虽然这火花是那样微弱，但这是“凭空”产生的啊！没人给它通电，它“发火”的唯一理由，竟然是跟它毫不沾边的另一个家伙在“发火”！

随后，赫兹在柏林科学院的院会上，宣布了这个令人振奋的消息：实验证实了麦克斯韦关于“位移电流”的预言。振荡的电场向外传播的，就是传说中的电磁波！

共振器不是凭空“发火”，而是振荡器这家伙在利用电磁波玩“隔山打牛”的魔术。

1888 年，赫兹又做了一个实验，设备也超简单：振荡器一枚，发射电磁波；锌皮一块，反射电磁波。

只要有足够高的振荡频率，振荡电路的电场和磁场分散到尽可能大的空间，就可以有效地将电磁场的能量传播出去。电磁波就在振荡器和锌皮之间反射，形成驻波……

Stop！“波”是要传播的，“驻”是不动的，这俩字怎么能放在一起？

其实，“驻波”是没问题的，它是由频率、振幅、振动方向都一样，但传播方向相反的两列波叠加后形成的波。这样的波，能量只能在波节和波腹之间来回折腾，所以，它不向前传播。其中，波节是振幅为零的点，能量最低；波腹指振幅最大处的点，能量最高。如果感到迷糊就看下页驻波的图。

检测器在振荡器和锌皮之间，顺着驻波前后移动，检测波段效应的强弱，最强处就是波腹，最弱处就是波节，波节和波腹两点之间的距离，就是 1/4 个波长，乘以 4，就是波长。

赫兹测出，波长 9.6 m。先假设电磁波等于光速，速度 ÷ 波长 = 频率，以此算出了该电磁波的频率。然后根据振荡周期公式，算出这个振荡器的谐振周期，也就是它发出电磁波的实际频率。

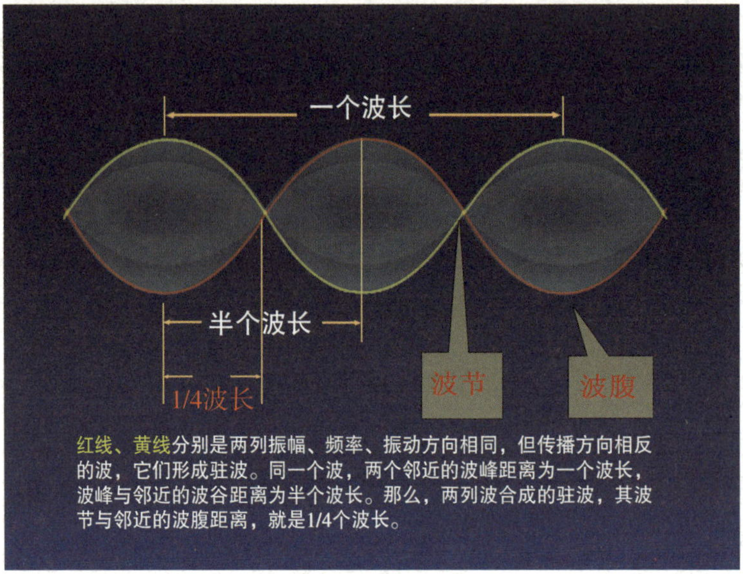

驻波

结果，麦爷又赢了，这俩频率相等。就是说，实验检测证明：电磁波速度等于光速。

31 岁的赫兹按捺住心中的狂喜，告诫自己，要淡定，要谨慎，憋住，不要说出那个答案！

接下来，是各种实验。

所有实验结果都表明，光的特性，电磁波都有：反射、折射、聚焦、偏振……

现在，是公布答案的时候了：实验证明，光就是一种电磁波！

赫兹的实验结果公布后，轰动了全球科学界，由伟大的法拉第开创、伟大的麦克斯韦总结发展的电磁理论，至此，取得了决定性的胜利！

这件事，是近代科技史上的一座里程碑，赫兹的发现，具有划时代的意义，他不仅证实了麦克斯韦的理论，还直接促使了无线电的诞生，开辟了电子技术的新纪元。麦克斯韦完美的创见，经赫兹之手，变成了客观现实。

赫兹是一位罕见的奇才，他对自然认识独到，很早就主张用简洁的观念来反映自然现象，甚至说，自然规律用时间、空间和质量的概念，就完全可以描述清楚。我们以后会知道，他的这个思想有多超前。这股势头保持下去，他还会发现什么，只有天知道。

令人伤感的是，1894 年 1 月 1 日，赫兹因病去世，老天只给了这位天才 37

年的生命。

一瞬缤纷成往事,满程痛快有余音。

赫兹一生胸怀坦荡,一心追求真理,他的 37 年人生,短暂而辉煌。他绽放了生命,挥洒了自我,痛痛快快地走完了人生之路的每一步。短短的 37 年,获取了多少人几辈子也难以企及的成就。

为了纪念赫兹,人类用他的名字命名了频率的单位。

6 电磁王国

赫兹还有一个贡献,他和亥维赛(英国自学成才的物理学家)把麦克斯韦的 20 个方程进行了归纳,简化成由 4 个方程组成的麦克斯韦方程组。下面,让我们来瞻仰一下神奇、伟大的麦克斯韦方程组的两种表达形式。

用微分形式表达:

$$\begin{cases} \nabla \cdot \boldsymbol{D} = \rho \\ \nabla \cdot \boldsymbol{B} = 0 \\ \nabla \times \boldsymbol{E} = -\dfrac{\partial \boldsymbol{B}}{\partial t} \\ \nabla \times \boldsymbol{H} = \boldsymbol{j} + \dfrac{\partial \boldsymbol{D}}{\partial t} \end{cases}$$

用积分形式表达:

$$\begin{cases} \oiint_S \boldsymbol{D} \cdot \mathrm{d}\boldsymbol{S} = q \\ \oiint_S \boldsymbol{B} \cdot \mathrm{d}\boldsymbol{S} = 0 \\ \oint_L \boldsymbol{E} \cdot \mathrm{d}\boldsymbol{l} = -\iint_S \dfrac{\partial \boldsymbol{B}}{\partial t} \cdot \mathrm{d}\boldsymbol{S} \\ \oint_L \boldsymbol{H} \cdot \mathrm{d}\boldsymbol{l} = \boldsymbol{I} + \iint_S \dfrac{\partial \boldsymbol{D}}{\partial t} \cdot \mathrm{d}\boldsymbol{S} \end{cases}$$

咱得结合这组方程神奇而强大的功用,来欣赏它的简洁和工整。

这其实是一首诗，言简意赅却内涵深厚，韵律和谐兼意境广远。我来翻译一下：

有电必生磁，此大彼则大。
反之亦然之，相生更相洽。
电磁场与力，无声起广厦。
问道有神功，一式安天下！

呵呵，你看出来了，其实文盲还是文盲——我根本不懂这方程是怎么回事，这首顺口溜难以述及方程式的万分之一，但这并不妨碍我欣赏它，就像我不懂兰博基尼的内部构造，却并不妨碍我欣赏它的力量感和速度感一样。

上面两个方程组是等价的，只是表达方式不同。方程组一共四个式子：

第一式，描述了电场的性质。

第二式，描述了磁场的性质。

第三式，描述了变化的磁场激发电场的规律。

第四式，描述了变化的电场激发磁场的规律。

看不见摸不着却又无处不在、无形无影却又神通广大的神秘电磁万象，被这一组方程简洁、和谐、优美地表达了出来，它的美丽动人心魄，它的强大令人震憾！

人们说，它完美得像出自上帝之手，是著名文学青年、流浪诗人——上帝他老人家写的一首诗！

电磁波的发现，催生了无数发明，以前想都不敢想的东西，纷纷闯进我们的生活，毫不客气地占据重要位置，成为我们的依赖之物，拽着人类社会的牛鼻子拼了命地往前跑，连口气都不让喘。

小链接

通过电谐振、调谐、检波，我们就可以收到电磁波。

电谐振：当接收电路的固有频率跟接收到的电磁波的频率相同时，接收电路中产生的振荡电流最强，这种现象叫电谐振。

调谐：使接收电路产生电谐振的过程。可以通过改变电容器电容来改变调谐电路的频率。

检波：从接收到的高频信号中“检”出所携带的信号。

1895年5月7日，俄国科学家波波夫发表了论文《金属屑同电振荡的关系》，并且演示了他发明的无线电接收机。几十年以后，这一天被定为“无线电发明日”。1896年3月24日，波波夫在俄国物理化学协会的年会上，实现通信距离250 m，世界上第一封有明确内容的电报诞生了，它的内容很明确：“海因里希·鲁道夫·赫兹。”

1896年，意大利无线电工程师伽利尔摩·马可尼证明，那些不可见光波可以用于通讯，他的实验通讯距离可达14.4 km，这一成果在英国取得专利，无线电随之问世，马可尼成为实用无线电报通信的创始人。1901年12月，他的公司在英国与纽芬兰之间，实现了横贯大西洋的无线电通讯，通信距离已达到3 540 km。

后来，人类陆续发现了不同频率的电磁波，并各尽其用：无线电广播（1906年）、无线电导航（1911年）、无线电话（1916年）、短波通讯（1921年）、无线电传真（1923年）、电视（1929年）、微波通讯（1933年）、雷达（1935年），还有遥控、遥感、加热、探测、卫星通讯、射电天文学……

想知道现代文明之前的地球是个什么样吗？把上面这些从地球上删除，就知道了。

电磁波的应用与相关发明还在继续。而这些，都是建立在麦爷的电磁理论基础上的。

实际上，电磁波无处不在。只要是本身温度大于绝对零度的物体，都可以发射电磁波，而世界上，不存在温度等于或低于绝对零度的物体。

电磁波的频率越高，波长越短。波长不同，其性质也就不同。

无线电波：由振荡电路中自由电子做周期性运动产生。波长1 m（1 m以下可称微波）至几十千米（也有上千千米的）。传真、电视、电话用的波长是3～6 m。无线电的用途之广，大家都很熟悉，就不啰唆了。

微波：0.1～100 cm。微波很奇妙，它对玻璃、塑料和瓷器这类东西，可直接穿越，不被吸收；水、食物等东西，能吸收微波而发热；金属类的东西会反射微波。想想看，微波在金属箱里折腾，穿过玻璃、塑料、陶瓷这些容器，把里面装的食物加热——太完美了！这种特性，简直就是为微波炉而生的！但微波最重要的职业不是厨师，而是通信，比方说雷达，雷达不仅用于军事，在导航、气象测量、大地测量、工业检测和交通管理等方面都有杰出贡献。微波还与其他学科互相渗透，形成微波天文学、微波气象学、微波波谱学、量子电动力学、微波半导

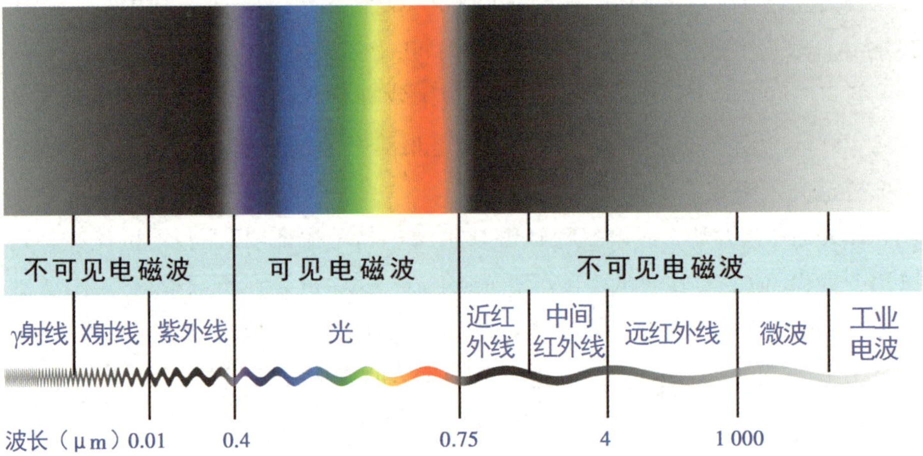

波谱图(可见光部分夸大很多倍)

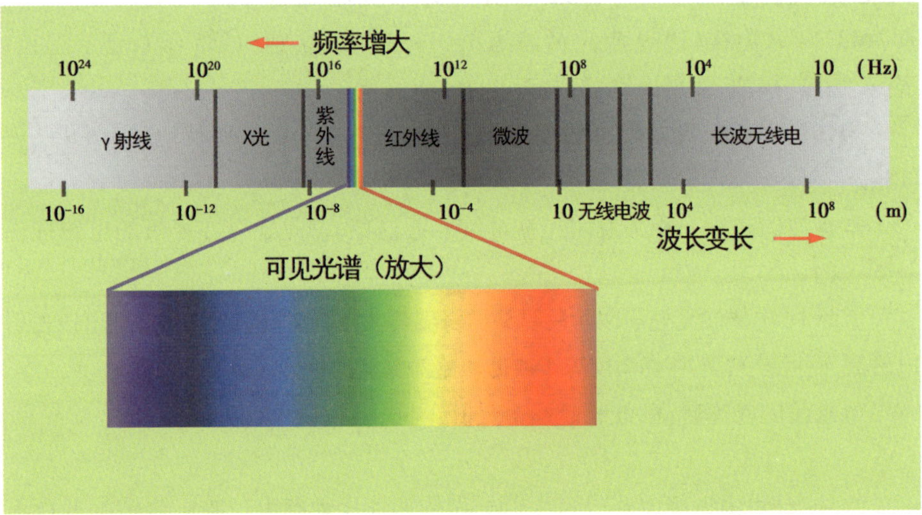

电磁波频率分布(如果按比例制图,可见光就不可见了。)

体电子学、微波超导电子学等重要的边缘学科。

红外线:由原子外层电子受激发产生,0. 76 ~ 1 000 μm。在光谱中,它排在可见光红光的外侧,所以叫红外线。它有较强的穿透能力,不易散射,还有显著的热效应,可以加热物体,并且在医疗、军事、摄影、通信、遥感探测、找矿等许多领域被广泛应用,具体一点的比如咱家遥控器、红外线望远镜、红外制导导弹等等。

可见光:也是由原子外层电子受激发产生,0. 39 ~ 0. 76 μm。赤橙黄绿青蓝紫,谁持彩练当空舞……这是我们观察事物的基础,人人都熟悉,其作用就不啰唆了。单说范围。电磁波的波长范围很广，长的在几十千米以上，短的在 0. 1 nm以下，我们掐头去尾，以 10 km 封顶，0. 1 nm 保底，算一下：10 km 是 0. 1 nm的 100 万亿倍。而我们可见光的波长，最长和最短的只相差 1 倍，约占电磁波波长范围的 300 万亿分之一，是完全可以忽略不计的一小段。就是这极其细微的一小段，已经让我们感到了世界的多姿多彩、目不暇接，如果我们能看见全部电磁波，老天呀！我们眼里的世界会是个什么样?!

紫外线：还是由原子外层电子受激发产生，0. 01 ~ 0. 38 μm。在光谱中，它排在可见光紫光的外侧，所以叫紫外线。太阳辐射中有大量紫外线，它有很强的灼伤性，如果直接照到人的皮肤上，时间一长，人们就得皮开肉绽，身上长各种疤瘤，惨不忍睹，阳光将成为养育万物的恩公兼杀害万物的凶手，悲催啊！不过这种事情只是想象而已，实际上，由于紫外线极易被吸收，所以在通过大气层时，波长 0. 28 μm 以下的紫外线几乎全被吸收，到达地面的少量紫外线，对人类和动物已无危害。但也正因为如此，它有了杀菌的作用。哇，世界真奇妙。紫外线可用来分析矿物、金属探伤、治疗皮肤病和软骨症等，具体一点的应用有：医院用来消毒的紫外线灯、紫外线验钞器等。

X 射线：由原子内层电子受激发产生，0. 01 ~ 10 nm，也叫 X 光。1895 年由德国物理学家伦琴发现，所以也叫伦琴射线。X 射线穿透力很强，能透过纸、人体、木材，甚至金属片等物体，所以我们主要用它来“透视”，如检查人体疾病，研究矿体、晶体内部结构，金属探伤，等等。具体一点的应用就是医院的 X 光照片等。

γ 射线：由原子核受激发产生，0. 01 nm 以下，1900 年由法国化学家维拉德发现。原子核衰变可放射 γ 射线，伴随着 α 衰变（${}^{A}_{Z}X \to {}^{A-4}_{Z-2}Y + {}^{4}_{2}He$；${}^{238}_{92}U \to {}^{234}_{90}Th + {}^{4}_{2}He$）和 β 衰变（${}^{A}_{Z}X \to {}^{A}_{Z+1}Y + {}^{0}_{-1}e^{-}$；${}^{234}_{90}Th \to {}^{234}_{91}Pa + {}^{0}_{-1}e^{-}$）同时发生。γ 射线是光子流，因此放射 γ 射线时不改变原子核的质量数和电荷数。其实质是当放射性物质发生 α 衰变和 β 衰变时，产生的某些新核由于具有过多的能量而处于高能级，在向低能级跃迁的过程中放出 γ 射线。γ 射线能量较高，性质与 X 射线基本相同，但它比 X 射线硬度高，穿透性更强，能穿透 30 cm 厚的钢铁，可以用来检查钢铁、机器的质量。但它的用途远不止于此，在医学、农业、化学、天文学等领域，它可谓独步江湖，可杀死细胞、刺激作物生长、促进化学反应、进行天文研究等，具体一点的应用就是医院的伽马刀等。

据2011年9月的消息，英国斯特拉斯克莱德大学发明了地球上“最明亮”的γ射线，亮到什么程度呢？比太阳亮1万亿倍！这种γ射线，是用超短激光脉冲与电离气体反应产生的，十分强悍，可以穿透20 cm厚的铅板，要用1.5 m厚的混凝土墙才能屏蔽它。它将开启医学研究的新纪元，还能在原子核研究领域大展身手。

人类将来还会搞出什么电磁波？这些电磁波会给我们的社会带来怎样的变化？只有天知道。

当我们为《永不消逝的电波》泪流满面时，当我们对着手机口是心非情意绵绵时，当我们在飞驰的火车上用笔记本电脑用得不亦乐乎时……我们可曾想到那个光辉的名字——麦克斯韦？

我们再简单地念叨一遍：电报、电话、广播、传真、电视、雷达、遥控、卫星通信、计算机、互联网……没有麦克斯韦，这些作为现代社会标志的东西，还不知道会在人类发展中的什么时间出现。

第八章

相对论前传（上）

暗夜传说

麦爷的电磁理论一建立，就与牛爷的力学理论发生了冲突。

两个理论在各自的领地里，明君圣裁，无一错漏，所囊括的自然现象，都乖乖地臣服在他们的定律和公式之下，看起来都是那样完美，不容些许亵渎。

然而，这两个各自完美的理论，却互不相容。

根据麦克斯韦理论，射电或光波的速度是固定的。

还记得牛顿理论中“不存在绝对静止”的观点吗？

以上这两个观点相互冲突。看不出哪儿不和谐也不要紧，咱俩还是回到火车上打乒乓球吧。

火车速度还是 100 km/h。这是一节软卧车厢。不过所有设施都拆走了，以便放这张乒乓球桌。

你背朝火车前进的方向，眼神有些忧郁，看着对面的我。

我表情有些凝重，轻轻挥拍向你击过一球。30 km/h，是球的速度。

你我虽然是对手，却在这一点上达成了共识。

然而，列车外，轨道边，芳草碧连天，一个毫不相干的家伙居然不同意咱俩的意见。他说出了和我们的测量相距甚远的一个速度：130 km/h。

理由是，他看见火车以 100 km/h 的速度前进，我击出的那个球在此基础上，以 30 km/h 的速度继续向前飞去。所以，根据小学一年级算术，球速是 100 + 30 = 130 km/h。

刚好咱俩也上过小学，所以相视点头，作会意状，一致同意了他的看法。

同一件事，有两个完全不同的答案。这种事(不是这道题)要是总在考试中出现，被标准答案一票否决，岂不是太坑了？

究竟哪个是对的？

牛顿教导我们，要搞清楚球的速度，你得先说清楚，它是相对于什么在做运动。火车、地面、见到城管的摊主，还是神七？“参考系”不同，得出的结果就不同。啥叫参考系呢？任何运动，都是相对于某个参照物而言的，这个参照物称为参考系。我们一般会以“使运动看起来最简单”为标准选择参考系，比如大地，如果选蜜蜂做参考系，那是自虐。两个物体的运动，必须选同一参考系才能做比较。参照物被认为是静止的（只是“被认为”，运动是绝对的，静止是相对的）。一个物体是运动的还是静止的，都是相对于参考系而言的。

这说明两个问题：

第一，这个理论，对光也应该成立。所以，你说光以固定的速度旅行，首先必须说清这“固定”的速度是相对于什么东西来测量的，只有参照物“静止”，光速才可以“固定”。

第二，既然所谓静止、运动、速度都是相对的，是根据参照物而定的，那么，只要有运动的物体，就不存在绝对静止的东西。

问题来了，既然没有绝对静止（固定）的东西，也就是不存在“固定”不动的参照物，那么，光的固定速度从何而来？

矛盾了不是？

小链接

关于参照物，咱们来举个例子。

【典例】在电视连续剧《西游记》里，常常有孙悟空“腾云驾雾”的镜头，这通常是采用“背景拍摄法”：让“孙悟空”站在平台上，做着飞行的动作，在他的背后展现出蓝天和急速飘动的白云，同时加上烟雾的效果；摄影师把人物动作和飘动的白云及下面的烟雾等一起摄入镜头。放映时，观众就感觉到孙悟空在腾云驾雾。这里，观众所选的参照物是

A. 孙悟空　　B. 平台　　C. 飘动的白云　　D. 烟雾

答案☞ C

这么多字简单概括来讲，就是孙悟空在云里面飞，谁是参照物？答案自然是云了。

“超距作用”和“光速固定”，两个问题是针尖对麦芒。

问题虽少，却都是根子上的东西，错了，再华贵的宫殿都得推翻重盖，修修补补，往往无济于事。

不是说好了吗？和平共处，互不干涉……

1 一个临时工

超距作用先按下不表，单说光速问题。

为了解决这一矛盾，人们提出(注意这个词)一种叫作“以太”的东西，这种看不见摸不着的物质被定义为“无所不在”(如果再加上“无所不能”那就无敌了)，甚至连“空虚的”真空中也有。

以太源于希腊语，原意为上层的空气，属于特供，专给神仙呼吸用的。

笛卡尔最先把以太引入科学，因为他认为，物质之间所有的相互作用，都必须通过某种介质来传递，所以任何空间都不可能一无所有，它应该被某种东西充满，这种东西就叫作以太。

但是，由于那时有没有以太都无所谓，大家都过得去，反正也不能当饭吃，所以大家都不以为意。现在不同了，不是以太能否当饭吃的问题了，它已然成了经典力学理论用来解释光速现象的救命稻草，大家七手八脚地把它从记忆的角落里翻了出来，给它掸掸灰、洗洗澡，还没来得及给它收拾利索，就匆忙把它推向前台。

以太虽然看不见、摸不着、找不到，但事实证明，它是由特殊材料制成的。它不是液体，不是固体，也不是气体，它是连续的、均匀的，而不像普通的物质那样，是由一粒一粒原子呀什么的构成的，杂乱无章。以太几百年如一日，默默无闻地承载和传递着光、电、磁、辐射热等不可捉摸的东西，并甘当它们的固定参考系，任劳任怨，恪尽职守，严于律己，绝不越雷池一步，发挥了不可替代的重要作用。

因为以太“无所不在”，一切物质都在其中，所以可以将它视作“固定”的东西，一切运动都是在它里面发生的。这就解决了参照物的问题。当时的科学界为此深受鼓舞，他们觉得，任何东西传播，都最好有一个介质负载它，否则感觉怪怪的，如声波通过空气传播，水波通过水传播，各种振动波都通过被振动的物质传播……所以，光通过以太来传播，就是一件深得人心的事了。于是，科学家们很快确立了以太理论：相对于不同的观察者，光速不同；相对于以太，光速固定。实际上，这个“以太”，已经明确地发展成为“光以太”了。

该措施一举解决了“固定速度”与“不存在静止参照物”的矛盾，看上去很美。让我们来感受一下：

在那遥远的地方，有个小亮光，它以光速穿越以太，向咱俩扑来。

我坐在以太里左顾右盼观察生活，大千世界，如梦如幻啊！

而你，却兴奋地迎着光，娇声叱道：“光儿，你别动，让我飞奔过去！”说着穿越以太向它狂奔，秀发在风中凌乱。

那么，根据以太理论，你我测到的光速是不同的：

你迎着光跑，测到的光速，就是你和光各自穿越以太的速度之和。这没问题吧？

我坐着不动，测到的光速，就是光自己穿越以太的速度。这更没问题吧？

也就是说，以上两种情况所测的光速，应该有一点点差异。

差异的大小，取决于测量者、光源的运动方向和速度。

这个设想听起来合情合理，令人心头为之一动，恨不能立马验证以谢之。

可是，这实验做起来太难，因为光速和我们的速度差距，不是一般的大。我们来看看人类创造的高速究竟能达到多少。

布加迪威龙：极速 407 km/h，即 0.11 km/s。

波音 787：1 050 km/h，即 0.29 km/s。

SR－71 Blackbird（不败传说——黑鸟）：3.5 倍声速，即 1.19 km/s。

X－43A 飞行器（试验阶段）：10 倍声速，即 3.4 km/s。

手枪、冲锋枪子弹（取最快值，即枪口初速，下同）：0.3 km/s 或更低。

步枪子弹：0.9 km/s。

狙击步枪、重机枪子弹：1 km/s。

我们知道，光速是 299 792.46 km/s（注意小数点以后的那两个数，和波音 787 比比看）。好像没什么可比性，我们运动的那点速度放在光速面前，基本可以不计。光速的随便一点点误差，其数字也比人类创造的最高速要大得多，要测出这个小到几乎没有的差异，你不想则已，越想越绝望。

得不到实验的证明，再美丽的理论都是浮云，何况，这还不是什么美丽的理论，只是为了解决光速问题，匆忙拉出来救场的以太——传说中的临时工，一个龙套，突然说他是角儿，还想无证上岗，你当观众傻啊？！

“我站在，烈烈风中，恨不能，荡尽绵绵心痛……”差异，差异！怎么能准确测出这个杀千刀的小差异?!

2 一个失败的实验

历史告诉我们,救星总是出现在最黑暗的时刻。绝望归绝望,只要不自绝,奇迹总会从天而降。

但是,科学上的奇迹,可不是随便什么智商的人拍拍脑门就能创造出来的。这里有个故事,我长话短说:

甲乙两个香皂厂,都进口了同样的生产线,生产效率明显提高。但生产线终端存在一个问题:总有个别香皂盒漏装香皂,导致空香皂盒被装箱出售,客户表示此事很坑爹。下面是两个厂的解决办法:

甲厂,厂长联系了一家专业机构,经技术攻关,发明声纳探测装备,探测到是空盒,机械手就根据探测定位,抓到空盒,放进空盒收集箱。真正的高科技啊,花费几十万,并且还没算使用期间的维修保养费用。

乙厂,厂长对终端负责人说,老张,你琢磨琢磨,看看这事咋办。老张回去琢磨一宿,第二天拿来一台风扇,对准成品输出的传送带,对面放一个大盆。于是传送带上的空盒都被风扇吹到大盆里去了。老张受到表扬,拿着 1 000 块钱奖金高高兴兴回家显摆去了。

这个故事的关键是:思路。

复杂的事情,不一定非要复杂的方法去解决。解决同一个问题,方法越简单,说明这个思路越好。这需要灵感。偶尔闪出灵感的人,是聪明人;经常闪出灵感的人,是牛人。

1887 年,牛人出现了,阿尔伯特 · 亚伯拉罕 · 迈克尔逊和爱德华 · 莫雷,两名美国物理学家。

迈克尔逊是个真正的专家,他以毕生精力从事光速的精密测量,在他的有生之年,他一直是光速测定的国际中心人物。

他解决速度问题的手段很简单:利用地球公转的速度。牛人啊!

地球公转速度是 30 km/s。虽然这与光速相比,仍然微不足道,但这是人力无法企及的,重要的是,这个速度足以测出人们梦寐以求的"差异"了。

根据以太理论，以太应该是充满空间、静止不动的，那么，地球在公转时，就应该有“以太风”存在。很好理解吧，在没有风（空气不流动）的日子里，我们骑着单车，都会感觉到清风拂面，你蹬得越快，风速越大。

30 km/s，这就是“以太风”的速度。然而，以太属于特供，它不屑跟普通物质发生任何关系，所以什么仪器也没法直接测出“以太风”的存在，也就没法证明以太的存在。好在它是光的载体，又是唯一可以让“光速固定”这个说法成立的参照物，所以只有通过测量光来证明它，实验成功，就一箭双雕：证明以太存在，并证明光速相对以太固定。OK，牛爷与麦爷握手联盟，世界和平了，物理定律统一，鲜花盛开，阳光明媚，历史翻开灿烂的新篇章……多么美妙的前景啊，都让咱俩听出鼻涕泡了。擦擦，先搞定实验再说。

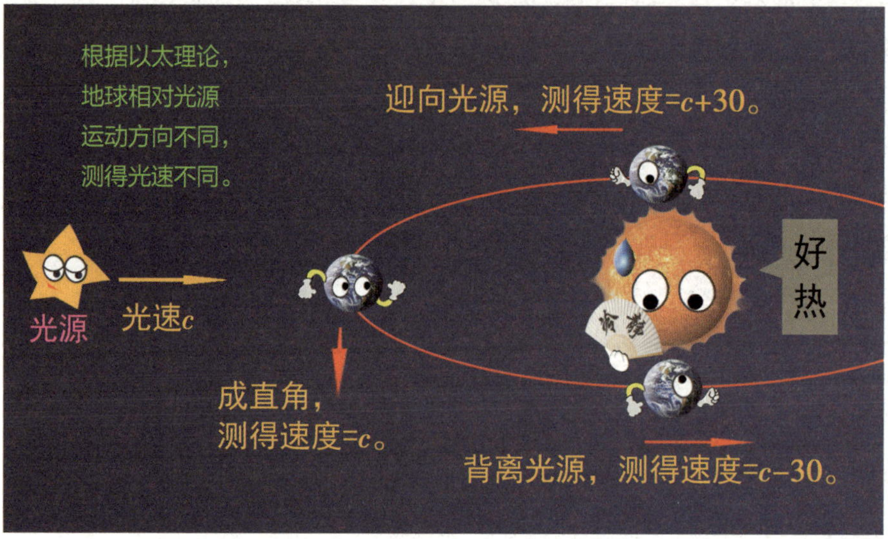

利用地球公转测光速

由于相对于光速而言，地球公转的速度也是极其微小的，所以，要测出这个差异来，需要十分精密的设备。

因此，这是一个既精细又困难的实验。他们是怎样做到的呢？

要是我，就首先要在天空中找到一颗特定的星星做光源，地球在公转中，运动方向有时迎向光源，有时背离光源，有时与光源成夹角——成直角时，可视为地球与光源的运动相对静止。这样，就能测出不同情况下光速的变化了。

可是你一拍大腿，欠扁地告诉我，这个方案理论上可行，但实际操作起来很难很麻烦。因为,那颗星星的光一直在朝我们源源不断地射来,没有时间间隔,光上也没有记号,想精确测量它的速度太难了!都无从测起。如果找一颗已知距离的天体当遮挡物,利用遮挡时间和已知距离来测速度,也存在一个大问题:遮挡物离地球的距离需要十分精确才行!因为对光速来讲,测量时把地球公转速度当成误差排除出去不算什么,但遮挡物距离再不精确,误差就太大了!

那咋办呢?

"我们有更好的办法!"迈克尔逊和莫雷自信满满、春风得意地说。

"频率。"迈克尔逊如数家珍。

"是的,光的频率!"莫雷接过来为我们讲了一个故事。

"那一年我17岁,她也17岁……"

"停!你本人的故事我不想听了。"

"对不起,台词背错了,我咽回去。其实我要讲的是一个超级玩家。"莫雷正色道。

"托马斯·杨……"

"停!双缝实验是吧?这个故事俺们听过!"

"但是,你知道怎样才能把这个游戏玩成功吗?"莫雷问完,见咱俩大眼瞪小眼,接着说道,"托马斯·杨玩的这个游戏,不是随便玩玩就能玩好的,要看到光干涉的美丽条纹,是有条件的:只有发出的两列光波是频率相同、相位差恒定、振动方向一致的相干光,才能产生光的干涉。由两个普通独立光源发出的光,很难具有相同的频率,更不可能存在固定的相差,因此,不能产生干涉现象。这就是为什么要强调'频率相同'。"

"哦,我想起来了,这个,俺们在发现光波是横波(第六章'波军大反攻'一节)那段学过。两道以上的波合并,波峰与波峰重合、波谷与波谷重合,也就是相位相同,则波的能量加强;如果波峰与波谷重合,也就是相位不同,则波的能量相互减弱。是吧?"你兴奋地抢

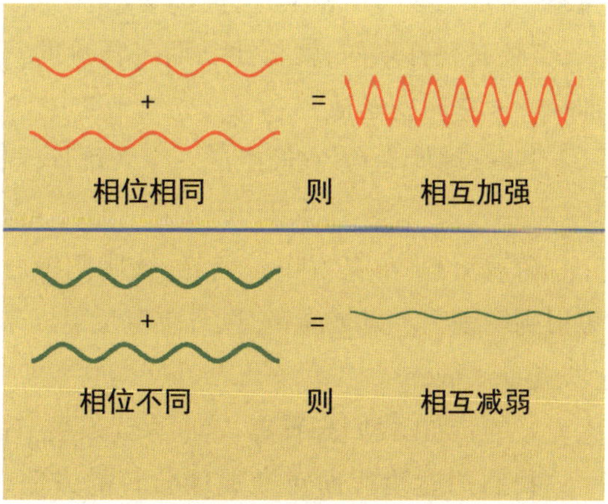

光波相位变化示意图

答道。

“对呀！小鬼蛮聪明嘛。”莫雷赞许地摸摸你的头，接着说道，“同样频率的两道光波重合，如果在起始点相位相同，那么在之后的旅途中，它们一直是相互加强的状态，表现为亮度叠加；反之，在起始点相位不同，则始终是相互减弱的状态，表现为亮度削减。”

迈克尔逊接过来说：“你明白了吗？哦，不明白，好，我直说了吧，从同一个光源发出的光，频率相同，如果把这样一束光分成两束，让它们速度不同，就能造成它们的相位不同（步调不一致），这时再让它们合成一束光，那么，频率相同、相位不同的两束光，就像托马斯·杨玩的游戏那样，就可能发生干涉，有干涉就会有条纹……明白了？只要产生较为明显的条纹，就能反证光速产生了变化！”

“那，怎样才能让这两束光速度不同呢？”你嘴里含着食指，眼神迷惘而又真诚地问道。

“这个简单啊，让这两束光朝不同方向跑，一束顺着地球运动的方向，一束跟地球运动方向垂直，再分别反射回来，合成一束，不就 OK 了？”一向以严谨著称的迈克尔逊笑眯眯地说。

“哦？哦！那就让我们大家立刻开始这段游戏吧！”咱俩迫不及待了。

“子曰，心急吃不了热豆腐。咱先把玩具凑齐再说。”迈克尔逊和莫雷一边准备玩具，一边絮絮叨叨地讲解。

“我们打算这样玩，听好了。玩具有下面这几样。

“一个光源，名叫小亮，它可以发出一束光。

“三块著名的镜子：阴阳镜可以把同一束光反射一半，透射一半，负责分光；魔镜、风月宝鉴则互相垂直，负责反光。

“还有一样东西，就是托马斯·杨玩的三块板之一——当然得要没弄坏的那块——它叫杨老板。

“OK，玩具凑齐，它们组成一个大玩具，叫迈克尔逊干涉仪。Go！”

游戏流程：小亮发出一道光，被阴阳镜分成两束，一束射到风月宝鉴上，一束射到魔镜上。光被魔镜、风月宝鉴反射回来，合成一束，投射到杨老板上。

Game over。

好的，现在我们来看看，这两束光发射方向不同，速度有啥不一样。

我们把魔镜背面对准地球公转的方向，按照牛顿理论，射到魔镜上的光（浅蓝）速度就是 $(c+30)$ km/s，由魔镜反射出来的光（深蓝）速度就是 $(c-$

30)km/s。

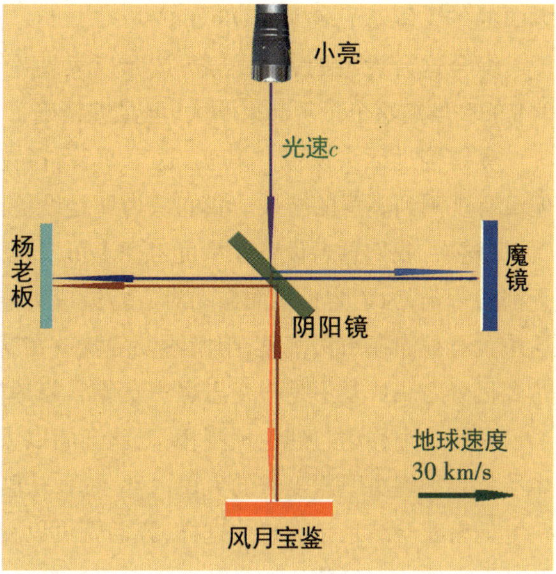

迈克尔逊－莫雷实验原理示意图

风月宝鉴跟魔镜垂直，接收和反射的光垂直于地球公转方向，不涉及与地球公转速度叠加，所以射到风月宝鉴上的光和它反射出来的光速度都是 c。

“现在，风月宝鉴和魔镜反射回来的两束光合为一体。”

“哦，我知道了，因为这两束光频率相同，但速度不同了，所以相位就会不同，就会导致干涉，产生条纹，从而一举证明牛顿和以太的胜利！”你兴奋地抢答道。

“呵呵，小鬼很有思想嘛。”迈克尔逊笑道，“理论上，小鬼说得不错，但实际上，由于镜面距离，两束光透过玻璃的折射、反射、光程差等因素，也会产生干涉条纹。这些条纹，是设备条件局限所产生的‘误差’条纹，虽然可以计算出来，从观察结果中剔除出去，但毕竟，我们真正要观察的干涉条纹也不是太明显，再加上可能的测量误差，这样得出的结果，还是底气不足。”

“那咋办啊？我们不是白忙活了？”这回咱俩真着急了。

“莫急莫急，有一个十分稳妥的办法，并且非常简单。”莫雷说着，脸上泛起神秘的微笑。

“快说吧，别卖关子了。”咱俩急得跳了起来。

“我们记录好第一次观测的条纹数据，把设备直接转动 90°，这次让风月宝鉴背对地球公转方向。”莫雷把“直接”两个字咬得很重。

迈克尔逊接着说：“由于设备上所有的部件，我们都没做任何调整，只是把它转动了一个方向而已，所以，即使设备本身有什么误差，这个误差总不会变吧？

误差固定，而两束光的方向却颠倒了，这会让条纹产生有规则的移动。

听明白了吧，设备的‘固定误差’可以不管了，我们只需要对照出两个不同方向的条纹移动了多少就 OK 了。

综合这台设备的各种因素，按照以太理论，我们已经算好了，条纹将移动 0.4 条！虽然这个量听起来不大，但足够精确了。”

莫雷接过话头说道：“其实，这个实验，迈克尔逊在 1881 年已经做过一次，但没有观测到满意的结果。我们认为那是设备精度不够造成的。”

“这次，我们这台设备在精度考虑上可以说是精益求精，甚至连外部环境配置都很苛刻，为了防止地面振动对实验造成影响，我们专门弄来一块大石板，把这块大石板漂在水银槽里，咱们的设备就放在这块大石板上。现在设备的精度达到亿分之一！是不是很变态啊？”莫雷自豪地笑道。

只要这个移动与理论预测相符，就证明以太存在，光速相对以太固定，那么牛爷就和平解决了跟麦爷的人民内部矛盾，从胜利走向胜利！

如果实验结果是设想的这样，我们就可以在杨老板身上分别看到两个方向的干涉条纹——动感的哟！

自从上次跟托马斯·杨玩过之后，杨老板就一夜成名，它一直梦想着做一匹无忧无虑的斑马。现在，身披动感条纹，是它的新理想。

此刻，我们共同的梦想就在眼前。

迈克尔逊、莫雷、咱俩，和杨老板一起期待这一神奇而伟大的时刻。

那美丽的动感条纹会不会在杨老板那方正平整的身体上如约出现？

“放心吧，一定会的！”说出这句信心爆棚的话后，我们心中有些忐忑。

地球无怨无悔地以 30 km/s 的速度在以太中穿行。

小亮朝阴阳镜射出一束明媚的光。这束光与地球穿行的方向垂直，速度是 c。

阴阳镜将这束光的一半放行，分给风月宝鉴，另一半反射给魔镜。

两面镜子反射回两束不同速度的光。

两束速度不同的光合成一束，射向杨老板……

我们把设备转动 90°，上面的过程重演……

Ladies and 乡亲们，现在，就是见证奇迹的时刻！

我们一起睁大了眼睛。

没有移动。

我们一起擦了擦眼睛，还是没有移动。

于是我们一起傻眼了。

再来一遍！

我们又一起擦了擦眼睛，擦大劲了，眼前金星有了，但移动没有……

“这大概是一起普通的交通肇事，这个……这个大概是巧合……可能是今天天气不太好、太不好或者太好，也许以太的状态有些特殊，或者是其他别的什么原因，很多的巧合凑在一起导致了难以解释的结果，总之我们要反反复复调校设备，在不同的季节，地球运转到轨道不同的位置，反反复复做这个实验，我相信，总有一天我们会看到那美丽的动感条纹，那一天，将是电磁学和牛顿力学大统一的一天，将是人类历史上伟大的一天！让我们一起期待吧！”迈克尔逊坚定地说，莫雷也坚毅地点点头。

“好吧，既然这样，我们就先不围观了。”你们继续。

五天过去了。没有移动条纹。

一年过去了……

像以往的每一年一样，这一年很快就过去了。但对于迈克尔逊和莫雷而言，这是漫长的一年。对于整个物理界而言，这也是难捱的一年。因为等待是一种煎熬。越急迫的等待，煎熬的时间越漫长，过得越缓慢。

人们在等待那个美丽的梦想，但每次突如其来的都是无情的现实。

时间、位置、角度、精度、环境、设备结构……能考虑的都考虑了，能变换的都变换了，能调试的都调试了，能改进的都改进了，但不论怎样，就是见不到期待中的条纹移动。

不是巧合，再多的巧合也抹不平事实的忧伤。悲剧啊！

这个始料未及的结果把他俩和当时的科学界惊呆了，也把咱俩惊呆了——尽管咱俩已经是第 n 次看到这个结果。

人们不知所措：为什么呢？

实验“失败”了，我们没能证明光速可变，没能证明以太的存在，没能捍卫伟大、光荣、正确、光芒万丈的牛顿理论！

之后，根据这一原理，无数人重复了这一实验，结果无一例外，都不符合牛顿理论的预言。

还记得那个操作起来很难很麻烦的实验方案吗？后来，还真有不嫌麻烦的人，想办法利用月光、日光、星光与地球运转的相对速度来测定光速。

要知道，迈克尔逊－莫雷实验是光源在地球上，测的是“光速可否随光源运动而变化”，而后来人们利用日月星辰的光，既有光源（日月星辰）运动，也有观察者(地球)运动,可以说更有说服力,至于怎样精确测量天体的光速变化,我没找到资料,不过如果换了我,就用对准光源的天文望远镜作为小亮的替身。

虽然他们使用的手段不明,但结果很明朗:不管地球是顺光、逆光、侧光、侧逆光运转,测得的光速都是 c!

希望破灭了。

天啊,光速真的是“固定”的!

为什么?这都是为什么?

物理界一片沸腾:这是怎么了?不应该呀,不合理呀,不管光源和观察者怎么动,光的速度居然不变!这解释不通呀?这可如何是好啊!快传以太上殿……以太呢?……

1907 年,迈克尔逊因发明光学干涉仪,并使用其进行光谱学和基本度量学研究,成为美国历史上第一位诺贝尔奖得主。这次实验史称以太漂移实验,也叫迈克尔逊 - 莫雷实验。这是一次“失败”的实验,但同时也是科学史上划时代的实验,它证明了光速不变,它所带来的质疑、无奈和震动,引起了人类的又一次科学革命!这是后话,暂且不提。

3 一例显而易见的观测

不解决光速问题,物理学难以为继。

实验证明,光速不变。那么,是不是实验设计原理出了问题?经过多方论证,答案是否定的,实验设计原理没有问题,实验过程也没有问题。

如果说,当时的实验设备、设计思想有问题,那么时至今日,可以上天入地的现代人,利用各种高科技手段,各种测量,答案都是一样的啊。

尽管如此,我们仍然可以怀疑这一切。因为我们总是不明真相,这个事实足以令我们怀疑一切。

OK,我们不做实验,来亲眼看一看事实,看看现实中,光速在我们眼中是否可变。

但是,光速那么快,即使它变快点,或变慢点,精密仪器测起来也十分费劲,我等肉眼凡胎,就更看不出来了!

别急,虽然上天给我们的肉体太多高压限制,速度、力量、感官……很难取得一点突破，但有一处还是很宽松的，那就是智慧。智慧达到一定高度，肉眼凡胎也可以出神人。

这里的神人，当然就是指智慧的科学家们。

科学家们替我们找到一个显而易见的观测对象——双星。

这里所说的双星，是由两颗星组成的一个系统，也叫联星，两颗星是这样的：它们距离很近，质量大抵相当，谁也不服谁，谁也不甘心围着对方转，却互相被势均力敌的引力吸住，不得不围绕共同的重心公转。从表象上看，它们像电影里两个旗鼓相当的拳师交手前的情形。

我们要观察的双星系统是这样的：它们的公转轨道面与我们观察的角度基本持平，这样，双星就会在一颗转向我们时，另一颗转离我们，如此往复。

好的，现在我们先给双星起名，它俩一个叫苏小小，一个叫陈圆圆。这一年小小 17 岁，圆圆也 17 岁。现在，小小和圆圆在我们眼前翩翩起舞，顺时针互转，由于它俩体重一样，所以相互绕着它们共同的重心，也就是圆心飞转。美极了妙极了！不愧是著名青年舞蹈艺术家！

它们转的这个圈，对我们来说，有这样四个点：离我们最远的那个点叫“远”，离我们最近的点就叫“近”了；左边的那个点叫“左”，右边的那个点当然就叫“右”了。它们顺时针转哦。此刻，巧极了，苏小小在“远”，陈圆圆在“近”。

你知道我是个狂爱艺术的人，此时此刻，当然只顾欣赏艺术，没时间搞测量。所以测量任务交给你了。下面是你测量的结果：

① 两位 MM 的速度是光速的一半。

② 它们每两天转一个周期。也就是说，每两天，圆圆转一圈，小小也转一圈。

③ 光在正常的光速下需要经过 5 天时间传到我们的眼睛里。

现在，苏小小在“远”点，陈圆圆在“近”点。OK，我们先粗略观测一下，当光速可以叠加时，它俩运动的大致状况。

“叠加”的意思，就是 MM 跑向我们时，我们“看”到的 MM 速度 = 正常光速 + 光源速度；而 MM 逃离我们时，我们“看”到的 MM 速度 = 正常光速 - 光源速度。这是两道小学算术题。

根据你刚才测到的数据，我们算出，MM 跑向我们时，观察到的是 1.5 倍光速，逃离我们时，观察到的是 0.5 倍光速。

虽然,从一个点到另一个点,它们是沿着圆弧"绕"到的,而不是走直线(这就涉及光传到我们眼里的速度是矢量的变速)但是,不管是不是画弧,我们只看它们与我们距离的变化值,那么我们就可以把这些变速在这个距离的变化值里平均。说白了,就是我们只看它们接近或离开我们的平均速度。

好,MM 们可以开始了。

但见苏小小嫣然一笑,莲步轻移,腰身一闪,由"远"经"右"向"近"飘来,它身上发出的光,以 1.5 倍光速向我们传来,所以我们先看到小小飘过了右点。

与此同时,陈圆圆也不甘示弱,这舞都跳 n 年了,速度早同步了,谁怕谁啊!当下也娇躯一闪,由"近"经"左"向"远"飘去,它身上发出的光,以 0.5 倍光速向我们传来,所以我们看到,小小飘过右点时,圆圆还没到左点!

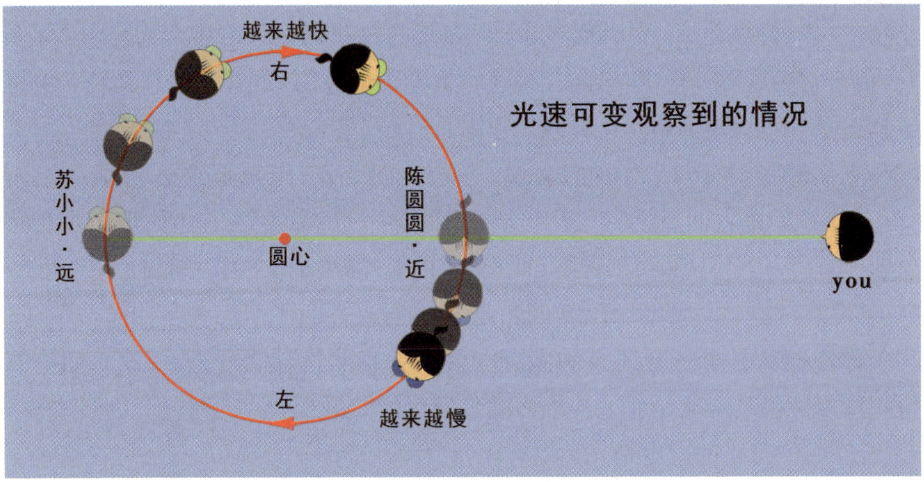

双星观测图(俯视图)

大哥,小小早到了,圆圆怎么才启程啊?

别急,让圆圆飞一会儿。

看到这个结果,陈圆圆杏眼圆睁,叱道:"我和小小用了同样的速度,走了同样的距离,在你们眼里,居然苏小小比我快那么多,你们怎么看的?!"

也难怪陈圆圆郁闷,如果光速可以随光源变化,我们会看到:双星转向我们时,速度极快;而转离我们时,速度极慢。这样忽然闪动,又忽然缓动,它们转动的位置看起来就会错位,出现异动。如此看双星,就比围观凌波微步感觉还怪异。

具体情况，我们把光传递的时间分段来看，再做个实验：光速不变与可变的对比。

这回，我们让两个 MM 分开来做。刚才让圆圆受委屈了，这次就让它做光速不变的观测，小小呢，就做光速可变的观测。

在这个实验里，我们把左半圆和右半圆运动的光，分别简化到“左”和“右”两个点来观察，根据两天转一圈的周期，我们可以确定，如果第一天某时，MM 在“左”，那么，第二天那个时刻，它就在“右”，如此往复。

我们先看圆圆的情况。她从“左”出发，发出 1 号光，以光速传向咱俩；次日到“右”，发出 2 号光，也以光速传向咱俩。以此类推，每天“左”“右”交替传播光。因为光要走 5 天才到我们这儿，所以从第五天起：我们先看到 1 号光，圆圆在“左”；次日，看到 2 号光，圆圆在“右”；再过一天，我们又看到 3 号光，圆圆在“左”……很有规律，跟她的实际情况相符。

现在我们来看看小小的情况。它发出的光速，与它的运动速度是叠加的。

小小也是从“左”出发，运动方向背离我们，发出的 1 号光以 0.5 倍光速传向咱俩；次日，小小到达“右”，这时运动方向朝向我们，发出的 2 号光以 1.5 倍光速传向咱俩。以此类推，每天“左”“右”交替传光。因为“右”光比“左”光快，

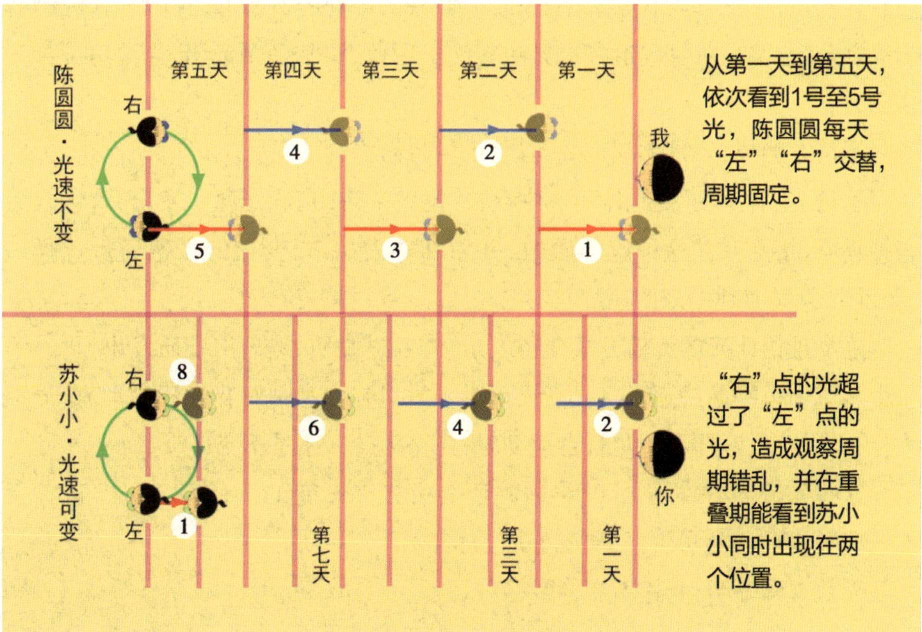

双星观测图（光速可变与光速不变对比）

只要旅途足够长，“右”光终会超过“左”光。这时我们就会观测到这样的结果：“右”光只用3.3天就走完全程，而“左”光要用10天才能走完全程。所以，我们先看到2号光，小小在“右”，然后向“左”消失；3天后，看到4号光，小小还在“右”出现、消失。大约第7天，看到6号光，小小仍在“右”出现、消失。大约第10天，才看到1号光，小小终于在“左”出现了。而这时8号光也快到了，所以在某个时间，我们会看到小小在“左”“右”两点同时出现！哇，传说中的魅影？是的，这种现象就叫“魅星”。

如此一来苏小小郁闷了，好好地跳个舞，居然跳出个魅影来！

在双星的实际观测中，从未观测到魅星现象。双星的运转周期也很有规律。

宇宙中，虽然双星速度远远达不到光速的一半，但有的双星运转速度极快，离地球又十分地遥远，动辄需要几光年（值得一提的是，这是个长度单位，光一年所走的距离）、几十亿光年才到达地球。如果光速可随光源变化，速度快的光经过漫长的岁月，早晚会追上速度慢的光（就用地球公转速度加上光速，每秒多30 km，算算多少秒能追上，你会惊奇地发现其实用不了多长时间），那就一定能观察到魅星，至少可以观察到它们的周期混乱。但是很遗憾，我们不管观测哪个双星系统，都没有发现这种诡异的转法。因此，实际观测证明，光源速度与光速无关。

不信？嘿嘿，还是伽利略那句话：不信自己去看。

不过，也有反对者提出另一种看法：他们认为，光从光源一发出，就进入另一种媒质，接着就被这种媒质吸收，并重新辐射出来，变化的光速经过这样一“整理”，就又回到原来的速度！

这个理论让光的传播方式变得复杂，先要进媒质，然后由媒质发出，再进下一个媒质……好像是下了飞机赶火车呢。虽然它能勉强解释光源运动时，光速为什么不变，但解释不了测量者运动时，光速为什么还是不变！

这些先按下不表，不远的将来咱还会有光速不变的例证，我们是“以德服人”，想要证明你就尽管要，要到你服为止！

无数观测证明：光速不变，找不到以太。

4 一个艰难的决定

以太:“我演砸了吗? 我怎么觉着才刚刚开始?”

深孚众望的以太理论眼看要垮台了,这意味着什么?

这意味着,不是牛顿错了,就是光错了。

那位同学说了:“牛顿错了有什么了不起,改呗!”

太对了!

可是,您可能不太了解当时的情况。

19 世纪,理论物理学达到了一个巅峰状态,面对广袤的大地和无垠的夜空,人们信心空前。

1781 年 3 月 13 日,喜欢看星星的强人——英国古典作曲家、音乐家、天文学家兼恒星天文学之父赫歇尔爵士,用望远镜发现了太阳系第七颗行星——天王星。

于是大家纷纷把望远镜对准它。跟着,诡异的事情发生了。1800 年以后,天王星像被谁踩了尾巴,忽然越跑越快,直到 1830 年左右,它似乎跑累了,才又慢了下来。

人们百思不得其解,只好翻翻书,问问牛爷对这事怎么看。牛顿理论预言了导致这一怪事的原因:天王星轨道外还有一颗新星!

虽然牛爷理论很强很神奇,但谁也没见过那颗星,于是大家将信将疑,日子就这样不紧不慢地过着,一如风情万种的昨天。

1845 年,英国数学家亚当斯算出新星的相关数据,把结果交给了英国皇家天文台。据说天文台鼎鼎大名的天文学家艾里对这个“无名小辈”很冷淡,草草扫了一眼之后,便信手将演算结果丢进了抽屉。

巧了,同样年轻的法国数学家勒威耶也算出了新星的数据,他似乎吸取了亚当斯的教训,没有把自己算出的数据寄给本国天文台,而是寄给了德国柏林天文台伽勒博士。他在信中指定一片夜空区域和具体时间,预言在那里将会发现一颗新的行星。

1846 年 9 月 28 日,伽勒博士收到信的当夜就开始搜索,只经过半小时的观

人类靠科学理论计算成功预言第一颗行星—— 海王星

察就发现，勒威耶的预言应验了，太阳系第八大行星向人们幽幽一笑，现身了。后来它被叫作海王星。

勒威耶和亚当斯，这俩人到底谁是海王星的发现者，还引起了广泛的争议。

有人考证说，亚当斯当时是拜访艾里不遇，就给艾里留下了一张便笺，给出了未知行星的轨道元素，还写了几行残差值。艾里见到便笺后给亚当斯回了一封信，予以肯定，但那时，一颗彗星吸引了亚当斯，于是他忙活彗星去了，没有对此给出完整的答案。所以……

可怜的亚当斯，他小时候，妈妈一定没给他讲过这个故事：一只蜻蜓飞过来了，蜻蜓飞呀飞呀，落在了小猫的鱼杆上……一只花蝴蝶又飞来了……

后来，天文学家们还发现，勒威耶和亚当斯当时的预言都不准确，估算海王星与太阳的距离过大，但侥幸的是，轨道的计算与其他数据耦合，最终预言出海王星正确的现身区域，所以海王星还是被“误打误撞”地找到了。

无论如何，这是依据科学预言的结果。

海王星发现的意义，不仅在于为太阳系家户口本上添丁进口，更在于它是第一颗根据人类计算、科学预言发现的行星，这显示出牛顿力学无比强大的理论威力！从那时放眼回望，古往今来，牛人多如牛毛，但有谁，能比牛顿还牛？多少人统治一方几十年，就牛得尾巴翘上天，而牛爷是天上地上全管，说天上星星咋转，星星就咋转，说哪时哪刻哪里会有颗星星，哪里就有颗星星。功力如此之高，引无数英雄竞折腰，人们是真的被彻底折服了！

电磁学与力学的日臻完善，使物理学显示出一种形式上的完整，被誉为“一座庄严雄伟的建筑体系和动人心弦的美丽庙堂”，它在人们心中已经达到了近乎完美的程度。

1874 年，德国慕尼黑大学，一名活力四射的翩翩少年站在物理学教授菲利普·冯·约利面前，激情澎湃地表示，要为理论物理学奋斗终生。约利听后，没有摸摸他的头并致以坚定激励的眼神，反而淡定地劝他：“年轻人，你来晚了。物理学已经完成了，剩下的事，只是在细节上修修补补，没多大发展了，用一辈子干这事，太可惜了。”幸亏这盆兜头而来的、带着冰碴儿的凉水没把年轻人的理想之火浇灭，因为，他的名字叫普朗克，后来成为量子物理学的开创者和奠基人。

虽然这只是一段简短的对话，但足见人们当时对物理学的信心。

甚至，经典物理学已经成为许多人心中坚不可摧的信仰！

现在牛顿错了，也就是大家对宇宙的认识都错了，谁来改？谁会改？谁敢改？怎样改才是正确的？把牛爷理论改了怎么可能是正确的？难道我们历尽千辛万苦找到的光明大道，这么快就走到了尽头，转眼间，我们又成了迷途的羔羊？

这是人们迷茫的真正原因。

所以，从 1887 年到 1905 年，人们曾十分努力地尝试挽救以太理论。

洛伦兹雕像

其中，最著名的是荷兰物理学家、数学家亨得利克·洛伦兹（又一个牛人），他对以太理论进行了拓展。他说，电磁是电子的效应，以太以不变的形态存在于物体和真空中。物体运动时，以太不动。电子随物体运动时，受电场和磁场的作用，出现运动的电流……

小链接

电场强度：放入电场中某一点的电荷受到的电场力跟它的电荷量的比值，叫作这一点的电场强度，其定义式是 $E=F/q$。电场强度的方向就是正电荷在该点的受力方向，但电场强度的大小并不是由受力大小决定的。还有，电场强度是可以相互叠加的，就像力的合成和分解一样，矢量的平行四边形定则一样可以用。

匀强电场：在电场中，如果各点的场强的大小和方向都相同，这样的电场叫匀强电场。匀强电场中的电场线是间距相等且互相平行的直线。

电场线：起始于正电荷（或无穷远处），终止于负电荷（或无穷远处）；电场线的疏密反映电场的强弱且不相交；电场线不是真实存在的，也不一定是电荷运动的轨迹。

既然有力了自然就可以做功了，电场中的功能关系：

① 电场力做功与路径无关，只与初、末位置有关。

② 只有电场力做功时，电势能和电荷的动能之和保持不变。

③ 只有电场力和重力做功时，电势能、重力势能、动能三者之和保持不变。

【例1】关于电场强度 $E=F/q$，下列说法正确的是

A. 由 $E=F/q$ 知，若 q 减小为原来的1/2，则该处电场强度变为原来的2倍

B. 由 $E=kQ/r^2$ 知，E 与 Q 成正比，而与 r^2 成反比

C. 由 $E=kQ/r^2$ 知，在以 Q 为球心、r 为半径的球面上，各处电场强度均相同

D. 电场中某点电场强度方向就是该点所放电荷受到的电场力的方向

答案☞ B

因 $E=F/q$ 为电场强度定义式，而电场中某点的电场强度 E 只由电场本身决定，与是否引入试探电荷及 q 的大小、正负无关，故 A 错；$E=kQ/r^2$ 是点电荷 Q 的电场中各点电场强度的决定式，故 B 对；因电场强度为矢量，E 相同意味着大小、方向都相同，而在选项 C 中所述球面上各处 E 方向不同，故 C 错；因所放电荷的电性不知，若为正电荷，则 E 与电荷受力方向相同，否则相反，故 D 错。

【例2】把质量为 m 的正点电荷 q,在电场中由静止释放,在它运动过程中如果不计重力,下列说法正确的是

A. 点电荷运动轨迹必与电场线重合

B. 点电荷的速度方向,必与所在点的电场线的切线方向一致

C. 点电荷的加速度方向,必与所在点的电场线的切线方向一致

D. 点电荷的受力方向,必与所在点的电场线的切线方向一致

答案☞ C、D

正点电荷 q 由静止释放,如果电场线为直线,点电荷将沿电场线运动,但如果电场线是曲线,点电荷一定不沿电场线运动(因为如果沿电场线运动,其速度方向与受力方向重合,不符合曲线运动的条件),故 A 选项不正确;由于点电荷做曲线运动时,其速度方向与电场力方向不再一致(初始时刻除外),故 B 选项不正确;而点电荷的加速度方向,也即点电荷所受电场力方向必与所在点的电场强度方向一致,即与所在点的电场线的切线方向一致,故 C、D 两项正确。

洛伦兹认为,相对于以太运动的物体会收缩,钟会变慢(注意,他指的是钟本身,而不是时间流逝变慢)。他还建立了与之对应的公式——与后来爱因斯坦推出的长度公式形式相同,但表达的含义却完全不同。后来人们得知,斐兹杰惹更早就得出了相同的结论,于是人们将这种长度收缩的假设唤作“斐兹杰惹－洛伦兹收缩”。

眼看以太就要焕发青春梅开二度,但人们立即沮丧地发现,在这个理论中,以太除了充当电磁波的载体和绝对参照物,别无它用,还停留在纯理论的假设上,它存在的意义,仅仅是方便解释电磁波。也就是说,它“死”定了。

以太的各种相关理论,以及各种无关理论,都无法解释为什么不管是迎着光还是背着光运动,测得的光速都是固定的,都无法使光与牛顿理论相协调。

历史真的很戏剧化,牛顿第一个有意识地分解了光,揭示了光的色散秘密,揭开了物质颜色之谜,但他构建的理论大厦却在光的面前濒临崩塌。

面对“一根筋”的光速,物理学家纷纷做出了一个非常艰难的决定:在以太

理论能对迈克尔逊－莫雷实验结果做出合理解释之前，在物理理论中停止使用以太。

在停止使用以前，再问一遍：以太……有吗？

——有……还是没有啊？

——问你呢，你问谁呀？

——那没有。

——这个可以有。

——这个真没有。

呐，不管有以太还是没以太，最重要的就是尊重事实。光速固定或不固定，是不能强求的。这种事情不要太放在心上。

以太怎么测也找不着，是它自己不懂得珍惜。怎么量光的速度也不变，光有没有考虑过大家的感受？

发生这种事，大家都不想的。呐，不要说我没提醒你啊，现在各种测都有，测不到光速变化不要紧，最重要的是别为这生气而弄坏自己的身子。事情不是你想象的那样，要走出阴影，你还有我咯。

其实啊，说不定迈克尔逊和莫雷现在也非常地内疚。做人呢，最要紧的就是开心。饿不饿？我给你煮碗面……吃了保证你开心！

后来的事实证明，确实不存在以太，不过它仍然活在我们心中（人类空虚的心灵太需要以太来填充了），今天广泛使用的共享总线型的局域网，就叫以太网。

面对迈克尔逊－莫雷实验的结果，整个物理学界的表情都尴尬起来。

5 两片乌云

1900 年 4 月，英国物理学家开尔文勋爵（牛人一个，就是麦克斯韦的师兄汤姆逊，在热学、电磁学、流体力学、光学、地球物理、数学、工程应用等方面做出卓越贡献）发表了一篇演讲，指出了史上最著名的“两片乌云”。别猜了，不是孙悟空和二郎神打架时踩的那两朵。

说这两片乌云史上最著名，是因为它俩引发了翻天覆地的科学革命，革命的成果完全颠覆了人类此前的认知，极大地拓展了人类的想象空间和创造空间，这才有了现代人的幸福生活。

不管是文盲、文痞还是文豪，也无论是正传、列传还是外传，故事讲到这儿，都绕不开这两片乌云。这两片乌云的名气，似乎超过了汤姆逊的其他贡献。所以本人也不能免俗，不讲讲这个，就好像咱不懂那档子事儿似的，因此这是一个不得不说的故事。

那是在一次物理学报告会上，开尔文发表了题为《遮盖在热和光的动力理论上的 19 世纪乌云》的演讲，他说："动力学理论认为，热和光都是运动的形式。但现在，天边飘来两片云，是乌云，遮盖了这一理论美妙、明晰的特质……"

他说的这两片乌云，一片是能量均分定理的困难，指的是黑体辐射带来的困惑，这一片云咱们先放一放，学习量子理论的时候再说（第十六章"黑体传说"一节）。现在说另一片云：以太理论的困难，指的就是迈克尔逊－莫雷实验的困惑，光速不变和以太之死带来的恐慌。

开尔文同志是牛顿的忠实信仰者，也是以太的忠实追随者，他认为，可以用物质之间的作用力来解释一切，宇宙如机械般运转，就像咱小时候拆开的那个闹钟一样，这种宇宙观史称"机械观"。

他投入了很大的精力，对波动、涡流、弹性固体等方面进行各种研究，企图以牛顿经典力学为基本构架，来构建电磁和光的理论。因此，他对以太理论深信不疑，把先贤们假想的以太，当作一种实际存在的物质，精心加以研究，以求用经典力学来解释电磁现象和光现象。

迈克尔逊－莫雷实验之后，随着以太的"倒台"，开尔文在这方面的努力付诸东流，对他乃至于对当时的物理界而言，这真是一朵又厚又黑、不期而至的大块乌云。没人欢迎这个不怀好意的不速之客。

但是，人家既然来了，而且是带着诚意扑面而来的，大家总不能顶着他巨大的阴影假装没看见，继续沐浴在臆想的阳光里吧？

你见　或者不见我
我就在那里
不悲　不喜
你理　或者不理我
阴影就在那里

不来　不去
你量　或者不量我
光速就在那里
不快　不慢
你懂　或者不懂我
我的秘密就在这里
不变　不移
来我的怀里
或者　让我住进你的心里
豁然　顿悟　寂静　欢喜

事情就是这么个事情，问题就是这么个问题。大家对此想得很清楚，于是各显神通，试图化乌云为乌有，变风梨为凤凰。

一切，还得从牛顿说起。

6 牛顿的时空观

这一节，很枯燥，因为要大量引用牛爷理论的原文。不，说错了，是译文。

这个牛顿运动定律呢，是建立在绝对时空基础上的，与之相适应，“超距作用”也是一大基础。换句话说，它们是配套的。

所谓“超距作用”，类似于传说中的特异功能。这边发功，那边就得“同时”有反应，物体间不需要任何介质，也不需要时间来传递它们之间的相互作用。

牛爷的粉丝认为，强调牛顿的绝对时空观，是有失偏颇的。理由是，牛顿也提到过相对空间、相对时间。

他们承认，牛顿所说的绝对时间与绝对空间，是两个独立概念，与一切物质没有一毛钱关系。

但是，他们坚持认为，牛爷所提到的相对时间、相对空间与物质的运动三者之间紧密相关。

这里隐隐约约带着点牛爷也是相对论先驱的意思。或者说，牛顿嘴上坚持时空是绝对的，但潜意识里还是有相对时空观念的。牛爷这生活得太分裂了吧。

好吧，为了世界和平，我们搁置争议，共同开发一下牛爷的《原理》，看看究竟是怎么一档子事，然后继续我们既严肃紧张，却又轻松活泼的另类幸福生活。

牛爷在《原理》中有这样一段话：

> 我没有定义时间、空间、处所和运动，因为它们是人所共知的。唯一必须说明的是，一般人除了可通过感知客体外无法想象这些量，并会由此产生误解（注意这个词哦）。为了消除误解，可方便地把这些量分为绝对的与相对的，真实的与表象的以及数学的与普通的。

紧接着，他描述了两种时间：

> 绝对的、真实的和数学的时间，由其特性决定，自身均匀地流逝，与一切外在事物无关，又名延续；相对的、表象的和普通的时间，是可感知和外在的（不论是精确的或是不均匀的）对运动之延续的量度，它常被用以代替真实时间，如一小时、一天、一个月、一年。

从这段话中，我们得知，牛爷信奉绝对时间，他所说的相对时间，是人类感知的误解，而不是真实的。如果你认为这段话不足以证明牛爷持这一观念，那么看看接下来牛爷还说了什么：

> 天文学中，由表象时间的均差或勘误来区别绝对时间与相对时间，因为自然日并不真正相等，虽然一般认为它们相等，并用以度量时间。天文学家纠正这种不相等性，以便用更精确的时间测量天体的运动。能用以精确测定时间的等速运动可能是不存在的。所有运动都可能加速或减速，但绝对时间的流逝并不迁就任何变化。

这回明白无误了吧，牛爷认为相对时间是“表象时间的均差或勘误”，也就是感觉和测量的问题，“绝对时间的流逝并不迁就任何变化”。

对于空间，牛爷也认为是绝对的：

> 其自身特性与一切外在事物无关，处处均匀，永不移动。相对空间是一些可以在绝对空间中运动的结构，或是对绝对空间的量度，我们通过它与物体的相对位置感知它……

这就是说，相对空间只是由物体的相对位置所得来的一种感知，而不是“真实”的。关于这一点，牛爷还说：

> 所有事物置于时间中以列出顺序；置于空间中以排出位置。时间和空间在本质上或特性上就是处所，事物的基本处所可以移动的说法是不合理的。

还有下面这段话，因为说得比较抽象，所以需要仔细阅读才弄得懂：

> 由于空间的这一部分无法看见，也不能通过感官把它与别的部分加以区分，所以我们代之以可感知的度量……这样，我们就以相对处所和运动取代绝对处所和运动，而且在一般情况下没有任何不便。但在哲学研究中，我们则应当从感官抽象出并且思考事物自身，把它们与单凭感知测度的表象加以区分。

我还是翻译一下吧，牛爷这段话是说，空间这东西太抽象，单凭感觉不太好理解，所以人类就用一些具体的概念来帮助理解，比方说尺寸、方向、位置等，这些概念都来自具体的事物，是相对的，比如尺寸，大相对于小，长相对于短，如果宇宙只有一个物体，就分辨不出大小长短。方向、位置也是这样，都是相对具体事物来说的，如果宇宙里只有一个物体，那就无所谓上下前后左右远近了。我们用这些人为的概念来理解空间，这种空间的相对性，是直观的、表面的理解，而不是本质的。在一般情况下，这样理解没问题，但是，在哲学研究中，我们就应该跳出这种表面的理解，去思考空间的本质。

结论：虽然牛顿提到过相对空间、相对时间，但从上面的论述来看，他是将其作为人类感知的“误解”来看待的。他认为，绝对时空是真实的、数学的，而相对时空则是表象的、普通的。这与“相对时空观”是完全不同的两码事。即使如此，我们也不得不佩服牛爷思维的缜密和敏锐。

牛爷的粉丝大可不必改写牛爷的时空观，牛爷的时空观再绝对，也丝毫无碍牛爷的伟大，他的思想和贡献彪炳史册、光耀千秋，与人类同在。(这句台词好像很熟啊。唉，是啊，人类的词汇太有限，我的能力更有限，这里写的又都是牛人中的大牛，形容这些伟大的科学家，还真找不到比这几个词更给力的正经词了。)

为了证明存在绝对空间，牛爷提出了一个实验。

实验器材十分简单：绳子、水桶和水。

实验过程更简单：用绳子吊起半桶水，让桶转起来，观察水的反应。

这个游戏估计很多人小时候都玩过，没玩过的也应该看过。所以我们知道，不管是牛爷，还是你我去转这个桶，一直转，过程都是这三个阶段。

第一阶段：桶刚开始转的时候，水不转，水面是平的(这个时候，你以水为参照物，桶是转动的，但以桶为参照物，也可以说水是反向转动的)。

第二阶段：慢慢地，水就跟着桶转起来，水面的周边沿着桶壁上升，中间下凹，形成抛物面。

第三阶段：水与桶同步转动(这个时候，水与桶是相对静止的，但它们相对于外部世界在转动，也可以说外部世界相对于水和桶在转动)。

注意：问题的关键在水面，从第二阶段起，水面就变成了抛物面。

玩过的都知道，这没啥稀奇的，但实验的内涵很深刻：思考运动是相对的，还是绝对的。

这个题目大了，涉及整个物理学的根基，用的却是这样一套简陋到让人吐血的工具。所以说，最深奥的道理，就隐藏在我们身边无数个不起眼的现象中，洞察到的，就是高人。

这个实验，就是著名的“水桶实验”，只要涉及相对运动、绝对运动的讨论，就避不开这个实验。

我们在前面讨论运动时得知，运动是相对的，动与不动，速度如何，得看参照物是谁，对吧？第一、三阶段的括号里，说的就是相对运动的道理，这里就不多说了。

牛爷也承认相对运动，但他只承认一部分，因为他认为转动是绝对的。这个转动的水桶就是证明：

如果转动一个水桶，水面会爬升，也就是变成抛物面。这能判断是水桶在转。但是水桶不转动时，即使让周围所有物体转动，水面也不会变成抛物面。

这就能判断是周围的物体在转，而水桶没转。

因此，水桶的转动不是相对的。

它就是自个儿在转，与其他物体转不转一毛钱关系没有。

所以，转动是一种“绝对运动”。

好吧，既然转动是绝对的，那么，假设全宇宙只剩下一个物体，它的绝对转动又体现在哪儿呢？

恭喜你，你问的，正是牛爷要说的问题。他说，绝对运动，是相对于绝对空间的运动，绝对空间是不动的，所以才会有绝对运动。如果你不承认绝对空间存在，那就麻烦你解释下水桶运动的水面吧。

神人啊！自 1687 年发表《原理》起，牛爷这一个简单的小动作，雄视英杰辈出的人类近 200 年，无人敢接招，不是不想，而是没人破得了这一招。

直到 1883 年，一个叫马赫的奇才挺起堂吉诃德之矛，刺向牛顿的风车。

7 马赫的批判

在地球人加夜班要点蜡烛、随便发个炎就能死人的那个年代，牛爷用鹅毛笔创立的理论，直到今天，最前沿的科技还在乖乖地应用，怎一个牛字了得?!

但是，绝顶高手也有命门。

随着物理学的深入发展，牛顿定律的软肋逐渐暴露出来。比如，牛顿第三定律的关键点是：作用力和反作用力等大、反向、共线，彼此作用于对方，并且同时产生，性质相同。

运动的点电荷就不。它们之间的作用力总是跟牛爷过不去。

有人发现，运动的点电荷之间，作用力不一定等于反作用力，它们的方向不一定相反，大小也不一定相等，有时甚至没有反作用力。

不过这个结论也有争议，我们接着往下看。

俗话说，福无双至，祸不单行。实验还证明，对于以电磁场为介质传递的作用，总存在着时间的推迟。这意味着作用力和反作用力并非同时产生，与牛顿定律配套的“超距作用”是不存在的。

例子还有，但做人要厚道，已经祸不单行了，咱就不往井里扔第三块石头了。

可是，马赫不这么看，他认为，做人就是要有一说一。

恩斯特·马赫，男，当年45岁，奥地利物理学家、哲学家，经验批判主义的创始人之一。这里所说的当年，是1883年。这一年，他发表了一部神作，叫《鬼脸物理课》……对不起，口误，那是一个菜鸟写的，马赫写的那本其实是《力学及其发展的批判历史概论》(以后简称《力史》)。

《力史》对物理学的发展产生了深刻的影响。马赫在书中对牛顿的绝对时空观的批判，以及对惯性的理解，为爱因斯坦写出引力场方程提供了灵感的火花，对广义相对论的建立起过积极的作用，爱因斯坦把马赫的这一思想称为马赫原理。

马赫在《力史》中，以深切的感情探寻、洞察了力学从小baby到大boy的成长轨迹，回顾了以牛顿为代表的力学先驱们的辛勤工作及丰硕成果，还顺便八卦了他们的心路历程。当然，引起轰动的，肯定不是这些工作总结，而是马赫的批判。

一个批判，为什么会引起轰动？凡是有批判意识的人，都进行过批判；凡是能够批判的事物，都受到过批判。在我们人类社会，批判无处不在。所以，批判本身不足为奇。

一个批判，能否引起轰动，有两个关键点：

① 谁批判。

② 批判谁。

这两点决定了这个批判是理性的还是非理性的，是高明的还是拙劣的，是客观的还是主观的，是实事求是的还是迎合上意的……得出结论，可不是看人下菜碟，而是要有科学依据的。

好，我们来看第一个关键点：谁批判。

马赫批判。马赫何许人也？前面介绍过两句，这是个牛人。他22岁获博士学位，1864—1867年在格拉茨大学先后任数学教授和实验物理学教授，1867—1895年在布拉格大学任实验物理学教授，两度被选为校长。马赫发表过100多篇关于力学、声学和光学的研究论文和报告。他发现了激波，确定了以物速与声速的比值(即马赫数)为标准，来描述物体的超声速运动。他原创的马赫效应、马赫数、马赫带、马赫波、马赫角……赫赫有名。他的贡献远不止这些，这里不一一列举了。

第二个关键点：批判谁。

批判牛顿。被批判方大家都很熟，我就不再介绍了。

现在马赫批判牛顿，引起轰动是必然的。

更引起轰动的是，马赫不像我老婆批判我那样，以无与伦比的跳跃式思维把我这当事人搞得不知所以、懵懂迷惘、怅然若失，然后她心满意足地得胜回房，人家马赫的语气是温和的，视角是客观的，思路是清晰的，评价是中肯的，态度是恳切的，论据是有力的，逻辑是严谨的，结论——是惊人的！

他就这样娓娓道来，给力地批判了经典力学的基本概念和基本原理，以及后人对它们的误用，批判了当时一统天下的力学先验本质和机械自然观。

对经典力学而言，要命的，不是这种批判的冲击性，而是它的启蒙性，如同在深秋草原的上风口，点燃了一束幼小而又璀璨的星星之火，点醒了在条条框框中打盹的物理学家们，为物理学迈出新步伐、踏上新征程、做出新贡献扫清了思想障碍。

我们来看看他都说了些什么。

马赫说，并不是“所有物理现象都可以归结到力学之上”。就是说你该管的管，不该管的管不着！只这轻轻一刀，便砍掉了力学的半壁江山。

对于质量，牛顿定义道：“物质的量是物质的度量，可由其密度和体积共同求出。”马赫抗议，他认为这是个伪定义。他说：“好吧，你想知道物体的质量，得先知道它的密度和体积是吧，那么，请问正方一辩，密度怎么测？用牙咬吗？”

马赫可不是抬杠，他不仅能提出质疑，还能给出答案：两个物体的质量比与它们的相对加速度成负反比——物体间的引力使之产生加速度，它们加速度的比就是其质量的负反比。他说，从力学关系中推导出来的质量定义，才是真正的质量定义。

他乘胜追击，不依不饶，反对“惯性是物体的固有属性”这一说法，还刁钻地问道：“如果宇宙中只有一个物体，它的惯性何在？”

注意这一问，它包含着深刻的物理和哲学命题，不信你就细想想，物质为啥子会有惯性，往深层、本质处去想，你会发现，越想越头痛。这很正常，因为这个概念直逼事物的根本，直到现在，仍然有物理学家在为此头痛。

好了，现在关键时刻到了，马赫开始了对牛顿绝对时空观的批判。

马赫的批判立足于一个基本的思想：宇宙间的一切都是相互关联、相互影响的。这与牛爷“独立的、不受万物影响的”绝对时空观格格不入，不共戴天。

首先是空间，马赫提醒道，不要忘记宇宙间的一切都是相互依存的，包括我们自己以及我们的思想。

然后是时间，马赫认为，绝对时间是一种形而上学的概念，毫无用处。他说，绝对时间既然与世间一切毫无关联，不受任何事物的影响，那么它就像以太那样，没有任何价值。没有人能拿出绝对时间的证据。

他认为，时间、空间的绝对概念来自纯粹的思维，是人宅在家里没事用脑子憋出来的，而不是现实。

说到空间是绝对的还是相对的，铁定绕不开牛爷随手放出的那个绝招——水桶实验。

马赫怎么拆招呢？看好了，这可是200年来敢接招的第一人，他只说了几句话，所以，每个字都很重要：

“牛顿的旋转水桶实验只是告诉我们，水对于桶壁的相对旋转不引起显著的离心力，而这离心力是由水对偿转让地球及其他天体质量的相对转动所产生的。如果桶壁愈来愈厚，愈来愈重，直到厚达几英里时，那就没有人能说这实验会得出什么样的结果。”

“如果把水桶固定，让众恒星旋转，能够再次证明离心力存在吗？”

“水面沿桶壁升高是离心力的作用的结果，也可以看作相对惯性力的作用，而这个惯性力是无数遥远天体对水面的引力的作用，所以惯性力本质上就是引力。”

一时没看懂不要紧，因为马赫说得太笼统了，说实话这段文字翻译得也让人不敢恭维，但是我搜来搜去只有这一个版本，所以只好用了。

为了便于理解，我们需要梳理一下，先把牛爷的杀招和马赫的拆招简化一下，看看他们是如何对话的，然后再把马赫的话展开来理解。

牛爷说，水桶转≠万物绕水桶转。理由：前者会出现抛物面，后者不会。因此，这俩参考系不平权。结论：存在一个优越的参考系——也就是绝对空间。

马赫说，水桶转＝万物绕水桶转。以水桶为参考系，就是万物在转，以万物为参考系，就是水桶在转。这两个参考系平权。理由：万物——包括遥远的星体对水桶里的水产生了影响，导致了水的抛物面。

千万别以为马赫在要小聪明，一竿子支到“遥远的星体”上，用无法验证的假设去化解牛爷的绝招。马赫还真不是在玩脑筋急转弯，他说的话，可是正正经经的物理理论，有理有据。

关键词：惯性、引力、离心力。

还有个动词：对偿转让。指的是，水对外力作用的综合反应。

而外力，来自另外几个关键词组：地球及其他天体质量、相对转动、众恒星旋转。

这些好像跟水的抛物面没啥关系，是吗？别急，这事，还真得一步步说。

还记得马赫对惯性的看法吗？他针对牛顿“惯性是物体的固有属性”的说法，欠扁地问了句：“如果宇宙中只有一个物体，它的惯性何在？”

在马赫看来，惯性的本质就是引力。听起来挺离谱是吧？其实挺靠谱。为了说明这个理论的原理，我们举个“不太恰当”的例子：

用很多根橡皮筋，从四面八方拉住一个乒乓球，让各个方向的拉力都均匀，乒乓球就会悬浮在空中。这时，各个方向的拉力之和是多少呢？不用算了，只要球“不动”，各向拉力之和就是0。

乒乓球受到这些橡皮筋的拉力，就相当于宇宙中某个物质（比方说一个原子）所受到的引力。这些引力来自何方呢？来自它周围所有的物质，包括那些遥远的星体。星光（包括不可视的）能传多远，其引力就能传多远。虽然星体很遥远，引力是越远越小，但不是没有，而且星体的数量庞大，所以力虽小，却不能忽略。

那么，为什么我们只感觉到地球的引力，而感觉不到遥远星体的引力呢？

先说地球。我们感觉到地球引力，是因为地球对我们的引力足够大，并且是单向的，所以我们能感觉到它向“下”的引力。试想，如果我们处在两个地球之间，两端引力均衡时，我们还能感觉到引力吗？（这个再说下去就到广义相对论了，咱以后再细说）

再说遥远的星体。我们感觉不到它们的引力，有两个原因，第一个原因是力道微弱，第二个原因更重要——遥远的星体各个方向的引力均匀。就算以前不均匀，经过漫长的岁月，引力导致的运动也将物体受到的各方向的引力给调整均匀了。（这个再说下去也到广义相对论了，咱还是以后再细说）

太阳的强大引力，能把咱们庞大的地球控制在现在的轨道上，使之无法逃脱，但立足在地球上的你我，能感觉到太阳的引力吗？不能，就是这个道理。

所以说，你晚上没事瞥一眼天上随便哪颗星，还真别以为它跟咱一毛钱关系没有，关系大了——跟咱们的皮肤毛发骨肉心肝胃脾肾，甚至身上的每一个原子都有关系！

用各向拉力均匀的乒乓球类比宇宙间任意物体所受的引力

不过，你懂的，这里指的是通过引力产生的关系，不要扯上命运之类的乱七八糟的东西哦。万物作用于万物，它的行为，不会只针对某物、某人、某群人，如果谁把某些星星与自己联系起来，那就太自作多情了。

扯远了，再扯回来。

回到那个乒乓球，现在我们伸出温柔的小手，推它一下，朝任何方向推都可以。是不是感到有阻力？不要说乒乓球的质量，因为这个阻力明显比它的重力大很多，不管朝哪个方向推，这个阻力都是“青山依旧在”，不管夕阳红不红。

那么这个阻力来自哪儿呢？当然来自橡皮筋，虽然各向拉力均匀，互相抵消，但是在乒乓球运动的那一瞬间，橡皮筋的拉力，就形成了阻力。

这个阻力，就是所谓“惯性”。我们刚才说了，橡皮筋的拉力相当于引力。

为什么刚才说这个例子“不太恰当”？因为引力的“弹性”没有橡皮筋那么大、那么明显。还有，橡皮筋的特点是，你推的距离越大，阻力越大，而引力不是这样。

这就是马赫的思想：惯性的本质就是引力。

所以他有那样一问：“如果宇宙中只有一个物体，它的惯性何在？”好比撤掉所有橡皮筋，再去推刚才那个乒乓球（不用钢球，而用乒乓球，就是为了便于我们在脑中忽略它的质量），就没什么阻力一样。

好了，现在回到水桶。我们看看马赫所说的那个“对偿转让”过程是什么样的。我们要有心理准备哦，虽然这是一个常见的现象，但把它全程描述出来，还是相当复杂的。

桶里的水受地球引力，对桶壁产生压力，这个压力导致的主要结果之一，就是水与桶始终存在摩擦力。

小链接

摩擦力

定义：两个互相接触的物体，当它们要发生或已经发生相对运动时，就会在接触面产生一种阻碍相对运动的力，这种力就叫摩擦力。

摩擦力产生的条件：相互接触的物体间存在压力；接触面不光滑；接触的物体之间有相对运动或相对运动的趋势。这三点缺一不可。

摩擦力的方向：沿接触面切线方向，与物体相对运动或相对运动趋势的方向相反，与物体运动的方向可以相同也可以相反。

摩擦力的类型：静摩擦力和滑动摩擦力。如果两个物体发生了相对运动，那么产生的摩擦力就是滑动摩擦力；如果仅仅有相对运动的趋势，那么产生的摩擦力就是静摩擦力。

滑动摩擦力的计算公式：$f=\mu N$。

其中，μ 为动摩擦因数，N 为物体接触面间的压力。

【例 1】如图所示，C 是水平地面，A、B 是两个物块，F 是作用在物体 B 上沿水平方向的力，物体 A 和 B 以相同的速度做匀速直线运动。由此可知，A、B 间的动摩擦因数 μ_1 和 B、C 间的动摩擦因数 μ_2 有可能是

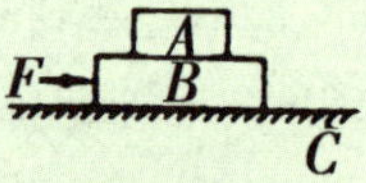

A. $\mu_1=0$, $\mu_2=0$　　　　B. $\mu_1=0$, $\mu_2\neq0$

C. $\mu_1\neq0$, $\mu_2=0$　　　　D. $\mu_1\neq0$, $\mu_2\neq0$

答案☞ B、D

先看 A，A 做匀速运动，合力为零，如果 A 受摩擦力，那么水平方向上 A 的合力就不为零，A 就不可能做匀速直线运动，所以 A 不可能受摩擦力。既然

A 不受摩擦力，那么 A 和 B 之间有没有动摩擦因数对这个系统完全没有影响，那么 A、B 间的动摩擦因数 μ_1 可能为零，也可能不为零。再看整体，A、B 是同时匀速运动的，已知存在一个力 F，那么地面对 B 就一定有摩擦力，因为如果没有摩擦力，系统就不能平衡，不可能匀速运动，有摩擦力就一定有动摩擦因数，那么 B 与地面之间的动摩擦因数 μ_2 一定不为零。所以选 B、D。

【例 2】物体 A 重 $G_A=40$ N，物体 B 重 $G_B=20$ N，A 与 B、B 与地面的动摩擦因数相同。用水平绳将物体 A 系在竖直墙壁上，水平力 F 向右拉物体 B，当 $F=30$ N时，才能将 B 匀速拉出。求接触面间的动摩擦因数多大？

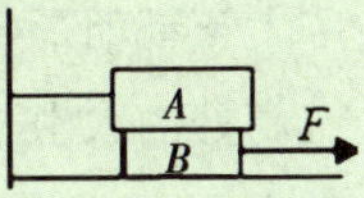

解析☞ 设接触面间的动摩擦因数为 μ：

物体 A 与 B 间的摩擦力为：

$$F_1=\mu G_A$$

物体 B 与地面间的摩擦力为：

$$F_2=\mu(G_A+G_B)$$

将 B 匀速拉出，拉力大小与两个摩擦力的合力大小应相等：

$$F=\mu G_A+\mu(G_A+G_B)=\mu(2G_A+G_B)$$

$$30=\mu(2\times40+20)$$

得 $\mu=0.30$。

于是，水桶旋转，紧贴着桶壁的水分子，在摩擦力的作用下，跟着桶壁动，并把这个力传向相邻的水分子，以此类推，整桶水慢慢地就跟着转动起来。

伽利略和牛顿说，如无外力，运动是直线匀速的。

所以，凡是曲线运动，包括圆周运动，都是受外力束缚的。

在这里，水转动，是因为桶转动给了它外力。

转动，当然属于圆周运动，也就是绕圈。除了理论上的那个轴心，不管哪个位置的水分子，都在绕圈。

这种绕圈运动，有一个共同的倾向，就是向外逃脱——说白了，就是它们都想沿着弧的切线飞出去，做无拘无束的匀速直线运动。

请注意，不管谁改变运动状态，都是要克服惯性的，水分子们转动也不例外，它们向外逃脱的惯性力，就是所谓“离心力”了。

重复一下上面的过程：桶转动→带动水绕圈→水向外逃脱→离心力。

那么，转动产生离心力，于是水分子们就有了一个共同的倾向：沿离心力的方向继续向前跑。这种倾向，就是“惯性”，运动物体的“惯性”。跑着跑着悲催了，桶壁拦住了去路，于是水分子就挤向桶壁，这跟大客车刹车时，车上的人都不由自主朝原来的运动方向挤是一样的。

大家都朝桶壁挤，使水的边缘上升，中间下凹，形成了“抛物面”。

高处的水由于地球引力，形成向下的压力。当这个压力大到一定程度，与上升力持平时，水就不再沿着桶壁上升，保持相对稳定的抛物面。

重复一下上面的过程：离心力→运动惯性→阻挡→挤压→抛物面→平衡。

瞧，这样一解释，水的抛物面，就不是孤立的了，它与其他万物息息相关。把其他万物拿掉，让它们及该死的引力立即消失，那么，无论这个水桶如何“转”，这个抛物面也不复存在了。

事实上，如果把这桶水拿到太空，失去了地球的引力，水不对桶壁形成压力，也就没有那么大的摩擦力，你一转，水就跑出桶去了，还哪来什么抛物面？

当然，牛爷用水桶实验，是想通过那个抛物面来判断离心力的存在，关键词是离心力，他想证明只要是存在离心力的运动——转动，就是绝对运动。而马赫用刚才的解释，否定了这个说法。

恩斯特·马赫

这个按下不表，我们继续谈马赫的相对运动和相对空间。

马赫认为，假设反过来，让水桶固定，而让其他万物绕水桶运转，效果是一样的。力的作用在宏观上是“相互”的嘛，马赫这小子不厚道，这是用牛爷的矛，去戳牛爷的盾。桶转，万物引力能让水出现抛物面；万物转，引力运动照样能让水形成抛物面。任何一个物质，在没有其他物质的情况下，都无法判断它是不是在运动，以及做什么运动。

也就是说,无论哪种情况,水都是“相对”于其他事物转动的,运动是相对的,那么,空间也就是相对的。

这就是马赫表达的思想。(由于这家伙的懒惰,害得本人多写了这么多字)

关于水桶实验,后来有人欠扁地弄了一个加强版:

假设宇宙中没有其他物质,只有一只水桶,我们不知道它是转还是没转。然后,让这只水桶“下面”突然出现一只同样的水桶。这时,我们发现两只水桶相对在转动。

需要思考的问题是,这两只水桶怎样确定是哪只在转,或者是两只都在转?哪只应该出现抛物面,或者都应该出现抛物面,或者都不应该出现抛物面?为什么?

正反两方众说纷纭,都能在这两只水桶中找到自己想要的答案。

路人甲:因为宇宙里只有这两只水桶,所以无论怎么说,它俩的相对运动都是平权的。你有我有全都有。

路人乙:平权就好办了,如果一只水桶转动,有抛物面,那么另一只相对转动的水桶也应该凹下去,必须的。平权嘛。

阿凡达:你以为水桶像你们人类那样无聊,看到其他水桶有抛物面,就去赶时髦,也去韩国把自己整出抛物面?它是不会因别的水桶有什么动作就改变自己的!

泔水桶:有道理啊,这就出现了矛盾。我以国民水桶的角度来看,如果我的抛物面被使用在这样万众瞩目的时刻,我只会觉得非常荣幸。因此,最合理的解决方案,就是它俩都没有抛物面。不可能出现一只水桶有抛物面,而另一只没有的尴尬局面。即使出现了,也不用觉得是世界末日,这事我全权负责。淡定,小朋友,天,没塌。

芙蓉姐姐:在只有两只水桶的宇宙,也能判断出谁转谁不转,那就是拿空间当参考系,我们可以判定哪只相对于空间转动,哪只相对于空间静止。

9527:好吧大神,就算一只转,另一只不转,请问您拿什么判断,哪一只相对于您的绝对空间是静止的呢?

火星人:如果引入一个星系,就好办了,立即就能判断出哪只动哪只不动,动的那只一定有抛物面。

灰太狼:闭嘴,这不又回到牛爷的那只现实的水桶了吗?回你的火星吧!对了,已经没有星球了……

牛马之争 —— 双水桶实验

和珅：要不，咱众奴才看看万岁爷是咋说的？

……

本人在这里不评论牛顿和马赫孰是孰非。事实上，关于水桶实验，现在仍在争论中。

其实，笔者愚见，从根本上看问题，就很容易判断水桶到底属于哪种运动。

我们先看银河系的运动，从银心到外围，每一颗星星运动的速度都不一样，它们之间无疑是相对运动。

银河系的星星是分散的，它们的相对运动就很直观。

现在，我们把旋转物体类比着银河系来看，一切就豁然开朗了。

我们先请织女帮忙做个实验：

她张开双臂，将两掌匀速直线靠拢（不考虑手掌之外的任何物体），没有人会怀疑，这双手在做相对运动，即使这两个手掌的速度大小相同。为啥？因为它俩运动方向不同。虽然它俩处于不同的参考系，但我们可以把两掌看作一个运动系统，就像看待银河系那样，大家速度大小、方向不同，但属于同一个运动系统。

然而，有的同学会提出，既然你要用银河系来类比她的两掌，何不让她做得更像银河系一些呢？织女表示毫无压力，她开始模仿太极拳，两掌顺时针、同速率旋转起来，这时，两掌的运动方向仍然不同，它们在做相对运动。

OK，现在，织女开始模仿小彩旗转了。

我们先不考虑织女身体的其他部位，否则就太过复杂了，我们只考虑两掌，它俩的运动方向一样吗？不仅不一样，而且恰好相反，这和刚才两掌的相对运动有啥区别呢？

答案是，没啥区别。

这两掌就像相互绕转的双星系统，它们在做相对运动。

现在，我们可以考虑织女身体的其他部位了，其他部位的每一个原子都和双掌一样，在做相对运动。

所以，即使全宇宙只有织女，没有其他任何参考系，我们也可以判断出织女是否在旋转。因为她是一个运动系统，通过系统内部成员——身体各个部位的相对运动，就可以判断她整体的运动状态。

以上，与转动是否加速无关，加不加速，系统内部的运动都是相对的。

另外，根据牛顿第一定律，物体不受外力时，是做匀速直线运动的，而织女身上的原子之所以做不成匀速直线运动，是因为它们被相互作用搞在一起，转的速度不够，所以不能克服相互作用自由飞翔，只能抱成一团一起旋转。

假如旋转速度达到一定程度，原子飞散开去，在飞散的一瞬间，它们“不同方向的相对运动”就更直观了。

织女就算吃成水桶，上面的过程也是一样的啊！

这水桶大战，其实是绝对时空与相对时空的较量。

当然，我们必须正视一点，就是马赫的体系并不完善（这是废话，目前也没有谁的体系是完善的），他的理论中当然也有许多值得商榷的地方，但是，我们从他的思想里所收获的，不在于其完整性，而在于其开拓性。

马赫的思想就像撒落在春天田野里的种子，很快在一些超级聪明的脑袋中生根发芽，亨利·庞加莱、皮埃尔·迪昂、赫尔曼·赫尔姆霍兹、古斯塔夫·R.基尔霍夫、威廉·奥斯特瓦尔德、理查德·阿芬那留斯、恩斯特·海克尔、J. B.斯塔洛、卡尔·毕尔生……他们都曾是马赫思想的追随者和宣扬者。早年的爱因斯坦和普朗克也在其中。

关于马赫思想，再讲一则200字的题外话：关于马赫和爱因斯坦的故事。

他们的故事一点也不和谐。

马赫的思想对爱因斯坦的相对论起到积极的作用，爱因斯坦甚至一度把马赫称为“相对论的先驱”，但马赫终生都没有接受爱因斯坦的相对论。后来爱因斯坦对马赫哲学进行了公开批判，比如：马赫或多或少地相信科学仅仅是对经验材料的整理；马赫哲学不可能产生任何有生命的东西，而只能扑灭有害的虫豸（好像是在说灭害灵）；马赫喜欢跟着感觉走，靠感觉堆砌自己的世界，从而否定了物理“实在”这个概念……

后来，普朗克也站在了马赫的对立面。

是的，马赫哲学有缺陷，这毋庸置疑。但是，任何批评也无损马赫作为伟大思想家的声誉，他的思想独立自主，他的批判心平气和，他的态度公正，没有偏见，他热爱真理和明晰性……这些，都是一个伟大哲学家必备的品格。

在两片乌云的笼罩下，经典力学的暗夜来临。马赫思想的悄然传播，进一步撼动了牛顿力学的根基。物理先锋们收回投向经典力学大厦的狐疑目光，向远方看去。经典力学大厦开始动摇。

第九章

相对论前传（下）

天际微白

1 伽利略变换

伽利略变换？那是以前的事吧，亲？都“天际微白”了，怎么又说回昨天傍晚了？

亲，没有昨夜，哪来今朝啊？

那好吧，伽利略我知道，“伽利略变换”又是什么呢？

这事情说来话长了（怎么又这毛病?）。还记得《关于两种世界体系的对话》吗？Yes！正是伽利略写的那本不招教会待见的书。

在这本书中，伽利略请咱俩上游轮，做了一个生活气息十分浓厚的实验，浅显地阐明了相对性原理，科普的同时还顺便告诉了我们，什么是“惯性参考系”（也称惯性系）。嗯，我来描述一下，注意听哦，有些词很关键。

这一天春和景明，波澜不惊，上下天光，一碧万顷……伽利略号飞快、匀速、平稳地航行在洞庭湖上。师傅这船开得那叫一个稳！以至于站在甲板上的我们，分不清是船在动，还是水以及远方的景物在动。

伽利略带着我们走下船舱，七拐八拐进了一间密室，门窗一关，外面的世界瞬间与我们无关。

密室地板中央画了一个双向箭头，箭头两端各放一块纸板，一块上书“船头”，一块上书“船尾”；箭头旁有一只鱼缸，缸里有一条没心没肺一天到晚游泳

“伽利略号”惯性参考系

的鱼；鱼缸正上方挂了一个漏水的袋子，滴滴答答地向缸里滴水；还有两个“空姐”，伽利略向我们介绍说，她俩一个叫小蚊，一个叫小蝇，显然，她们为自己的名字感到难为情，正振翅而舞，绕着我们飞来飞去。

“好吧，现在让我们来做实验。”伽利略这个没有情调的家伙，把正在寻找岳阳楼的我们从碧水蓝天间弄到这里，现在一句话又让我们从春的憧憬跌回冰冷的密室！

“你……您老有何吩咐？”在人船檐下，不得不低头，咱俩异口同声问道。

“大家猜猜看，现在，船是在走还是停了？哪个方向是船头？”伽利略神秘地问出两个问题。

“拜托，你那个船长把船开得如浮云一般，我们刚刚在外面都闹不清究竟是船动还是水动，现在你把我们请进密室里，鬼才晓得船是动还是不动！”我可不上这个当，立马摆出了猜不出的理由。

但你比我机灵，立即抢答了另一个问题：“我知道，船头在那边。”说着，你的手顺着箭头，自信地指向写着“船头”那块纸板的方向。

“哦！对不住，看来我把两块纸板放反了，我对汉字不熟。”伽利略说着把两块纸板对换了位置。你指示方向的手臂定格成路标，随着身体缓缓转向相反的方向，表情漠然。

“OK，OK……我宣布答案。”善良的伽利略 hold 不住了，“现在，船在快速航行，船头的方向，就是现在箭头指向‘船头’纸板的方向。我们知道，运动是相对的。像我们的船这样匀速直线运动的事物呢，就叫惯性参考系，简称‘惯性系’。”

伽利略说着，看看咱俩似乎是懂了，放心地接着说：“不论船是匀速直线运动，还是停在水面上，船和船上所有的事物，都处于同一惯性系。这没问题吧？”

“有道理。”咱俩点点头。

伽利略兴奋地说：“我认为，力学规律在所有惯性系中，都是等价的！这句话很重要哦。这就是说，只要我们的参考系属于惯性系，那么，不管我们是在船上还是在地面上，任你怎么鼓捣、折腾，所有力学现象都是一样的。这就是为什么我们在密室里感觉不到船是在走还是停，也不能辨别船行方向。”

伽利略边说边亲切地拍了拍咱俩的肩膀：“所以，猜不出这两个问题，说明你俩太正常了！就像没有日月星辰，我们也搞不清地球是否在转以及朝哪儿转一样。”

伽利略停顿了一下，看了看作沉思状的咱俩，眉飞色舞地说道：“现在，这间密室里充满了我的论据。Look，尽管现在船在高速运动，水滴还是垂直滴进下面的鱼缸，一滴也不会滴向船尾，虽然水滴在空中时，船已经开出老远；鱼在水中游向任意方向，都不会更费劲或更省劲；两位‘空姐’也是随意四处飞舞，它们不会因为长时间在空中悬停而偏向船尾，更不需要为了赶上船的速度而刻意向船头使劲。”

伽利略说着，从口袋里掏出烟斗点燃，一缕烟袅袅向上升起。“看，它不向任何一边偏移。”他指着烟说道。

“总之这一切，就像发生在咱家卧室一样，并没有因为船在运动而产生任何差别，其原因在于，船的运动是船上一切事物所共有的，包括这间密室里的空气。”

伽利略说着，看看咱俩，目光落到你身上，他伸手把你指向船头的那只路标手按下，望着你的眼睛深情地说道：“虽然你很有诚意地看着我，但我知道你还是不信。这样好了，你试试看从船尾朝船头的方向跳一下，再朝反方向跳一下，多试几次，看看所用的力度、跳出的距离什么的有没有差别。”

“欧耶!”行动力超强的你兴奋地同意了,立即开始在密室里跳来跳去。

“我先去甲板找岳阳楼,略哥要不要同去?”我边说边朝门外走去。

“嗯,好的,我帮你找,带上我的望远镜。”伽利略答应着,转头向你说道,“完成最终实验的重任就交给你了!”准备再次起跳的你蹲在地上郑重地用力点点头。

还是甲板上好啊,湖面上波光粼影,蓝天下云淡风轻,远山如黛,游人如织,偶有鱼鹰掠过,菱香袭来……船开得稳就是好,可以用天文望远镜看岳阳楼……

两个小时后,你大汗淋漓、气喘如牛地出现在我们面前,上气不接下气地宣布实验成果:“经过向船头跳、向船尾跳、向左舷跳、向右舷跳……5°斜跳、10°斜跳、15°斜跳……兔子跳、袋鼠跳、跳蚤跳……程菲跳、楼云跳、尤尔琴科系列跳……跳了 1 000 多次,我突然发现无论朝哪个方向跳,相同力度会得到相同的结果,唯一不同的是,我一次比一次累。”说完,你悲壮地向远方望去,目光所及之处,风云变色。

“真是太辛苦你了。”伽利略和我恋恋不舍地收起望远镜,异口同声地向你表示慰问,六只大手紧紧地握在一起缓慢有力地摇了摇,“坚毅”二字写满我们悲悯的脸。

“根据我们刚才在密室广泛深刻的观测,以及你认真精确的跳跃实验,我们再次得出结论:力学过程对于静止的惯性系和运动的惯性系是完全相同的。引申之,力学定律在任何惯性系中都是相同的。这就是相对性原理。”伽利略凝望着汗流满面的你,深情地说,“得出这一定律,你的跳跃功不可没,我决定,在我的书的作者一栏加上你的名字。你知道,这本书出版以后,我在教会的监牢里实在是太寂寞了!”顷刻,你泪流满面。

画外音:遥想伽利略当年,出版《关于两种世界体系的对话》,提出相对性原理,是为了应对地心说对哥白尼体系的责难,但他的理论的意义远不止于此,它是经典力学的重要基石,被爱因斯坦称为“伽利略相对性原理”,是狭义相对论的先导。

“那么好吧,既然如此,就让我们进行下一个话题吧。”我提出了一个与前事毫无因果关系的建议。趁着大家还沉浸在对相对性原理的思考中,我忙补充道:“其实我好奇的是,相对两个不同的惯性系,对同一个物体运动的看法会不会矛盾?”

伽利略长长地“哦”了一声说：“这个问题很好。这正是咱仨要解决的下一个问题。”

“是不是又有实验做？”你甩了甩脸上的汗水和泪水问道。

“恭喜你又猜对了！”伽利略转向你由衷赞扬道。

“那么这个实验……可不可以等我休息休息再做？”你诚恳地问道。

“当然可以！你可以全身心休息，因为我们要做的是思想实验。”伽利略同样诚恳地答道，“好的，现在假设，刘以达在船尾……”

“刘以达？不就是在《大内密探零零发》里扮演飘来飘去的那个女鬼的嘛！为什么会是他？”我一想起这个欠扁的家伙就忍不住笑，所以打断伽利略的话，证实一下是不是重名。

“正是他。我们知道，对人类而言，做匀速直线运动实在是一套技术含量超高的动作，难度系数达到4.2，所以我们只能请刘大师出马。”伽利略说道，“我们的船现在航速是60 km/h，刘大师以10 km/h的速度从船尾飘向船头。那么在我们看来，他移动的速度是多少？”

“当然是10 km/h了！”我毫不犹豫地答道。

“完全正确！”伽利略说着，指指在岸边求渡的和尚，第二个问题接踵而至，“那么，在岸上那个和尚看来，刘大师的速度又是多少呢？”

“施主，可否渡贫僧过河？贫僧自东土大唐而来，去往……”咦？这句台词好耳熟啊！

“唐长老，您迷路了吧。您现在还在大唐。我们这个船只能做匀速直线运动，停不下来的，不好意思啊。”招呼完唐长老，我分析道，“根据幼儿园中班算术，60加10，等于70 km/h！这个速度刘大师才能在航速60 km/h的船上以10 km/h的速度从船尾飘向船头！是不是啊唐长老？咦，唐长老怎么换黑马了？”

“不错不错，贫僧看刘大师的飘速确是70 km/h。黑马白马能上西天就是好马，当它还是白马时，贫僧总被错认为王子，遭到各路女妖跨界追堵，结果发现不是王子，又抢着吃我，幸而这一路环境污染严重，它又不太讲究卫生，就变成了低调的黑马。下一班船几点？……”唐僧絮絮叨叨地说道。

分析完，我又突然觉得哪里不对，疑惑道：“咦？同一个物体在运动，却得到不同的观测结果，还都是对的，这么简单的一个运动都没法统一意见，岂不乱了套了？秦始皇统一度量衡没什么用啊！”

“所以，我们要想办法把意见统一起来。不同惯性系之间，一定存在它们相对运动的数据关系，我们取得这些数据，一定可以将彼此的观测结果相互转换。也就是说，我们能找到这样一个公式，只要知道两个参考系的相对速度，就能用一方的观测结果，换算出对方的观测结果。这样就真的和谐了。”伽利略顿了顿说，“可能你不以为然，因为刚才没用公式，你也算出了岸上唐长老的观测结果。这我知道。但你也要知道，观测对象的运动，极少像刘大师那样，与观测者所在的两个惯性系的相对运动方向一致，让我们很容易就算出来。另外，刚才算的相对运动只是一维的，而我们观测的运动一般都是三维的。”

“好！为了得到这个公式，我愿赴汤蹈火，再跳 3 000 次也在所不辞！”你大义凛然地说道。此正是：

心怀重担肩狂痒，
脸沐和风汗暴消。
但使寻得公式在，
不畏险艰路迢迢！

“呵呵，这个公式嘛，只可智取不可力敌。跳，是没有用的。我们得请笛卡尔坐标系来帮忙。现在，我们船上的观察者在一个坐标系，原点（坐标轴交叉的点）就是这艘船的中心点；岸上的观察者在另一个坐标系，唐长老的中心点就是原点。”说到这儿，伽利略转头看看偷笑的你，解释道，“我指的是唐长老的腰带扣。我画个图，咱们看看。”

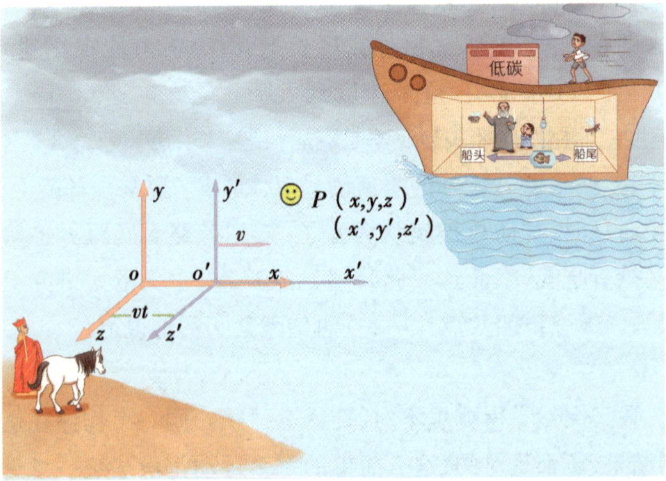

伽利略变换坐标系

你一看图，脸上立马洋溢着他乡遇故知的惊喜："这我认识啊。不过印刷质量好像有问题，套色重影太过分了！"

"嗯，其实这是初中一年级学的直角坐标系，只不过我们现在把两个组合在一起，它们其中的一个轴重合。"伽利略苦口婆心地解释道，"红色的是唐长老的坐标系（唐系），蓝色的是我们的坐标系（船系）。不是套色重影。本来，船系在时间 t 前与唐系完全重合，现在，船系沿着粉色箭头的方向，以速度 v 匀速航行。那个笑脸 P，代表刘大师。"

"哦——"你恍然大悟，随即又疑惑道，"不过，为什么刘大师完美地飘了半天最后却只留下一个笑脸 P 啊？"

伽利略没搭理你，直接问道："现在，谁知道刘大师此刻在船系的坐标是多少？"

"x',y',z'！"你强势抢答，我崇拜地看着你。

"恭喜你，抢答正确！"伽利略说完又提醒道，"不过你忘了时间。"

"t'！"你看了一下表补充道。

"唐长老，在你的唐系，刘大师的坐标是多少？"伽利略向唐僧问道。

"x,y,z,t。"唐僧走南闯北，东游西逛，广见博闻，数学可真不是吹的。他答完继续东张西望搜寻渡船。

"现在，我们很容易就能理解这两个坐标系之间的关系，由于船系相对唐系以速度 v 匀速巡航，在 t 时间里，我们走的距离就是 vt，所以，$x'=x-vt$，或者说 $x=x'+vt$，这没问题吧？"伽利略循循善诱，让我想起我的小学老师。

"没问题！"咱俩一齐点头道。

"那么，看看上面这个坐标系，$y'=y,z'=z,t'=t$，这也没问题吧？"伽利略诚恳地问道。

咱俩瞪大眼睛仔细看了看图说道："没问题！"

"那 OK 了，现在我们、唐长老无论哪一方知道了 P 在己方坐标系的坐标和速度，套用上面的公式，都能变换出 P 在对方坐标系的坐标和速度，这下，就能统一意见了。是不是啊唐长老？"伽利略讲完向唐长老求证。

唐僧飞快地算了算，扬起稿纸应道："善哉善哉，施主的数学真是惊天地泣鬼神，贫僧佩服佩服。敢问下一班船几点？"

"唐长老，这其实是一个湖，您老骑上白龙马沿岸而行，可达彼岸，遇河再渡不迟。"咱俩见题也算得差不多了，便热忱地回答道。

"阿弥陀佛，我说这条河怎么像东海一样广阔。虽说误了些时辰，但学到大名鼎鼎的伽利略变换,也不虚此行。”好学不倦的唐僧策马绝尘而去。

画外音:唐僧虽然不认得妖怪,但对学问却是慧眼独具。

经过伽利略循循善诱的讲解,现在对伽利略变换的概念表述,我们也不难读懂:

若 $O'-x'y'z'$参考系沿着 x 轴方向以速度 v 相对于 $O-xyz$ 参考系运动,且$t=0$时两参考系的原点重合,则两者之间有如下关系:$x'=x-vt, y'=y, z'=z, t'=t$。

根据伽利略变换可知:两参考系描述同一运动的速度是不同的,但加速度是相等的。一切惯性系都是等价的。

伽利略变换是在低速下(远小于光速)的特殊数学物理工具,是牛顿力学的重要基石,反映了经典力学的时空观。

2 种豆得瓜

前面提到过,两片乌云来袭,以洛伦兹为代表的一批牛人在此期间努力尝试挽救以太理论。

洛伦兹

在物理学史上,强人如云,“张袂成阴,挥汗成雨,比肩继踵而在”,随便揪出一个,都如雷贯耳,耳背的,也能看到万丈光芒。

如您所料,洛伦兹是强人中的牛人,他深受爱因斯坦、薛定谔等理论物理学家们的尊敬,爱因斯坦曾说过,他一生中受洛伦兹的影响最大。

洛伦兹于 1928 年 2 月 4 日逝世,葬礼那天,荷兰全国的电信、电话中止三分钟,以示悼念。荷兰王室、世界各地科学界的著名人物都去参加了葬礼。爱因斯坦在洛伦兹墓前致辞,说他是“我们时代最伟大、最高尚的人”。

我们知道,这个世界是靠实力说话的,所以,洛伦兹享有的盛誉和尊崇,不仅得益于他热诚、谦逊、乐于助人的优秀品质,更得益于他在科学上的卓越贡献。

洛伦兹一生取得了诸多成就,我们大致了解一下:1880 年以高精度测定热功当量为426.2 kg · m/kcal(合4.179 J/cal);1881 年根据霍尔效应解释磁致旋光现象,推导出罗兰磁致旋光方程与麦克斯韦旋光方程等价;1882 年研制的光栅刻线机,可在 25 平方英寸的金属片上每英寸刻出 43 000 条线的光栅;他还发明了凹球面衍射光栅等。

很牛是吧?其实洛伦兹最牛的成就,不是上面这些,而是另外两个:创立了经典电子论,提出了洛伦兹变换式。

那么,经典电子论是怎么一回事?

一切得从当年那个年轻人的一篇论文说起。

1875 年,22 岁的洛伦兹写了一篇论文,叫《光的反射与折射理论》,这个名字一点创意也没有,但它可是洛伦兹的博士论文,是他后来创立电子论的根源,给个面子看看?嗯,内容好像蛮有创意。洛伦兹同学兴致勃勃地综合评述了光的旧波动理论与新电磁理论,评述完了还意犹未尽,提出了一个新的统一的设想。

怎么?又要统一了?喂,旁边这位仁兄醒醒了,科学理论统一的重大意义你懂的……呃……谁和谁统一啊?光的电磁理论与物质分子理论相统一。

哦?这件事办成了,岂不又是牛事一件?

你又说对了,洛伦兹的理论进一步夯实了麦克斯韦电磁理论的基础,而且据此创立了物质的电子论。

就像电磁论一样,电子论十分地抽象、晦涩,我们在这里只粗略了解下洛同学创建它的基本思路就可以了。

洛伦兹理论将“电磁扰动以有限速度传播”的概念,引入到“带电粒子之间的相互作用”之中。

那时,大家都认为,电磁扰动是通过以太传播的。我们知道,以太这个东西,洛同学还是比较喜爱的,他还专门对以太的性质提出了自己的假定。他认为,既然宏观媒质可归结为悬浮在真空中的带电粒子,那么,媒质中的以太,就应该与真空中的以太一样,密度、弹性等各方面的性质,都应该是一样一样的啊。不论媒质怎么运动,以太一动不动。

这样一来,复杂微观的电动力学方程,一下子变得简单明确,而宏观媒质的电动力学方程,也可以从这些简单的微观方程中导出。融会贯通是多么美妙的一件事!

洛伦兹认为,电本身是由微小的实体组成的,这种“微小的实体”后来被称为“电子”,一切物质分子都含有电子。电子的电荷量叫作元电荷($e = 1.60 \times 10^{-19}$ C),带电体的电荷量等于元电荷的整数倍。他以电子概念为基础，来解释电现象，推导出运动电荷在磁场中要受到力的作用。你知道的，这个力后来被叫作“洛伦兹力”。

小链接

洛伦兹力是个不能做功的力，洛伦兹力的方向既垂直于磁场 B 的方向，又垂直于运动电荷 q 的速度 v 的方向。公式为 $F=qvB\sin\theta$，θ 是 v、B 之间的夹角。只有运动电荷在磁场中才有可能受到洛伦兹力作用，静止电荷在磁场中受到的磁场对电荷的作用力一定为0。

【典例】如图1所示，宽度为 d 的竖直狭长区域内（边界为 L_1、L_2），存在垂直纸面向里的匀强磁场和竖直方向上的周期性变化的电场（如图2所示），电场强度的大小为 E_0，$E>0$ 表示电场方向竖直向上。$t=0$ 时，一带正电、质量为 m 的微粒从左边界上的 N_1 点以水平速度 v 射入该区域，沿直线运动到 Q 点后，做一次完整的圆周运动，再沿直线运动到右边界上的 N_2 点。Q 为线段 N_1N_2 的中点，重力加速度为 g。上述 d、E_0、m、v、g 为已知量。求微粒所带电荷量 q 和磁感应强度 B 的大小。

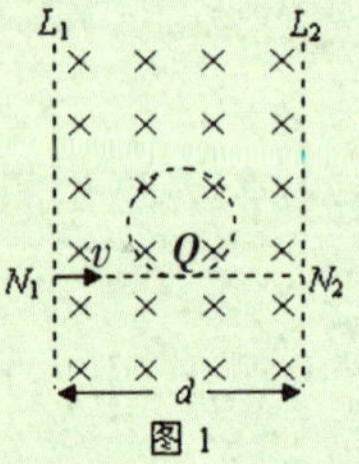

图1

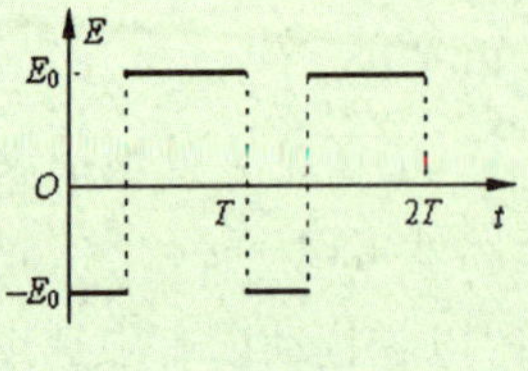

图2

解析☞ 这是2010年的安徽高考题，来看看解题过程：

因为 $mg+qE_0=qvB$，$mg=qE_0$

所以 $q=\dfrac{mg}{E_0}$

所以 $B=\dfrac{2E_0}{v}$

其实说白了，就是洛伦兹力跟物体运动方向垂直，导致物体总是转圈圈，其实这个知识点本身并不复杂。

洛伦兹说,光是由原子内部电子的振动产生的,而磁场会对电子的振动产生影响(洛伦兹力),也就是说,磁场会对光产生影响。

果然,1896 年 10 月,洛伦兹的学生塞曼发现,在强磁场中,钠光谱的 D 线有明显的增宽,这个效应叫"塞曼效应",证实了洛伦兹的预言。

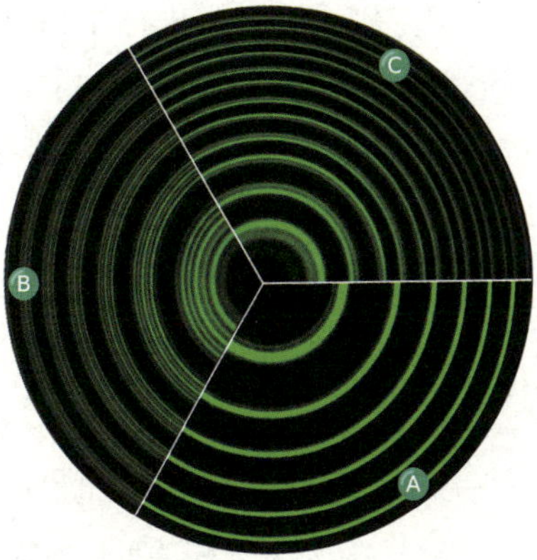

塞曼效应示意图

塞曼效应是怎么一档子事?它是一个现象,一个理论,指的是把光源放在磁场里,光源发射的各种谱线会受磁场影响分裂成几条,各分谱线之间间隔的大小,与磁场强度成正比。

塞曼同学最先发现这一现象,这和敬爱的洛老师预言相符,于是喜出望外地进行深入研究。

问题不怕研究,就怕深入研究,一深入,新问题就会层出不穷。

塞曼同学一深入,发现用洛老师的理论,虽然可以正确解释这一现象,却不能用实验证明它。于是,老将出马,洛老师与塞曼同学并肩携手,反复实验,终于,得到了那个美妙的结局——他俩找到了问题症结所在,成功地完成了这个实验,证实了洛伦兹的理论,从此过上了幸福快乐的生活……对不起,其实应该说的是,从此,物理学多了一个经典——塞曼效应。

洛伦兹和塞曼师生俩因此共同获得 1902 年诺贝尔物理学奖。

塞曼

经典电子论的重要意义在于:它把电磁波与物质的相互作用,归结为电磁波与物质中电子的相互作用;将宏观媒质的电磁、光学效应,归结于其中所含带电粒子的作用。总之一句话,就是把电磁的作用和效应,都划到电子名下。

这意味着什么呢?这意味着物理学进一步接近了事物的本质,是电磁理论的重要进展。后来,它也成为狭义相对论、物性微观理论发展中的一个重要环节。

千万别小瞧了基础理论，它既是种子，又是土壤，是人类科技发展的根、基（嘿嘿，这俩字分开更给力吧）。单就宏观媒质的电磁和光学性质的理论，现已在原子的核模型和量子力学、量子统计的基础上，发展成许多门相关学科，比如原子和分子物理学、固体物理学中的有关部分，还有更加具体的：半导体物理学、磁学、电介质物理学和超导电物理……

好了，洛老师的第一个伟大成就——电子论的基本情况就是这样了。

现在，到洛伦兹变换式的时间了，这又是什么？

首先，它是一个重要的公式，是后来狭义相对论的基础公式之一。

其次，它是个有故事的公式，因为不同的人，通过不同的方式，纷纷导出了这个变换式。

还记得卡文迪许和欧姆分别发现了欧姆定律吧，这类事情并不少见。就拿勾股定理、圆周率来说吧，勤劳勇敢智慧的全世界各族人民，分别在不同时间发现了它们，全是原创！

说到勾股定理，我们不得不道一声“神奇”。因为相对论之后，一些强人用勾股定理各种推导，居然通过不同的方法，推导出洛伦兹变换。当然过程有简有繁。稍繁一点的，可参见有关“从勾股定理到洛伦兹变换”的现代论文。在狭义相对论章节（第十章“《论动体的电动力学》”一节）里，咱们就选一个最简单、物理意义较强的推导，代替爱因斯坦的“简单推导”，以助我们更好地理解其中的物理意义。

现在我们先看看洛伦兹变换式诞生的简要历程。

1879 年，针对地球人试图测量光速变化这个事，伟大的麦克斯韦指出，这个相当难测，因为它是一个非常微小的值，有多微小呢？它是测量仪器运动的速度与光速之比的平方（v^2/c^2）。不信的话，你算一下就知道这个值是有多小了。

1887 年起，以迈克尔逊－莫雷实验为代表的寻找以太的实验宣告失败，测得光速不变。前面说过（第八章“一个艰难的决定”一节），从此时起，以洛伦兹为代表的一大批物理学家开始寻找解决办法，试图建造一架连接牛顿大厦与麦克斯韦大厦的双赢之桥。

1887 年，德国物理学家沃耳德玛·福格特，为了解决一个问题（不可压缩的弹性媒质传播波的多普勒效应），提出了一个近似于后来洛伦兹变换式的构造形式，但没有把它用来进行一般的坐标变换，他的这项工作没有引起人们的注意。其后,英国物理学家拉莫尔发表了这个变换式的完整形式。

1888 年到 1889 年,英国自学成才的物理强人奥利弗·亥维赛测试了移动电荷对电场、磁场的作用,以及电荷进入更密的媒质时的影响。他还从麦克斯韦方程组的磁矢势场的运动(磁矢势是麦克斯韦方程组所包含的一个描述磁场的物理量),推导出一种可能的解决方案,那是一个公式因子:$\sqrt{1-v^2/c^2}$。但包括他自己在内,没人理解其重要意义。

1889 年,斐兹杰惹提出长度收缩假设,来解释迈克尔逊－莫雷实验。

1892 年,洛伦兹也独立地提出了收缩假设,推导出长度收缩公式。

1904 年,洛伦兹发表了变换式的正确形式。

1905 年,爱因斯坦根据他的相对论原理,也推导出这一公式。

1905 年,庞加莱对这个变换式进行改写,将其变成现在的样子,命名为“洛伦兹变换式”(1906 年正式发表)。

从这个大致过程可以看出,洛伦兹变换式的诞生是必然的。那朵乌云,看似不经意降落凡尘,却搞得全球物理界人心惶惶,逼迫大家必须搞出点什么来解决问题,洛伦兹变换式就这样接二连三地诞生了各种版本。狭义相对论就像当初的万有引力定律一样,呼之欲出,就差牛顿降世,一统河山了。

关于这个变换式的归属权问题,虽然发生过一点争议,但它已然叫“洛伦兹变换式”了,所以我们还是从洛伦兹说起。

洛伦兹证明,用伽利略变换,把麦克斯韦方程组从一个参考系变换到另一个参考系时,真空中的光速发生了变化。

发现问题了吗?最后那句:真空中的光速发生了变化!

也就是说,在伽利略变换里,光相对于不同的参考系,具有不同的速度!

这和前面说到的事实(实验结果)严重不符。光速是不变的啊!

问题出在哪儿?当然是伽利略变换出了问题!

为什么这样说呢?当理论与实验、观测发生冲突时,清醒的判断是,理论出了问题。事实是脚,理论是鞋,我们的祖先 2 000 多年前就告诫我们不要削足适履了!

伽利略变换是牛顿力学开疆拓土的利器,屡试不爽,战功赫赫,但是,一遇到光速,立马不灵了。

运用伽利略变换,我们可以得出,刘大师在船系的速度是 10 km/h,在唐系的速度是(10+60)km/h。但倘若把刘大师换成一束光，那就麻烦了，船系测得的光速是 c，运用伽利略变换，就得出唐系的结果是 $c+60$，反之，唐系若先测出这束光速度是 c，就会得出船系的结果是 $c-60$。

在前面，我们已经无比纠结、无可奈何、无可置疑地承认了，光速就是 c，它不会因光源怎样、参考系怎样而改变。爱谁谁。而伽利略变换的结果，与麦克斯韦方程组导出的固定光速相矛盾，与迈克尔逊－莫雷实验的结果相矛盾，还与我们观测的结果相矛盾。这可咋办？

莫急，历史告诉我们，在牛人辈出的地球上，乱摊子总会有人来收拾的。

1889 年，爱尔兰物理学家乔治·斐兹杰惹提出长度收缩假设，来解释迈克尔逊－莫雷实验结果：物质是由带电粒子组成的，一般情况下，粒子间的静电是平衡的，粒子的间隔就是平衡的，于是物质就能保持一个稳定的形态；当物质相对于以太运动时，带电粒子产生的磁场，就会改变粒子的平衡间隔，于是物质就会产生收缩。他还给出了数学关系，缩短的程度取决于“物体的运动速度对光速的比率的平方”。眼熟吧？看看前面麦克斯韦是怎么说的。

根据这一原理，斐兹杰惹说，迈克尔逊－莫雷实验用的设备也是如此，实验时，它指向地球运动的方向的长度缩短了，而缩短的程度，恰好使我们无法探测到以太漂移(光速变化)！

真的好巧哦！

1892 年，洛伦兹也独立地提出了收缩假设。

他说，收缩是由于分子力引起的。分子力也通过以太传递，运动影响分子力，导致物体收缩。

洛伦兹在他后来写的电动力学论文中，导出了证明这一假设的变换式。根据这一变换式，物体运动时，其运动方向上的长度会按 $\sqrt{1-v^2/c^2}$ 的比例收缩。

这与斐兹杰惹的思想异曲同工：运动产生的效应之所以检测不出来，是因为它们相互抵消了。

也就是说，以太也漂移了，光速也变化了，只不过，这个变化与检测设备长度收缩的效应刚好相互抵消，所以无论如何也检测不到。

怎么会这么巧？

这个假说被称为“斐兹杰惹－洛伦兹收缩”。

这听起来很有道理。好像是上帝开的玩笑中,很有技术含量的一个。

有位同学提问了:物质缩短的比例和它自己的运动速度有关,这不难理解,但为什么它偏要和光速扯上关系呢?

因为这个公式,就是为了解决光速问题而生的!

1895 年,洛伦兹的《运动物体中电现象和光现象的理论研究》出版,更完整、更简洁地推导出了上述结果,并且扩大了它的适用范围。

为了解决光的运动问题,洛伦兹在静止参考系(以太)和运动参考系之间,引入了一套新的变换方程。其中,运动参考系引入了时间的独立变量,洛伦兹称之为“当地时间”(t'),与静止参考系的“真实的、普遍的”时间(t)区分开来,它们的关系是:$t' = t - vx/c^2$。这很重要哦,因为那个“当地时间”带有“相对时间”的性质。虽然洛老师引入它,只是为了解决数学问题。

1904 年,洛伦兹的论文《在一个速度小于光速的运动系统中的电磁现象》发表,他先把电磁场方程进行变换,而后引入一组新的独立坐标,进一步完善了他的变换式。

1905 年,庞加莱对洛伦兹的变换式进行了改写、简化,并命名为“洛伦兹变换式”,写入了《论电子动力学》。

虽然公式不如帅哥美女那么养眼,但看一眼既不要钱,又不要命,还没人要你负责,况且,人家又是那样大名鼎鼎,所以,不看白不看:

$$x' = \gamma L(x - vt)$$

$$y' = Ly$$

$$z' = Lz$$

$$t' = \gamma L\left(t - \frac{v}{c^2}x\right)$$

式中,$\gamma = \dfrac{1}{\sqrt{1 - v^2/c^2}}$,当 $L = 1$ 时,就成了现在的洛伦兹变换式。

这就是洛老师的第二个伟大成就——洛伦兹变换式的由来。

洛伦兹和庞加莱的推导过程十分繁杂,各种符号眼花缭乱,看了头疼,输入手疼,占用篇幅心疼,所以在这里不表述具体推导过程,只表述他们工作的简要过程和结果。

爱因斯坦从他的狭义相对论原理出发,推导这个变换式的过程要简洁得多。他在科普作品《狭义与广义相对论浅说》中，全程介绍了“洛伦兹变换的简单推导”。但是，即使是“简单”的推导，打印出来也有近 4 页 A4 纸那么多，还是过于烦琐了。

前面说过，后来有人用勾股定理结合光子的运动，更简洁地推导出了这个公式。咱就看最简单的那个。

所以，我们现在不必急着读懂这个变换式，也不必记住它，把它当个图腾欣赏一下就可以了，因为它的表达形式不止这一个。更主要的是，我们在后面还要用勾股定理推导出它的关键因子，在推导过程中，该明白的地方，自然就明白了。

虽然洛伦兹把他的方程作为一种纯粹的数学手段，来证明运动物体的长度收缩假设，用以解决光速变化和以太漂移不可测的问题，但它与后来狭义相对论的思想暗合（虽然洛伦兹本人没意识到这一点），它使人们对物体运动有了新的认识，对后来人们普遍接受这一变换式，起到了重要的作用。

洛伦兹本人几乎成了 19 世纪末 20 世纪初物理学界的统帅，他把危机中的经典物理学推上了它所能达到的最后高度，却又为推翻它的物理学革命埋下了伏笔。

当物理学革命的号角吹响，经典物理大厦轰然崩塌时，洛伦兹说，他感到遗憾的是，为什么没在旧的基础崩溃之前死去。但是，洛伦兹的个性是“超个人”的，他对旧体系价值的怀念和惋惜，很快被接受新事物的愉悦所取代，彰显了海纳百川的大师风范。

上面这些人、这些事，看起来很晕，是吧？

晕就对了，因为当时大家都很晕，所有物理学家都意识到，必须要做点什么了，于是纷纷行动，踏出千万条长长短短的小路，却不知路的那一端，该通向何方。

洛大师是其中走得最远的一个，但他也在唱那同一首歌：敢问路在何方？后面那句大家都会：路在脚下。听起来帅呆了，走起来摔呆了。

所以，还得接着晕。

3 群雄逐鹿

俗话说，乱世出英雄。19、20世纪之交，正是经典物理大厦遭遇空前挑战、“黑云压城城欲摧”之际。

破旧立新？说来容易，其历程之艰险，非亲历不能体会。单论其难受程度，好比我们倾其所有，依山傍海建造了一座宅院，功能齐全，正当我们生活在里面幸福得像花儿一样时，突然发现这块地产权是别人的，这是一座违章建筑，并且隔三岔五流氓骚扰，非常不宜居，想重建家园，却又无从下手，拔剑四顾心茫然，揪心啊！揪心也得从头再来啊！

昨天所有的荣誉，
已变成遥远的回忆。
勤勤苦苦已辉煌两个世纪，
今夜重又走入风雨。
我不能随波浮沉，
为了我至爱的真理，
再苦再难也要坚强，
只为那些期待眼神。
心若在梦就在，
天生我才不能白来！
看成败人生豪迈，
大不了是从头再来！

（据歌曲《从头再来》改写）

经典物理王国风雨飘摇，四面楚歌，不只是前面介绍的光、以太出了问题，如今，速度和质量也出了问题！可抛除了这些，物理还能剩下些什么呢？

如果说，前期光速的固执、以太的死亡撼动了经典物理的根基，给人们带来了恐慌和迷惘，那么现在，速度和质量的暧昧关系则宣告了经典物理大厦的垮塌，同时也昭示人们，这是黎明前的黑暗。

一切还得从运动带电体说起。

19 世纪 80 年代，一切现象表明，对于运动中的物体，旧的理论已经力不从心，需要一种全新的“电动力学”来支撑，于是，研究运动的带电体成为当时物理界的热点。

斯时，群雄四起。

1878 年，亨利 · 奥古斯特 · 罗兰（美国 19 世纪后半期最重要的物理学家之一，对美国基础物理学从边缘走向世界的中心起到了承上启下、继往开来的作用）指出，磁场能量驱使带电体运动，比驱使不带电体运动，一定要做更多的功。为什么呢？罗兰给出的理由是，驱使带电体运动，有一部分能量用在建立新磁场（带电体运动产生磁场）上了，之后，汤姆逊的研究也证实了这一点，人们管这叫“电磁质量”。

咦？果然新颖！

这一论断，让人们对质量和速度的神秘关系产生了强烈的好奇心，纷纷采取跟踪、蹲守、围堵、死缠、暗访、偷拍、窃听等各种手段，刺探质量与速度的隐私。

功夫不负有心人，此后，质量和速度的花边新闻，不断被爆料出来。

1881 年，约瑟夫 · 约翰 · 汤姆逊（英国物理学家，电子发现者，1906 年诺贝尔物理学奖得主，打开通向基本粒子物理学的大门的伟人）发现，带电的物体比不带电的物体更难加速，也就是说，带电物体质量、惯性更大。太扯了吧？为什么？汤姆逊根据麦克斯韦的理论，认为是电磁质量增加了物体的机械质量，电磁质量随着物体的运动，增加了一个常数。

“增加”了一个“常数”，是什么意思？不管是什么意思，一个很明显的意思就是，牛顿关于“质量是一个常量”的理论是错误的！

质量这个老实巴交的家伙，一个无厘头动作，就让牛爷下不来台。但是没办法，汤姆逊用实验证实了，这个无厘头动作，不是偶然，而是质量从娘胎里带来的，改不了了。

英国物理学家、天才狂人亥维赛，就是和赫兹改写麦克斯韦方程组的那位（第七章“电磁王国”一节），觉得汤姆逊老师的工作挺好玩，于是开始钻研电磁质量，他把电磁质量当成真实的物质质量来计算。算来算去有了重大发现，于是在 1889 年，一个万众瞩目的场合，他宣布：不同意汤姆逊老师的意见。

因为，物体运动，质量增加的不是一个常数，而是随速度增加而增加，速度越快,增加越多。

不是常数,那增加多少呢?假设带电体是半径为 a 的导体球,球上总电荷量为 e,亥维赛贴心地给出了一个方程:$m_e = \frac{2\mu e^2}{3a}$($\mu$ 为磁导率)。瞧,就增加这么多。这个公式一出,带出一个猛料:当运动带电体的速度等于光速时,能量值将为无穷大!条件是电荷集中在球体的赤道线上。

一个有很多特长的家伙(等会你就知道他是谁了)后来证实,亥维赛的方程在低速运动下十分管用。

亥维赛还兴致勃勃地计算了电荷、电磁场在运动中的变化,得出结论:静电场将会沿运动方向收缩。啊哈,又是收缩。

同年,斐兹杰惹指出,不止是静电场,运动中的物体也存在这种效应,物体沿运动方向按照 $\sqrt{1-v^2/c^2}$ 的比例收缩。这事在前面提到过。后来,有好事者试图测量这个缩短值,但都没有成功。于是大家得出结论:一个运动体系内,所有物体皆缩短,包括观测者和测量工具,因此,测不出就对了。

1897 年,西尔假设电子相当于无限薄的带电球壳,计算出质量随速度增加的数值。

同年,约瑟夫·拉莫尔计算了电子的电荷加速度,得到了与洛伦兹变换式等价的变换式,由此推出长度收缩和时间膨胀的结果。公式是得到了,可惜的是,拉莫尔并没有打算相信它,只是把这些作为处理数学关系的手段,而拒绝从物理上理解它。

1900 年,(请长吸一口气)威廉·卡尔·维尔纳·奥托·弗里茨·弗兰茨·维恩(德国物理学家,发现了维恩位移定律,揭开量子力学新领域,1911 年诺贝尔物理学奖得主)又爆猛料:所谓电磁质量,其实就是物体质量,而电磁能量决定了电磁质量,因此,质量和能量关系不一般。他还用一个公式形象地描述了质能关系:$m = (4/3)E/c^2$。您猜对了,维恩就是前面证实亥维赛方程低速下管用的家伙,他除了具备物理特长,名字也特长。

1901 年,沃尔特·考夫曼(德国物理学家)在确定镭 C 发出的 β 射线(快速运动的电子束)的荷质比的实验中,第一次证实了电子的电磁质量与速度难舍难分,关系分外亲昵。他断言,如果电子的电荷不随速度改变,那么,电子的质量就要随速度的增加而增大。在随后的一段时期,他尝试通过实验来证实相关理论,但最终没能搞到证据——足够精确的数据。

1902 年,马克斯·亚伯拉罕(德国物理学家)提出一个理论,把电子看作一种完全刚性的球形粒子，用来揭示质量和速度的关系。他描述得有模有样，还推导出一种质量随速度增加的公式，搞得有板有眼。一时间，这个理论雄踞一方，在质量和速度的关系的众多版本中，格外夺人眼球。直到 1940 年，才最终被推翻，此是后话不提。

1904 年，弗里德里奇·哈瑟罗尔（奥地利物理学家）得到了质能关系式：$m=(8/3)E/c^2$。

同年，洛伦兹完善了“斐兹杰惹－洛伦兹收缩”的假说，顺便也完善了洛伦兹变换式，推导出了电子质量随速度变化的关系式，这与后来狭义相对论的质速关系式相差无几。这个关系式告诉我们，没有什么物质可以到达光速，因为物体趋近光速时，其质量将趋于无限大。无限大的质量，当然需要无限大的能量来加速，而宇宙再大，能量也是有限的。所以，洛老师据此指出，光速，是物体相对于以太运动速度的极限。

1905 年，亚伯拉罕指出了哈瑟罗尔计算中的错误，并帮助他得到了满意的结果：$m=(4/3)E/c^2$。

……

本来，质量这家伙在物理界，给人的印象非常好，是踏实、诚信、矢志不渝的象征，刚刚获得物理脊梁奖。没想到和速度这妖精搅和在一起，它居然就测不准了！花边新闻层出不穷，这事搞得物理界很蒙，但大家一向对偶像的庸俗化有一种潜意识的期待——原来你也跟我一样，于是很快就化悲愤为兴奋，趁此机会狠狠娱乐了一把。好吧，我们还是正经点，换成官方的语气来八卦这件事。

经典物理大厦的岌岌可危，使人们在恐慌、迷惘之后，思想空前活跃起来，对不断涌现的新鲜观念，各代表团讨论氛围热烈，发言积极踊跃，人们感到十分振奋。

历史告诉我们：百家争鸣，必然造就新的时代；群雄逐鹿，总会出现杰出的领袖。如果说，洛伦兹是上述这些牛人里的佼佼者，那么，与之比肩的，就只有庞加莱了。

要是有人说，这个世界上没有天才，那么我会这样质疑他：如果没有天才，怎么会有庞加莱？

爱迪生说，天才，是 99% 的汗水加上 1% 的灵感。我反对这句话，理由是，庞加莱的灵感太多了，以至于他无法按比例流出那么多的汗水。

朱尔·亨利·庞加莱，法国数学家、天体力学家、数学物理学家、科学哲学家，这些头衔可不是凭空而来的，我们来看看这个天才的成果。

数学方面：在数论、代数学、几何学、拓扑学等许多领域做出杰出贡献，对 20 世纪和当今数学的影响极其深远，是 19 世纪末 20 世纪初的领袖数学家。数学作为一门基础学科，是其他学科必不可少的利器。

天体力学方面：运用深厚的数学功力和深邃的科学哲学思想，成功地解决了太阳、地球、月亮间相互运动的“三体问题”等难题。“n 体问题”是什么意思？就是 n 个天体引力、运动等的相互关系，复杂得难以想象。“三体问题”有多难呢？这么说吧，“两体问题”是由牛爷解决的。“三体问题”牛爷未能解决，史上最伟大的数学家之一的欧拉也未能完全解决。1885 年，瑞典国王奥斯卡二世悬赏解决“n 体问题”，没人能搞定“n 体”，但庞加莱因解决“三体问题”，获得 2 500 瑞典克朗和金质奖章。法国政府不顾瑞典国王的阻拦，兴高采烈地授予庞加莱“宪兵团荣誉骑士”称号（瑞典国王嘟囔：有冇搞错，这是我设的奖耶！）。庞加莱在天体力学方面的研究，被称为牛顿以来的第二个伟大的里程碑。

理论物理方面：在毛细管理论、弹性力学、流体力学、热的传播、势论、光学、电学、磁学、电子动力学等领域均有建树，他是现代物理的两大支柱——相对论和量子力学的思想先驱。重复一遍，“思想”先驱哦。

在他众多的成果中，随便拿出一项，都足以名垂千古。所以，他成为 30 多个国家的科学院院士，一生载誉无数，就不足为奇了。

庞加莱生于 1854 年 4 月 29 日，逝于 1912 年 7 月 17 日，不到 60 岁，天妒英才啊！

随着当代数学多学科、高难度阶段的到来，以后不可能再出现像庞加莱这样既全且精的数学家了，所以，他是举世公认的最后一个数学全才。

这里我们要说的是，庞加莱在物理方面的部分工作。

1895 年，庞加莱对当时迈克尔逊 莫雷实验的解释表示不满，他批评洛伦兹“过多地引入特设假设”。按照“长度收缩”这种假说，透明体在运动中，应该显示出双折射效应，但是实验并没有证实这一点。

庞加莱指出，要解释迈克尔逊－莫雷实验的结果，必须提出新的基本假定，揭示普遍性的物理规律，而不只是用来说明这个实验本身。

1898 年，庞加莱在《时间的测量》一文中，批判了绝对时间、绝对空间和绝对同时性的概念，还提出了建设性的建议：承认光速在任何方向上不变是一个公设(这很重要)。他说:“没有这个公设,就无法测量光速。”庞加莱利用两个观察者、光信号和时钟,讨论了时钟同步和同时性的定义问题,得出了与后来狭义相对论相同的结论。

同年,庞加莱指出,洛伦兹1895年提出的“当地时间”($t' = t - vx/c^2$),不仅具有数学意义,还具有物理意义,它是用光速校准两个参考系“同时性”的自然结果。庞加莱否认运动参考系的时间,认为只有相对于以太静止的时钟显示的时间才是真实的。在这个关键的认识上,庞天才没有继续往前走,真是可惜了。

1899年,庞加莱开始研究电子理论,立有灼见:“要证明物质的绝对运动,或者更确切地讲,要证明可称量物质相对于以太的运动是不可能的。”他认为,原则上,绝对运动是不存在的,只有相对运动才有意义。次年,他进一步坚定了这一认识,公开质疑了以太的存在,预言再怎么折腾也找不到以太,并期待新理论的出现。再说一遍,他在期待“新理论”的出现!也就是说,这个天才已经意识到,牛顿的经典物理体系,即将成为过去。

1900年,庞加莱提出“相对运动原理”。1902年,他在《科学与假设》中将此原理表述为:任何系统的运动必须服从同样的定律,不管它是相对于固定轴而言,还是相对于做匀速直线运动的可动轴而言。注意:“固定轴”“做匀速直线运动的可动轴”,都是惯性系哟!所以把这句话翻译过来,意思是:运动定律对于任何惯性系都是一样的。亲,我们一起记住这句话!

庞加莱认为物体不存在绝对位置、绝对方向、绝对速度、同时性等。当然,这一定律的意义,只是对绝对运动的进一步否定。时间,时间!庞天才在时间上始终不肯踏出那一步。

1904年,在圣路易斯讲演中,庞加莱正式使用“相对性原理”一词,将其列入物理学六大基本原理,指出:“根据这一原理,物理现象的定律应该是相同的,不论观察者处于静止还是匀速直线运动状态。因此,我们无法辨别自己是否处于一个匀速运动系统中。”在这次讲演中,他说道:“也许我们应该建立一门新的力学,它的明显特征是惯性随着速度增加,没有什么可以超过光速……旧的力学依然保持为一级近似,因为它对不太大的速度还是正确的,以致在新力学中还能找到旧力学的影子。”现在看这句话,简直就是在预言狭义相对论的诞生!我们不得不膜拜这位天才惊人的前瞻性。什么叫高屋建瓴?这就是!

1905年,庞加莱证明,当系数 $L = 1$ 时,洛伦兹变换式将形成一个群,这使变换的意义更加简明,庞加莱修正了洛伦兹的方程(当时洛伦兹得出的变换式在电荷和电流密度方面是错的),并命名了“洛伦兹变换式”“洛伦兹群”“洛伦兹不变量"等。他进而在具有确定的正度规的四维空间中，使用不变量理论，还引入了四维矢量，使用了虚时间坐标。他还揭示出，洛伦兹变换式恰恰是四维空间绕原点的转动，这对后来闵可夫斯基的"四维时空表示法"有直接影响。庞加莱是第一个在电子动力学中研究牛顿引力定律的人，他还使用了"引力波"这个词。

这些思想，零星地体现在他 1904 年末至 1905 年中期写给洛伦兹的信中，在《论电子动力学》中得到发展，这篇论文的缩写版发表于 1905 年 6 月，全文于 1906 年发表。

我们发现，庞加莱所定义的"相对性原理"，其实是"相对性定律"(《科学与假设》中曾提及)的进一步拓展，还是强调相对运动的原理。在其后的几年里，他进一步强调和完善了相对运动原理。1908 年，他在《电子动力学》中说道："不管用什么方法，我们只能得到相对速度，物体的速度永远是相对于其他物体而言的。"

庞加莱由于幼年疾病，手不灵活，导致他长于理论而短于实验。有人说，如果庞加莱对实验科学的兴趣和对理论科学的兴趣一样强烈的话，他可能会成为与牛顿相媲美的人。遗憾的是，如果只是如果，不是结果。

4 鹿死谁手

洛伦兹变换、长度收缩、四维空间、光速不变、质速关系、相对性原理……到这里，狭义相对论似乎呼之欲出。

如果不仔细看，何止是呼之欲出，简直就是了！

所以，对于狭义相对论的所有权问题，存在过一些争议。

既然大家都有份，为什么要把狭义相对论归到当时默默无闻的爱因斯坦名下，而不顺水推舟地归到大名鼎鼎、如日中天的庞加莱、洛伦兹名下？那样岂不是大家都欢欢喜喜了吗？难道一向严谨精准的科学界，在这个问题上，脑子突然集体秀逗了？

当然不是这样。

那给个理由先！

又没有你的份，你激哪门子动？理由当然有，何止是有，简直有的是！那是因为，他们虽然各自得到了狭义相对论的部分结果，却并没有建立狭义相对论的思想体系。

这样说吧，狭义相对论是一头大象，众位盲人都只是摸到这头象的一部分，他们谁也没认识到，这是一头活生生的大象！

证据就是，后来爱因斯坦的狭义相对论建立起来以后，他们既不信也不懂。建立一个自己不信也不懂的理论，可能吗？

既然有争议，那就从走在最前面、最可能有份的两位先驱说起吧。

哪两位？当然是摸象摸得最多的洛老师和庞天才了！

先说洛老师。

1909 年，洛老师在《电子论》中写道：他的理论和爱因斯坦理论的主要差别在于，后者让我们看到，光速不变、以太测不出，是普适的基本原理，而不是因为我们认为的收缩、测量手段等“补偿效应”引起的。这是洛伦兹自己承认的，他的认识与狭义相对论不同。

1915 年，他总结自己没能提出相对论的原因：“如果我现在必须写最后一章，我一定给爱因斯坦的狭义相对论一个更为重要的地位。根据这一理论，运动系统电磁现象的理论达到了我没有获得的简明性。我失败的主要原因是墨守成规，只把时间 t 作为真实的时间，而把‘当地时间’t' 仅看作一个数学辅助量。”洛伦兹提出了变换方程，却把它作为一种纯粹的数学手段，虽然取得了正确的结果，却不了解它深层的、真正的意义。

再说庞天才。

庞加莱长期对相对论保持缄默，这本身就反映出他始终都没有领悟相对论的深邃思想。而在庞加莱看来，“相对性原理”的数学意义远大于物理意义；对于真空中的光速，庞加莱没有把它看成是一个普适的常数，而坚持认为光对于以太才是不变的，虽然他质疑过以太的存在。他认为，光速测量的结果不变，是由于收缩导致了测量上的假象（补偿效应）。这与爱因斯坦相对论的根本思想相差甚远。所以，尽管庞加莱得到了建立相对论的材料，却未能上升到相对论的高度。这样说很晕？那这样说吧：庞加莱搞到了鲍鱼、干贝、鱼翅、海参、鸡脯、鸭肉、鸽蛋、香菇、冬笋、羊肘、猪蹄筋等一大堆好食材，却不知道这些好食材辅以考究的烹饪，就可以做成一道秒杀众生的名菜——佛跳墙。

试想，庞加莱对建立新力学期待已久，如果他窥见了其中的奥秘，岂能放过亲手建立它的机会！直到他去世前不久还没有承认，他所预言的那个“新力学”已经被爱因斯坦建立起来了。他在为爱因斯坦写的推荐信中写道：“爱因斯坦先生是我认识的最富创见的思想家之一……每当物理学出现了问题，他很快就能设想出各种可能性，预言一些新现象。我的意思并不是说，所有这些预言都会被证实，如果有可能做检验的话。相反，既然他是在多方面探索，我们就应当想到，他所走的道路，多数是死胡同。”

我们现在都知道，这是庞天才最失败的一个预言。

根据光速不变、带电物体加速质量增加等现象，推导出洛伦兹变换、长度收缩、质速关系等方程式是必然的。关键是，谁能窥透其中的奥秘，构建一个完整的思想体系，提纲挈领，揭示本质，不仅能得出这些推导结果，还能解释这些现象，由表及里、融会贯通。

我的心在等待，永远在等待？

不，他来了。